欧洲法与比较法前沿译丛

| 第二版 | 国际刑法

刑法适用规则、德国涉外刑法与欧盟刑法

【德】爱德华·施拉姆 ◎著

丁 强 ◎译

Internationales Strafrecht

Edward Schramm

中国法制出版社

CHINA LEGAL PUBLISHING HOUSE

……啊，欧罗巴，一个多么神奇而又让人着迷的地方……

随着国际刑事法学的迅猛发展，其在司法实务和法律研究中的地位也变得越发重要。本书不仅针对那些对这个复杂领域仅有概括性了解而非马上以专业教科书作为入门的读者，而且针对那些将刑法作为学习重点的法学院学生，使他们对这个专业领域能温故而知新。

距 2011 年发行第 1 版已经过去 7 年多，第 2 版对内容作了相应的修改和补充，使篇幅变得更加厚重。这些变化主要涉及下列内容：

——刑事法律适用：司法冲突（I/6a）；抽象危险性犯罪的结果发生地（I/48）；跨境右翼极端分子的刑事法律适用（I/50，51）；专业性协助自杀涉外案件的刑罚（I/55）。

——国际刑法：国际刑事法院和德国法院对具体刑事案件的司法解释（I/25，43，65）；德国调查国际刑事犯罪的最新发展，包括诉讼程序结构（Ⅱ/27a）；对国际刑事法院的抨击（Ⅱ/16c）；新补充的侵略性刑事犯罪（Ⅱ/67）；国际刑事法院更新了刑事调查和诉讼程序（Ⅱ/104，106）。

——《欧洲人权公约》，欧洲人权法院：丘吉尔在瑞士苏黎世的演讲（Ⅲ/2）；对欧洲人权法院的批评（Ⅲ/15a）；欧盟未加入《欧洲人权公约》（Ⅲ/16）；裁量空间原则（Ⅲ/18b）；在侵害财物时限制适用正当防卫权（Ⅲ/26）；国家违法挑唆犯罪，"恐吓案"（Ⅲ/44）；提问权和质询权，"Al-Khawaja/Tahery 案"（Ⅲ/49）；完善社会安全和管束监禁制度（Ⅲ/34，40b）；试点程序（Ⅲ/68a）。

——欧盟刑法：禁止双重刑罚的最新发展（Ⅳ/25）；实施《欧盟运作条约》第 82 条、第 83 条（Ⅳ/39,135）；各成员国刑法总则相互融合（Ⅳ/47）；各成员国对诉讼时效的规定，起诉金融刑事犯罪，"塔瑞寇案"（Ⅳ/64b）；对欧盟法院的批评（Ⅳ/108a）；德国联邦宪法法院对身份和域外判决的监督（Ⅳ/145b 等）；欧盟逮捕令（Ⅳ/138a,145a）；"普伊格德蒙特事件"（Ⅳ/145f,g）。

本书重点收录欧洲人权法院、欧盟法院、德国联邦宪法法院和德国联邦高等法院最新的重要司法判决。鉴于篇幅所限，以概述为主，故请额外参阅其他著名国际刑法教科书（其中包括安博斯、格勒塞、扎费林、扎茨格和韦勒的著作）。本书在最后附上一部国际刑法学小词典，收录了一些重要概念，以及国际刑法学缩略语与英文和法文的对照。

本书源于我在维尔茨堡大学和吉森大学讲授欧盟和国际刑法专业课和研讨课的讲稿。十分欢迎大家的批评、建议和指教（电子邮箱：schramm@jura.uni-tuebingen.de）。

衷心感谢由约翰娜·安东尼、霍尔格·贝勒和娜迦·芭芭拉·穆勒组成的学术团队的支持。同样感谢我的学生约瑟芬娜·德鲁兹、马克·格里斯、龙雅·萨诺和比扬卡·施雷肯巴赫。本书献给参与德国—格鲁吉亚刑法项目的合作伙伴和朋友 Giorgi Tumanishvili（伊万·雅瓦希什维利第比利斯国立大学）、Bachana Jishkariani（格鲁吉亚大学）和 Merab Turava（伊万·雅瓦希什维利第比利斯国立大学，格鲁吉亚最高法院副院长）。

爱德华·施拉姆

2018 年 7 月，于耶拿市

aA	其他学术观点 [1]
aaO	在前面指定的地方
AbfG	《德国废料处理法》
Abl.	官方法律公报
Abs.	款
A/B/E/E	阿尔布雷希特、伯姆、埃塞尔和埃克尔曼斯,《国际刑法:引渡—法律援助—欧洲人权法院—国际刑事法院》,第 2 版,2018 年
AEUV	《欧盟运作条约》
aF	旧版
Alt.	另外一种情况
aM	其他学术观点
Ambos	安博斯,《国际刑法》,第 5 版,2018 年
Ambos,FL	《国际刑法案例》,第 1 版,2010 年
Anm.	评论
APUZ.	《政治和当代历史期刊》
Art.	条

AS	官方汇编
Aufl.	版次
B/B/F–M	贝克、布尔夏德和法特－莫哈麦姆（主编），《作为问题和答案的比较刑法》，2011 年
Bd.	册
BeckOK	冯·海因舍尔－海内格（主编），《贝克出版社刑法网络评注》，第 38 版，2018 年
Begr.	说明
Bek.	公布
BGB	《德国民法典》
BGBl	《德国联邦法律公报》
BGH	德国联邦高等法院
BR–Drs	《德国联邦参议院印刷文件》
bspw	例如
BT–Drs	《德国联邦议会印刷文件》
BverfG	德国联邦宪法法院
BverwG	德国联邦行政法院
bzgl	关于
bzw	或者
C/R	卡利斯和鲁费特，《欧盟条约和欧盟运作条约》，第 6 版，2016 年
Cassese	卡塞斯（主编），《牛津国际刑事司法》，第 1 版，2010 年
dh	这意味着
DriZ	《德国法官期刊》
EEA	《欧盟调查规则》
EBA	《欧盟证据规则》
EGMR	欧洲人权法院
EHB	欧盟逮捕令
EMRK	《欧洲人权公约》
Engisch	恩吉施，《法律思维入门》，第 10 版，2005 年
EnzEuR.	冯·伯泽（主编），《欧盟法百科全书——刑法编》，2013 年
EPOC.	《欧盟移交电子证据规则》
EPOC–RR.	《欧盟保全电子证据规则》
Erl.	释义
Esser	埃塞尔，《欧盟和国际刑法》，第 2 版，2018 年

EUStA	欧盟检察院
eucrim	欧盟刑法协会论坛
EüA	《欧盟监管规则》
EuG	欧盟法院一审法庭
EuGH	欧盟法院
EuGHE	《欧盟法院判例选》
EuGHG	《欧盟法院法》
EuR	《欧盟法期刊》
EUV	《欧盟条约》
EUZW	《欧盟经济法期刊》
Fischer	菲舍尔（主编），《德国刑法典评注》，第65版，2018年
gem.	根据
G.	法律
GG	《德国基本法》
G/H/N	格拉比茨、希尔夫和内特斯海姆（主编），《欧盟法》，第63版补充版本，2017年12月
ggf	必要时
Gless	格勒塞，《国际刑法》，第2版，2015年
Grabenwarter/Pabel	格拉本瓦特和帕贝尔，《欧洲人权公约评注》，第6版，2016年
Graf Vitzthum	格拉夫·菲茨图姆（主编），《国际法》，第7版，2016年
GRCh	《欧盟基本权利宪章》
grdlg	原则
grds.	原则性的
GVG	《法院组织法》
Hecker	黑克尔，《欧盟刑法》，第5版，2015年
Hecker/Zöller.	黑克尔和策勒，《欧洲和国际刑法案例》，第2版，2017年
Heger	黑格尔，《德国环境刑法的欧洲化》，2009年
Herdegen	赫德根，《国际法》，第17版，2018年
hM	主流观点
HK–EMRK	迈尔－拉德维希、内特斯海姆和冯·劳默尔（主编），《欧洲人权公约评注》，第4版，2017年
HRRS	《最高司法刑事判例网络期刊》（hrr–strafrecht.de）
idF	版本
idR	一般

ieS	狭义上
IntVG	《民族融合责任法》
iR	框架内
iSd	意义
IStGH	国际刑事法院
IStGHSt	《国际刑事法院规约》
iSv	在……意义上
iVm	结合
iwS	广义上
JA	《司法工作期刊》
JICJ	《国际刑事司法期刊》
J/S	延克和施拉姆,《欧盟刑法》,2017 年
JStGH	前南斯拉夫问题国际刑事法庭
Jura	《法学培训期刊》
JuS	《法学教育期刊》
Klip	克利普,《欧盟刑法学》,2009 年
Kühl,AT	屈尔,《德国刑法总论》,第 8 版,2016 年
Kühl,UV	屈尔,《无罪推定、宣告无罪和程序终止》,1983 年
LG	州立法院
lit.	字母
L/K	拉克纳和屈尔（主编）,《德国刑法典评注》,第 29 版,2018 年
LK–StGB	劳夫许特、里辛－范萨纳和蒂德曼（主编）,《德国刑法典莱比锡评注》,第 12 版,2006 年
LR–StPO	勒韦－罗森贝格,《刑事诉讼法评注》,第 12 版,2012 年
Meyer-Goßner/Schmitt	迈尔－戈斯纳（主编）,《德国刑事诉讼法评注》,第 61 版,2018 年
Mitsilegas	米特希里伽斯,《欧盟刑法学》,2009 年
Mitsilegas 2016	米特希里伽斯,《里斯本条约后的欧洲刑法》,2016 年
M/D	毛恩茨和迪里希（主编）,《德国基本法评注》,第 82 版补充版本,2018 年
MK–StGB	约克斯和米巴赫（主编）,《德国刑法典慕尼黑评注》,第 3 版,2017 年
MPI–EurStR	西贝尔和伯泽（主编）,《欧盟刑法学》,马普外国与国际刑事法律研究所主办,第 2 版,2014 年

mwN	其他参考文献
NK-EuGRCh	玛雅（主编），《欧盟基本权宪章》，第4版，2014年
NK-StGB	金德霍伊泽尔、诺伊曼和帕福根（主编），《德国刑法典农莫评注》，第5版，2017年
NZZ	《新苏黎世报》
O/C/N	奥玻曼、克拉森和内特斯海姆（主编），《欧盟法》，第7版，2016年
Oehler	厄勒，《国际刑法学》，第2版，1983年
OLG	州立高等法院
para	数字
Pradel	普拉德尔、科斯腾斯和菲尔莫伊伦，《欧盟刑法学》，第3版，2009年
RB	框架决议
Reinbacher	赖因巴赫，《多层级体系的刑法学》，2014年
Rengier，AT	伦吉尔，《德国刑法总论》，第9版，2017年
Rn.	页边码
Rspr	司法解释
RStGH	卢旺达问题国际刑事法庭
Safferling	扎费林，《国际刑法学》，第1版，2011年
Satzger	扎茨格，《国际刑法学》，第8版，2018年
Sch/Sch	舍恩克和施罗德（主编），《德国刑法典评注》，第29版，2014年
Schramm，BT-1	施拉姆，《刑法分论之一——所有权与财产犯罪》，2017年
SK-StGB	《德国刑法典系统评注》，第7版，2000年；或第9版，2017年
StA	检察院
StGB	《德国刑法典》
StPO	《德国刑事诉讼法》
Streinz	《欧盟法》，第10版，2016年
Streinz/Ohler/Herrmann	施特赖茨、奥勒和赫尔曼（主编），《从里斯本条约到欧盟的改革》，第3版，2010年
StRG	《德国刑法改革法》
SV	安全看管
S/S/W	扎茨格、施米特和维德迈尔（主编），《德国刑法典评注》，

	第 3 版，2016 年
SZ	《南德意志报》
ThUG	《治疗居住法》
Tiedemann	蒂德曼、西贝尔、扎茨格、布尔夏特和布罗多夫斯基，《现代刑事司法的宪法》，2016 年
UA	目
v.	诉
v. Arnauld	冯·阿瑙尔德，《国际法》，第 3 版，2016 年
vdG/S/H	冯·格勒本、施瓦策和哈特耶（主编），《欧盟运作条约》，第 7 版，2015 年
vgl.	参见
VgM	危害人类罪
Vorb	绪论
Werle/Jeßberger	韦勒和耶斯贝格，《国际刑法》，第 4 版，2017 年
WPflG	《义务兵役法》
WüK	《维也纳领事关系公约》
ZaöRV	文德尔，《外国法和国际法期刊》第 74 卷
zB	例如
Ziff.	数字
Zimmermann	齐默尔曼，《欧盟内部的刑法权冲突》，2014 年
ZIS	《国际刑事法律理论期刊》
ZJS	《司法教育期刊》
ZP	《附加议定书》

引言：国际刑法学的概念

本书涉及国际刑法的三大领域：
1. 刑事法律的适用规则（第一章）。
2. 国际刑事法律（第二章）。
3. 欧盟刑法的具体表现：
（1）欧洲委员会公约，即《欧洲人权公约》（第三章）；
（2）欧盟刑法（第四章）。

国际刑法涉及一个"抽象、模糊、在不同法律领域有各种不同含义的概念"。[1] 英美法系把国际刑法主要理解为各个民族间的刑法。包括德国在内的大陆法系过去仅把它称为刑事法律适用范围。[2] 国际刑法现在广义上被理解为与外国、国与国之间或国际组织相关的所有法律渊源和过程。[3]

《德国刑法典》第 3 条及以下条款主要规定德国刑事法律的适用原则，并确定"德国刑法是否对具体刑事犯罪适用"，[4] 即德国刑法对哪些涉外刑事案件适用。这类涉外案件指德国公民在国外或外国公民在德国的刑事犯罪。

国际刑法是国际社会的一种"独立刑事法律规范"。[5] "只有国家间的刑

[1] 扎茨格，第 2 章，页边码 1。
[2] 厄勒，页边码 1。
[3] 《德国刑法典莱比锡评注》，韦勒和耶斯贝格撰写的第 3 条序言，页边码 12 和其他参考资料。
[4] 安博斯，第 1 章，页边码 1。
[5] 扎费林，第 1 章，页边码 6。

法才是真正跨国意义上的国际刑法",[6] "反种族屠杀罪" "危害人类罪" "战争罪" 是三大核心国际刑事犯罪。除前南斯拉夫问题国际刑事法庭和卢旺达问题国际刑事法庭外，海牙国际刑事法院及其相关规定尤为重要。

5　　　欧盟刑法这个概念容易让人产生一种错觉，好像欧盟至今还没有一部 "刑法典"，即一部独立的、约束各成员国的国际刑事法规。欧洲刑法是 "一个特殊法律问题，它既包含重要的欧盟刑事法律和地区性国际法律，也包括受其影响的各成员国刑法"。[7] 欧盟刑法是一个由刑法教义、刑事诉讼法、国际法、欧盟法、宪法与刑事处罚政策组成的独立、复杂的复合体，[8] 像是一条由法规和司法解释编织成的多层地毯。[9]

6　　　首先提到的是《欧洲人权公约》（局限于欧洲，因此是区域性国际法）和它的守护者欧洲人权法院。[10] 欧洲人权法院注释的《欧洲人权公约》对国际刑法和国际刑事诉讼法的影响越来越大。

7　　　欧盟刑法的另一个重要领域涉及源于欧盟或它参与制定的刑法、刑事诉讼法和司法援助规则。[11] 这指《欧盟条约》的相关规定和影响各成员国刑法的具体法律文件（例如通过 "欧盟框架决议" 和 "指令"）。因此，这个概念表现为 "欧盟法渗透到各成员国的各个法律领域"。[12] 尽管各成员国刑法的来源不同，但欧盟协调各成员国的刑法被归为欧盟刑法。[13] 相互承认原则是欧盟司法和警政领域合作以及相关司法援助规定的核心。欧盟法院在确定欧盟法适用方面发挥着重要作用。

---

[6]　安博斯，第5章，页边码1。

[7]　黑克尔，第1章，页边码5。

[8]　黑克尔，第1章，页边码8。

[9]　克利普，第1章。

[10]　埃塞尔，第1章，页边码3。

[11]　延克和施拉姆，第1章，页边码7。

[12]　扎费林，第2章，页边码8。

[13]　安博斯，第9章，页边码8。

第一章　刑事法律适用

第一节　概述刑事法律适用

一、刑事法律适用的对象

刑事法律适用规则确定，本国或外国公民在本国或国外发生刑事犯罪 [1]
时，处罚应依据哪国的刑法。德国刑事法律适用法规定，对具体刑事案件
是否适用德国刑法，[14] 以及德国法院对具体刑事犯罪是否拥有管辖权。核
心条款是《德国刑法典》第 3—7 条和第 9 条，它"开启适用德国刑法的
大门"。[15]

除《德国刑法典》第 3 条及以下条款外，第 162 条、第 89a 条第 3 款、 [2]
第 89b 条第 3 款、第 129b 条或附加刑罚也有法律适用的相关规定。[16]《德
国刑法典》第 6 条第 9 目规定，某些在国外发生的刑事犯罪依据国际条
约 [17] 或《欧洲理事会框架决议》被纳入德国刑事法律管辖范围。《德国刑法
典》第 3 条等是最重要的刑事法律适用规定，但它列举的事例并非穷尽式。

二、单方面的法律冲突

1. 只适用德国刑法

德国刑事法院只适用德国刑法。[18] 从法史学角度讲，这项规定在德国 [3]

---

[14]　安博斯，第 1 章，页边码 1。

[15]　《德国刑法典慕尼黑评注》，安博斯撰写在第 3—7 条之前的简述，页边码 2。

[16]　参见德国联邦高等法院，《德国联邦高等法院刑事判例选》第 54 卷，第 264 页；
慕尼黑州立高等法院，《德国刑事辩护人期刊》2016 年，第 505 页。

[17]　例如《反种族隔离公约》，《德国刑法典慕尼黑评注》，安博斯撰写的第 6 条，
页边码 21。

[18]　扎茨格、施米特和维德迈尔主编，《德国刑法典评注》，扎茨格撰写的第 3—7
条的引言 A。

的适用时间并不长：从 19 世纪少数德国刑事法规和 1871 年至 1940 年《德意志帝国刑法典》的适用范围看，德国法院起诉当时在德国的外国人时就适用被告所属国家的刑法，前提是国外的刑事处罚规定相对更轻。[19] 现行的《德国刑法典》第 3 条等单方面把德国刑法的适用范围扩展到涉外刑事案件，但未明确，外国法院是否也可以依据外国刑法对案件作出刑事处罚。它有意接受了各国刑事处罚权的相互竞争。[20]

4　　　作为单方面冲突法的国际刑法与国际私法有所不同。德国法与外国法发生法律冲突时，国际私法会规定优先适用其中一国的法律，例如德国民事法院依据中国法审理争议案件。[21] 根据特殊冲突法，同样可以按照外国的法规确认刑事构成要件中的具体标志，例如《德国刑法典》第 242 条和第 303 条中"什么是他人的物品"。[22] 德国法院只适用由德国立法机构制定的实体法。对于一位在中国被害的德国公民，德国审判刑事罪犯的唯一法律依据就是《德国刑法典》(第 211 条第 1 款、第 2 款结合第 7 条第 1 款)。此外，第 3 条等不是一种两国间的协定，而是单纯的德国法律规定。有些法律学者由此否认这种规定的国际性，称其为跨国刑法，或把它理解为刑事法律适用法。[23]

2."选择不同的诉讼方式"

5　　　一起涉外刑事案件可能同时受德国刑事司法和外国刑事司法的管辖。这可能会出现一种"选择法院"的风险，即精通法律的刑事犯罪人会选择对自己有利的刑法和刑事诉讼法。检察机关有时出于自身利益的考虑，选择适用本国或者外国相应的刑法程序：例如根据《德国刑事诉讼法》第 153a 条马上终止对严重刑事案件的诉讼或者在外国刑事诉讼机关之前提起刑事诉讼。

3.双重刑事处罚的风险和管辖权冲突

6　　　刑事法律适用规则的冲突不仅涉及案件适用两个或多个刑法的抽象问题，而且各国刑事诉讼的前提也可能各不相同（被称为管辖权冲突），各

[19] 《德国刑法典莱比锡评注》，韦勒和耶斯贝格撰写的第 3 条引言，页边码 7。

[20] 《德国刑法典农莫评注》，伯泽撰写的第 3 条引言，页边码 9。

[21] 扎茨格，《法学教育期刊》2010 年，第 109 页。

[22] 埃塞尔，第 16 章，页边码 4。

[23] 舍恩克和施罗德主编，《德国刑法典评注》，埃泽尔撰写的第 3—9 条引言，页边码 5。

国刑事公诉机关之间可能也存在竞争。例如不同国家同时对犯罪嫌疑人启动刑事调查。[24]

这里最重要的是禁止双重处罚。双重处罚指刑事犯罪人有两次被处以刑事处罚的风险，即他在外国按照外国刑法受到刑事处罚后，在德国按照《德国刑法典》再次被处以刑事处罚。"外国人在德国的刑事犯罪经常是这样，对德国公民在国外的刑事犯罪来讲，这甚至是一种常规。"[25] 它涉及一种跨国法律冲突。《德国基本法》第103条第3款明确禁止双重刑事处罚（ne bis in idem），它阻止德国法院对被告因同一刑事犯罪两次判刑。现在已经有许多国际性法规解决这种跨国刑事法律冲突，例如《申根实施协议》（SDü）第54条和《欧盟基本权利宪章》（GRCh）第50条具体规定如何禁止双重刑事处罚（详见下文第四章，页边码25）。 **6a**

人们期待欧盟也能对其他管辖权冲突作出相应的规定。存在不同利益一般就会产生管辖权冲突。一方面，刑事犯罪嫌疑人有权要求惩罚的可预见性，即针对他的刑事判决基于实体法和程序法的具体规定；另一方面，对他实施有效的刑事诉讼符合国家利益。《欧盟基本权利宪章》第50条通常不能提供具体帮助，只有在宣布刑事处罚后，才适用《申根实施协议》第54条和《欧盟基本权利宪章》第50条禁止双重刑事处罚的规定。此外，哪个国家先实施刑事处罚就适用该国刑法的优先适用原则太过随意，[26] 不能作为判断标准。2009年，欧盟制定出一份避免和调解管辖权冲突的《框架决议》：[27] 成员国的刑事调查机关提起公诉后，有义务向其他成员国的刑事检察机构通报相关情况（《避免和调解管辖权冲突框架决议》第5条第1款）。成员国的司法部门对同时受理的两个诉讼案件可通过协商达成一个圆满的解决方案（《避免和调解管辖权冲突框架决议》第10条第1款）。没有法律规定刑事诉讼程序必须集中到一个国家，因此学术界要求制定一个更加详细的实施细则，明确适用别国法律的最高限额和协商方案、抽象的权限规则和混合模式等。绝大多数案件要求刑事案发地的国家行使刑事诉讼权。有关欧盟行政规章的建议稿参见齐默尔曼，第320页等；安博斯， **6b**

---

[24]　黑克尔，第2章，页边码59和第12章，页边码13；延克和施拉姆，第2章，页边码23。

[25]　《德国刑法典莱比锡评注》，韦勒和耶斯贝格撰写的第3条引言，页边码11。

[26]　参见下文第3章，页边码32。

[27]　2009/948/Ji；黑克尔，第2章，页边码59和第12章，页边码4等。

第 4 章；黑克尔，第 12 章，页边码 4 等；延克和施拉姆，第 2 章，页边码 23 等；扎茨格，第 4 章，页边码 17；同时请参见欧盟司法关于避免司法冲突解决方案的最新工作报告。[28]

三、刑事处罚条件——程序要件

兼具实体法和程序法特性的《德国刑法典》第 3 条等构成刑事处罚的客观条件。[29] 这样做的四种结果：第一，符合客观处罚条件后，国家有权评判和处罚；[30] 第二，为适用德国刑法，刑事犯罪人不需要具备《德国刑法典》第 3 条等前提条件对应的主观故意；第三，对不适用德国刑法的错误认识并不是对构成要件的认知错误（《德国刑法典》第 16 条），而只是一个对禁止性规定（可以避免的）的认知性错误；[31] 第四，法治国家原则保障实体性刑法，即《德国基本法》第 103 条第 2 款，或《德国刑法典》第 1 条衍生出禁止类推和禁止溯及既往原则。[32]

> **"S 博士获得瑞士方面帮助案"** [33]：
>
> 　　瑞士公民 A 曾帮助因多起诈骗被警方追捕的 S 逃离德国。德国联邦高等法院认为，依据《瑞士刑法典》，A 不会因帮助 S 逃避刑罚而承担刑事责任。只有在特定条件下，阻挠适用刑罚才会对外国司法机关（这里指德国）造成负面影响，而 A 的行为并不符合这个特殊条件。依照《德国刑法典》第 258 条第 1 款第 1 目，A 故意阻止德国司法机关工作（阻碍司法诉讼），依据《德国刑法典》第 3 条结合第 9 条第 1 款

---

[28]　委员会文件，编号：6864/18；布罗多夫斯基，《国际刑事法律理论期刊》2018 年，第 494 页。

[29]　实体法刑事处罚前提条件，主流观点参见拉克纳和屈尔主编，《德国刑法典评注》第 3 条，页边码 10；个别观点参见《德国刑法典农莫评注》，伯泽撰写的第 3 条引言，页边码 51：构成要件特征。

[30]　规则理论上的"原始权"，参见布尔夏德，《德国高院刑事司法解释网络期刊》2010 年，第 136 页。

[31]　《德国刑法典》第 17 条，参见主流学术观点《德国刑法典慕尼黑评注》，安博斯撰写的第 3—7 条引言，页边码 3；个别学术观点见瓦尔特，《法学培训期刊》2006 年，第 871 页：对适用性错误认知与禁止性认知错误"完全不同"。

[32]　参见德国联邦宪法法院，《经济、税务和刑法期刊》2003 年，第 255 页关于税捐法的规定。

[33]　德国联邦高等法院，《德国联邦高等法院刑事判例选》第 45 卷，第 97 页。

第 3 目，适用德国刑法的关键是刑事犯罪结果发生在德国境内。S 认为自己的行为根本不适用德国刑法是一种对《德国刑法典》第 17 条禁止性规定的错误理解。S 已认识到自身行为违法，这里根本不存在理解错误的问题。

涉及刑事诉讼前提条件的《德国刑法典》第 3 条等确定德国法院的刑事管辖范围。不具备这个适用前提条件就是一种刑事诉讼障碍，出现这种情况，法官不是宣告被告无罪，而是直接终止刑事诉讼程序：诉讼效应优先于实体效应。

"在印度德里购买海洛因案" [34]：

奥地利公民 O 从印度购买海洛因。警方在他位于沙夫豪森的住所搜查出一部分海洛因。鉴于毒品是 O 在印度购买的，德国法院一审依据《德国麻醉剂药品法》第 29 条第 1 款第 1 目结合《德国刑法典》第 6 条第 5 目对他判刑。德国联邦高等法院随后撤销了该判决，因为适用《德国刑法典》第 6 条第 5 目的前提条件是以销售为目的购买毒品，仅供自己消费还不满足判决条件。因此，"被告依据《德国麻醉剂药品法》第 29 条第 1 款第 1 目被判刑一般不适用德国刑法，这条法规阻碍对被告进行刑事处罚"。[35]

四、国际法体系

（一）不干涉，事实上的联系

刑法超越本国边境扩展到外国领土本身违反了国际法的不干涉别国原则。1927 年，国联常设的国际法院在"莲花案"中特别强调了该原则：[36] 法国"莲花号"邮船在地中海与一艘土耳其运煤船相撞，8 名土耳其船员遇难，土耳其伊斯坦布尔法院判处法国船长戴莫斯有期徒刑 80 天。[37] 这

---

[34]　德国联邦高等法院，《德国联邦高等法院刑事判例选》第 34 卷，第 1 页，有删节。

[35]　德国联邦高等法院，参见相关判决页边码 2。

[36]　安博斯，第 2 章，页边码 1 等。

[37]　库尼希和于尔佩曼，《法学培训期刊》1994 年，第 186 页。

种刑法扩张只能依据下列国际法认可的合法理由。[38]

12

> 刑法适用原则规范：
>
> 1. **属地管辖原则**：在某国境内发生的刑事犯罪（《德国刑法典》第3条）。
>
> 2. **标志管辖原则**：刑事犯罪发生在悬挂国旗或标志的船舶或飞机上（《德国刑法典》第4条）。
>
> 3. **保护管辖原则**：保护特定国家利益免受外国刑事犯罪的侵害（《德国刑法典》第5条）。
>
> 4. **普遍管辖原则**：不论刑事犯罪发生的地点和犯罪人的国籍，对侵害普遍权益的刑事犯罪都适用本国刑法原则（《德国刑法典》第6条，《德国国际刑法典》第1条）。
>
> 5. **属人管辖原则**：
>
> a）**被动属人管辖原则**：刑事受害人是刑事法律条文所在国的公民（《德国刑法典》第7条第2项）。
>
> b）**主动属人管辖原则**：刑事犯罪人是刑事法律条文所在国的公民（《德国刑法典》第7条第2项第1点）。
>
> 6. **代理处罚原则**：由其他国家的司法机构接管刑事诉讼的任务（《德国刑法典》第7条第2项第2目）。

（二）管辖权、规定和实行

13

国际刑法需要区分与跨国执行刑事法律有关的三个范围：首先确定本国刑法的有效范围；其次明确本国刑法的适用范围；最后才是刑罚执行范围。[39] 这三个领域的界限各不相同。[40] 以国际法承认的适用原则为基础，国家通过刑事立法权（jurisdiction to prescribe）将刑法规则的适用范围扩展到外国领土。[41] 国家以法律形式确定刑事案件是适用本国刑法，还是优先

---

[38] 德国联邦宪法法院，《德国联邦宪法法院判例选》第63卷，第343、369页：充分的事实联系。

[39] 安博斯，第1章，页边码4。

[40] 《德国刑法典莱比锡评注》，韦勒和耶斯贝格尔撰写的第3条引言，页边码5。

[41] 详情参见下文页边码26。

适用外国刑法规则。行使刑事司法权（jurisdiction to advocate）和行政权（jurisdiction to enforce）时，要绝对遵守地域管辖原则：国际法基本原则把起诉刑事犯罪的国家行为（如拘留、没收物品、询问证人等）限定在本国领土。德国刑法没有这种区分：《德国刑事诉讼法》的有效范围、适用范围和管辖范围基本一致，德国法院只适用德国刑法。[42]

五、考试中的解题技巧：适用双重审查

大多数刑法考试和学术论文都没有涉外问题，不必详细论述刑事案件 **14** 是否属于德国刑法适用的范围，除非出现涉外案情，如刑事犯罪发生在国外、一位外国人参与或刑事犯罪人伤害了一位外国人的权益。对这类根本不适用德国刑事法规的案件，先审查德国刑事法规就显得很荒谬。[43]

（一）从实体法视角的评估

审查规范之一：德国刑法的适用性 **15**
审查刑事犯罪构成要件前的预审：
1. 涉外刑事犯罪
2. 德国刑法的适用性，《德国刑法典》第3条等
a）属地管辖原则，《德国刑法典》第3条结合第9条
b）标志管辖原则，《德国刑法典》第4条
c）保护管辖原则，《德国刑法典》第5条
d）普遍管辖原则，《德国刑法典》第6条，《国际刑法典》第1条
e）被动属人管辖原则，《德国刑法典》第7条第1款
f）主动属人管辖原则，《德国刑法典》第7条第2款第1目，或者
g）代理处罚原则，《德国刑法典》第7条第2款第2目
3. 刑事案件属于法规保护的范围

考生鉴定一个纯实体法案例时，建议进行前置审查。在提出对案件适 **16** 用刑法的构成要件后，并非立刻审查这个构成要件，[44] 而是先审查是否适

---

[42] 《德国刑法典莱比锡评注》，韦勒和耶斯贝格撰写的第3条引言，页边码13。
[43] 伦吉尔，第6章，页边码3。
[44] 海因里希，《德国刑法总论》上册，页边码59。

用德国法律。

1. 审查适用性

[17]　　首先，依照《德国刑法典》第 3 条等适用规则重点审查能否适用德国刑法。如果需要其他法律或国际条约确定适用德国刑法，那么就把这些法规印在考卷上，至少可以通过案情引起考生的注意。[45]

2. 审查保护范围

[18]　　其次，探讨刑事犯罪是否属于德国刑法的保护范围。有些国家的刑事构成要件只保护本国权益。外国人的刑事犯罪只要没有伤害到本国权益，就不适用住在国刑法。这些审查细节将在本章页边码 73 等处详细阐述。

案例：

[19]　　德国公民 D 在瑞士把当地一名警察打倒在地，因为对方怀疑他从事刑事犯罪，试图逮捕他。虽然 D 依据《德国刑法典》第 223 条第 1 款、第 224 条第 1 款结合第 7 条第 2 款第 1 目应受到刑罚，但他未从事《德国刑法典》第 113 条第 1 款所规定的刑事犯罪：在没有法律或国际条约把外国公务人员作为特例时，"德国刑法中的妨碍执行公务罪"只保护德国的强制机构执行公务。[46]

[20]　　如 2015 年修订的《德国刑法典》第 335a 条将行贿外国法官和公职人员纳入刑事处罚构成要件，是否涉及德国法律权益，也许值得商榷。其中的不正当利益不必与跨境业务有关，只需具备一个刑事法律适用理由（例如《德国刑法典》第 3 条、第 7 条第 2 款第 1 目），在国外的行贿活动就可适用德国刑法。一位德国公民行贿尼日利亚当地的一位公职人员，该案件适用《德国刑法典》第 335a 条，但德国政府肯定不希望德国司法机关在全世界调查所有行贿外国公职人员的行为。[47] 这类案件可依据《德国刑事诉讼法》第 153c 条在刑事诉讼层面不予起诉。[48]

　　从审查法规的可适用性和保护范围中得出正面结论后，才开始审查案件事实。

---

[45]　瓦尔特，《法学教学期刊》2006 年，第 871 页。

[46]　参见菲舍尔，第 113 条，页边码 3。

[47]　布罗克豪斯和哈克，《德国高院刑事司法解释网络期刊》2015 年，第 218 页。

[48]　丹恩，《新法学周刊》2016 年，第 2016 页。

3. 审查的次序

先审查《德国刑法典》第 3 条等，[49] 还是先阐明刑事犯罪属于法规保护　21
的范围，[50] 并没有一个统一的看法。支持第一种观点的学者认为，审查具体
刑事处罚是否在德国法保护范围，按照《德国刑法典》第 3 条等，原则上
以适用该刑法规定为前提；不符合《德国刑法典》第 3 条等所列情况时，
应停止刑事诉讼程序，其他关于刑法规则保护范围的考虑都是多余的。[51]
这个争论对大学生并不重要，[52] 与保护范围和刑罚适用规定相关的具体问题
是重点。

当然，并不是每次都需要审查全部刑罚适用规则，只有一些特定案件，　22
需要审查《德国刑法典》第 3 条至第 7 条、第 9 条的法规组合。本书详细
讲述何时适用德国刑法，如两位德国公民在国外相互斗殴（《德国刑法典》
第 7 条第 1 款和第 2 款第 2 目）或一位外国公民在德国非法销售麻醉品（《德
国刑法典》第 3 条和第 6 条第 5 目）。

（二）从刑事诉讼法视角的评估

1. 刑事诉讼前提条件

判断刑事公诉的责任范围时，需要在刑事诉讼前提条件或程序障碍大　23
标题下论述德国刑事诉讼法的管辖范围。[53] 这里适用双重审查，只有在确
认适用德国刑法之后，才审查刑罚构成要件保护范围。《德国刑法典》第 7
条等确定了区域性管辖范围。

2. 合理性原则

根据《德国刑事诉讼法》，检察院可以对许多类型的国际刑事案件不提　24
起刑事诉讼。《德国刑事诉讼法》第 153c 条、第 153d 条、第 153f 条、第
154b 条是法定起诉原则的特例。检察院审查一起涉外案件时，应根据上述
规定在权衡利弊后考虑撤销诉讼。对依据国际条约的刑事调查，不能因没

---

[49]　例如《德国刑法典系统评注》，霍耶撰写的第 3 条引言，页边码 31。

[50]　例如舍恩克和施罗德主编，《德国刑法典评注》，埃泽尔撰写的第 3—7 条引言，
页边码 31。

[51]　《德国刑法典系统评注》，霍耶撰写的第 3 条引言，页边码 31。

[52]　扎茨格，《法学教育期刊》2010 年，第 111 页。

[53]　德国联邦高等法院，《新法学周刊》1995 年，第 1844 页；福尔克和恩伦德尔，
第 14 章，页边码 11。

有裁量空间而撤销刑事诉讼。[54]《德国刑事诉讼法》第 153f 条限定了放弃起诉《德国国际刑法典》意义上国际刑事犯罪的前提条件。

六、《德国刑法典》第 3 条等的"犯罪行为"和"犯罪行为人"

25   对适用规则中的"犯罪行为"或"犯罪行为人"等常用概念，一般理解得比较宽泛，是指刑事犯罪或违法案件，但不包括违反治安条例。教唆和胁从也属于刑事犯罪。

如《德国刑事诉讼法》第 264 条定义的犯罪行为，《德国刑法典》第 3 条、第 4 条、第 7 条把案件发生的整个过程都认定为犯罪行为。跨境刑事犯罪即使在德国未造成伤害，也归德国刑法管辖。相反如《德国刑法典》第 5 条、第 6 条，适用范围被限定在具体刑事构成要件涉及"实体法性质"的犯罪行为，它必须具备特定刑事前提条件。[55]

26   从广义上理解刑事犯罪人概念。《德国刑法典》第 25 条将犯罪行为人分为单独犯罪行为人、共同犯罪行为人和间接正犯行为人，主流观点认为教唆犯和帮助犯也属于犯罪行为人。[56]相反观点引用《德国刑法典》第 9 条，把它细分为犯罪行为人和参与人，若将两者混为一谈，《德国刑法典》第 9 条就没有任何存在意义。[57]《德国刑法典》第 8 条把犯罪行为人和犯罪参与人统称为《德国刑法典》第 3 条等意义上的"刑事犯罪人"。立法者通过《德国刑法典》第 8 条表明，涉外案件中的刑事犯罪人也包括参与人。立法者行文时出现文字性错误，在刑事犯罪人和参与人之间还应有一个上位概念（《德国刑法典》第 28 条第 2 款）。从方法论角度，比较概念的相对性也是正常的。[58]只有在具体法规整体框架下解释法律概念才能获得真实的含义。

案例：

27   中国公民 C 为谋财开枪打死了中国公民 D，中国公民 E 故意向 C

---

[54] 《德国刑法典》第 6 条第 9 目，《德国刑法典农莫评注》，伯泽撰写的第 6 条，页边码 23。

[55] 安博斯，第 1 章，页边码 24；埃塞尔，第 16 章，页边码 19。

[56] 主流观点参见扎茨格，第 5 章，页边码 9。

[57] 舍恩克和施罗德主编，《德国刑法典评注》，埃泽尔撰写的第 3 条，页边码 4。

[58] 恩吉施，《法律思维入门》，第 121 页。

提供了作案枪械。C和E在德国商务旅行期间，一份国际逮捕令将两人拘捕。德国当局根据《刑事案件国际司法协助法》第8条拒绝了中国政府的引渡申请，因为C和E在中国可能被判处死刑。德国可以根据《德国刑法典》第211条对C，以及《德国刑法典》第211条和第27条对E判刑吗？依据《德国刑法典》第7条第2款第2目，C的犯罪行为适用《德国刑法典》第211条，因为按照德国刑法，主犯的行为可能被判有罪，这样就具备了未明文规定的处罚参与人所需要的从属性这个前提条件。此外，针对E还要符合《德国刑法典》第7条第2款第2目的前提条件。如果对《德国刑法典》第7条刑事犯罪人的概念理解得再宽泛一些，它还包括教唆犯和参与犯，那么以上情况就符合这个前提条件。否则，德国只能对刑事犯罪人C，而不能对辅助人E判刑。有关这个问题的其他事例可参见扎茨格，《法学教育期刊》2010年，第194页。

第二节　适用原则

　　各国可以通过颁布国际刑法适用规则确定具体案件应适用哪个国家的刑事处罚。[59]《德国刑法典》中的大多数原则都承认下列国际法规则：（1）属地和标志管辖原则（第3、4条）；（2）国家保护原则（第5条）；（3）普遍管辖原则（第6条）；（4）被动属人管辖原则（第7条第1款）；（5）主动属人管辖原则（第7条第2款第1目），只在特殊情况下才放弃这种事实性交集，用其他方式确认适用的刑罚；（6）不能引渡作案人员时（第7条第2款第2目），德国政府可替其他国家代行相关工作，这体现了一种国家间的团结合作，未被引渡的作案人依然会受到公正审判；[60]（7）签署协议或加入公约就确认了建立在国际条约或协定基础上的刑法适用合法性（第7条第9目）。

　　重要的刑法适用原则都经历过漫长的法学史和法哲学的发展历程。属地管辖原则最具国际影响力要归功于来自尼德兰的国际法思想家胡戈·格

28

29

---

[59]　扎费林，第3章，页边码14。
[60]　厄勒，《国际刑法学》第49章，页边码811。

罗特尤斯，以及德国自然法学家萨穆埃尔·普芬多夫和克里斯蒂安·沃尔夫。[61] 德国 1975 年修改刑法总则时，生效的《第二部德国刑法改革法》限制了纳粹时期占主导地位的属人管辖原则的适用，给 1871 年已写入《帝国刑法典》的属地管辖原则以优先适用地位。[62] 属地管辖原则并非在任何领域都适用，经常需要补充属人管辖原则或其他原则。近几年，通过扩大普遍管辖原则（《德国刑法典》第 6 条，《德国国际刑法典》第 1 条）和特殊刑法规则（《德国刑法典》第 335a 条），不断淡化地域适用原则。这涉及"局部扩展的属地管辖原则"。[63]

一、属地管辖原则，《德国刑法典》第 3 条

30

> **审查规范之二：属地管辖原则**
> 1. 作案地点在德国，《德国刑法典》第 9 条将空间连接点具体化。
> 2. 刑事犯罪人不享有治外法权。

（一）基本原则

31
《德国刑法典》第 3 条属地原则，即发生在德国领土上的所有刑事犯罪都适用德国刑法，表现出国际属地管辖原则的特征：每个公民要遵守所在地法律；无论行为人或受害人是不是德国公民，都适用德国法律。

（二）治外法权

32
国家元首、大使、外交官以及部分外国驻军成员等特定人群[64] 在德国的刑事犯罪不受德国法院管辖（《德国法院组织法》第 20 条），这被称为治外法权。依据国际法设立的刑事豁免权保障治外法权人享有一定的行动自由。其失当行为应由派出国司法机关作出相应判决。因此，行使职权时的失当行为（如行贿和受贿）和工作之余的犯罪行为（如强奸）都属于豁

---

[61]　详情参见厄勒，《国际刑法学》第 6—14 章。

[62]　《德国刑法典莱比锡评注》，韦勒和耶斯贝格撰写在第 3 条前的简述，法规产生的历史背景。

[63]　扎茨格，第 5 章，页边码 4。

[64]　详情参见舍恩克和施罗德主编，《德国刑法典评注》，埃泽尔撰写的第 3—9 条引言，页边码 58。

免权的保护范围。这类似于联邦议院议员和州议会议员，[65] 豁免权是一种诉讼程序障碍，并阻止德国起诉这种刑事犯罪。[66] 这类案件只能宣布外交官为"不受欢迎的人"。[67]

> **"藏在旅行箱的毒品案"** [68]：
>
> 　　德国海关人员在曾经担任伊朗特使 T 携带的行李中发现大约 1 公斤生鸦片。判决因 T 的外交官身份引发很大争议，德国联邦高等法院承认他的外交官身份，并详细地说明理由。T 不会因非法携带麻醉品入境（《德国麻醉剂药品法》第 29 条）受到刑事处罚。基于上面提到的程序障碍，德国联邦高等法院终止了刑事诉讼审理（《德国刑事诉讼法》第 206a 条）。

　　豁免提起刑事诉讼（程序障碍）并不意味着免除实体法上的刑事处罚。[69] 刑事豁免权人的刑事犯罪对参与人的刑事处罚或行使自卫权产生影响。

33

> **案例：**
>
> 　　I 国领事 K 对 H 在酒店酒吧嘲讽 I 国政府总理很生气。德国陪同 B 对 K 讲，"我要是你的话，一定会扇 H 耳光"。K 挥拳向 H 打去，H 被打得猝不及防，情急之下一记重拳将 K 打倒在地。——按照《德国刑法典》第 223 条第 1 款，K 犯了"故意伤害罪"，鉴于 K 享有刑事豁免权，不能追究他的刑事责任。B 的情况就不同了，德国司法机关可依据《德国刑法典》第 223 条、第 26 条对不是外交官的 B 以"教唆故意伤害罪"提起诉讼，并判处相应刑事处罚。H 朝 K 当面一拳，同样符合《德国刑法典》第 223 条刑事构成要件，尽管 K 享有外交豁免权，但 H 当时正在遭受违法攻击，他的故意伤害行为是《德国刑法典》第 32 条意义上的一种正当防卫。

---

[65]　拉克纳和屈尔主编，《德国刑法典评注》第 36 条，页边码 4。

[66]　国际刑事犯罪的特例参见《德国刑法典莱比锡评注》，韦勒和耶斯贝格撰写的第 3 条引言，页边码 377。

[67]　德国联邦宪法法院，《新法学周刊》1998 年，第 50—52 页。

[68]　德国联邦高等法院，《德国联邦高等法院刑事判例选》第 32 卷，第 275 页。

[69]　主流观点参见舍恩克和施罗德主编，《德国刑法典评注》，埃泽尔撰写的第 3—9 条引言，页边码 63。

34　　豁免权在公务任期结束后实际上还延续一半的效力，仍然不能追诉他过去工作中的刑事犯罪。[70] 只要他在任期业余时间从事的刑事犯罪还在诉讼时效内，德国就可以对他提起刑事诉讼。[71]

二、依据普遍管辖原则确定管辖领域，《德国刑法典》第 9 条

35

> **审查规范之三：普遍管辖原则**
> **1. 刑事犯罪人作案地点**
> a）犯罪行为地
> b）不作为：居住地或者避免结果发生地
> c）犯罪结果发生地
> d）未遂地
> **2. 共同刑事犯罪中的犯罪地点**
> a）犯罪人作案地点
> b）参与人行动地点
> c）参与人不作为地点
> d）参与人设想作案的地点

36　　《德国刑法典》第 9 条判断适用何种刑法的重要依据是作案地点：在德国发生的刑事案件，判断依据是《德国刑法典》第 3 条，若作案地点在国外，判断依据则是《德国刑法典》第 4—7 条。

37　　德国刑法既遵从犯罪行为理论——实施刑事犯罪地点即为作案地点，又遵从犯罪结果理论——犯罪结果发生的地点是关键。[72] 这两个理论组成一个完整的作案地点体系，使德国刑法的适用范围在向外扩展时没有任何国际法瑕疵。特定的涉外案件被视为国内案件。

38　　作案人作案的地点（《德国刑法典》第 9 条第 1 款）和参与人作案的地点（《德国刑法典》第 9 条第 2 款）在法律上是不同的。参与人作案地点指教唆或辅助行为发生的地方（《德国刑法典》第 9 条第 2 款第 2 目），

---

[70]　德国联邦宪法法院，《新法学周刊》1998 年，第 50—51 页。

[71]　杜塞尔多夫州立高等法院，《新法学周刊》1986 年，第 2204 页；《德国刑法典莱比锡评注》，韦勒和耶斯贝格撰写的第 3 条引言，页边码 376。

[72]　安博斯，第 3 章，页边码 8。

或主要危害行为的地点（《德国刑法典》第 9 条第 2 款第 1 目）。

《德国刑法典》第 9 条意义上的作案地点指任何地点（ubiquitär，普遍 **39** 管辖原则）

——作案地点（《德国刑法典》第 9 条第 1 款第 1 目）；

——作案人在不作为案中本应该采取行动的地点（《德国刑法典》第 9 条第 1 款第 2 目）；

——作案结果出现的地点（《德国刑法典》第 9 条第 1 款第 3 目）；或

——作案结果本该出现的地点（《德国刑法典》第 9 条第 1 款第 4 目）。

（一）作案地点

《德国刑法典》第 9 条第 1 款第 1 目的行为地点是指行为人完成（或 **40** 试图完成）刑事构成要件时的停留地。只有在准备活动本身会受到刑事处罚，例如《德国刑法典》第 30 条，或根据《德国刑法典》第 25 条第 2 款按共同犯罪处理时，准备活动地才被看作行动地点。[73]

间接责任中的"犯罪现场"指被利用人（工具人）作案的地点，或间 **41** 接犯罪人对被利用人施加影响的地点。区别对待共同犯罪人地点，[74] 依据《德国刑法典》第 25 条第 2 款，主流观点倾向于采用一种归属模式，即在德国作案也视为国外行动的共犯。[75]

▎ **思考题：**黑克尔和策勒，第 5 题，第 62 页。

（二）不作为刑事犯罪的作案地点

主流观点认为，《德国刑法典》第 9 条第 1 款第 2 目中不作为案件的 **42** 作案地点指作案人本应或必须行动的地点（停留地）或作案人为阻止结果出现需要采取行动的地点。[76]

---

[73] 《德国刑法典农莫评注》，伯泽撰写的第 9 条，页边码 5。

[74] 《德国刑法典系统评注》，霍耶撰写的第 9 条，页边码 5；参见安博斯，第 1 章，页边码 17。

[75] 德国联邦高等法院，《德国联邦高等法院刑事判例选》第 61 卷，第 290 页；《德国刑法典农莫评注》，伯泽撰写的第 9 条，页边码 5。

[76] 阻止结果出现地点，参见《德国刑法典慕尼黑评注》，安博斯撰写的第 9 条，页边码 14；其他观点如瓦尔特，《法学教学期刊》2006 年，第 871 页：仅指避免犯罪结果出现地。

案例：

比利时公民 F 和她的丈夫 M 在德国与奥地利接壤的边境山区徒步旅行。M 不小心摔入德国一侧的深谷。早就想与 M 分手的 F 此时正站在奥地利一侧，她本应下山寻找 M，却故意不营救自己的丈夫。M 终因失血过多死亡。可否依据《德国刑法典》追究 F 的刑事责任？

答案：

依据《德国刑法典》第 9 条第 1 款第 2 目，原则上推断适用《德国刑法典》第 212 条和第 13 条。《德国刑法典》第 9 条第 1 款第 3 目中结果发生的地点在德国。身为妻子的 F 有义务救助在德国领土上受伤的丈夫。

（三）危害结果发生地

1. 一般性原则

根据《德国刑法典》第 9 条第 1 款第 3 目，危害行为发生地指犯罪构成要件中危害结果产生的地点。故意杀人（《德国刑法典》第 212 条）、损害身体健康（《德国刑法典》第 223 条）、财产损失（《德国刑法典》第 263 条）或毁坏电脑[77]的犯罪结果发生在德国时，德国就是危害行为地。"危害结果"并不是指危害行为所造成的任何结果：犯罪嫌疑人在既遂后才产生的效果或对实现刑事构成要件只起到间接的辅助作用就不属于《德国刑法典》第 9 条第 1 款所指的犯罪结果。[78]

"被扣留在叙利亚案"[79]：

A 征得有单独抚养权的妻子的同意后，带着 15 岁的女儿前往叙利亚。几个月后女儿想回德国。当她和母亲想征得他同意时，A 性侵了自己的女儿。独自返回德国的母亲随后向德国司法机关举报 A 的行为。女儿多年后才逃离叙利亚。

德国联邦高等法院判定：

当时在外国发生的刑事犯罪是一起德国刑事案件。被迫与女儿分

---

[77] 《德国刑法典》第 303b 条，参见施拉姆，第 6 章，页边码 59。

[78] 舍恩克和施罗德主编，《德国刑法典评注》，埃泽尔撰写的第 9 条，页边码 6。

[79] 德国联邦高等法院，《新刑法学期刊》2015 年，第 338 页；黑克尔评论，《法学教育期刊》2015 年，第 947 页。

离伤害了母亲单独拥有的监护权，这个《德国刑法典》第235条第1款第1目中的犯罪结果发生在她返回德国后，根据《德国刑法典》第3条和第9条，这是一起德国国内的刑事案件。这个结果不违反《德国刑法典》第5条第6a目，该规定只明确了外国刑事案件依据《德国刑法典》第235条第2款第2目也应受到德国刑法处罚。

2. 跨境犯罪

刑事跨境犯罪中，确认危害结果的地点尤其复杂。犯罪行为人的作案方式或者工具，除在作案地点和危害结果地外，还穿越其他地点或区域的犯罪形式被称为跨境犯罪。[80] 这类案件的犯罪客体从外国行动地过境德国到达外国犯罪结果发生地。[81] 只要过境时利用一位无辜第三人从事作案活动，例如运送货物至某地，其行为的地点被视为幕后操纵者的作案地点。根据《德国刑法典》第9条第1款第1目，被利用人在德国作案就是一起德国刑事案件。[82] 跨境运输行为本身也应受到刑事处罚（比如《德国麻醉剂药品法》第29条第1款第5目结合第11条第1款第2项）。其他案件则取决于是否出现犯罪构成要件的危害结果，以及出现在何处。如果不能确定作案地或结果发生在德国境内，那么德国就不是犯罪地点。

案例：

荷兰公民 A 将一个藏有炸弹的邮包从阿姆斯特丹寄往捷克政治家 P 在布拉格的住所。一架运送包裹的荷兰飞机在慕尼黑机场作短暂停留时，德国邮政工作人员 B 偶然发现了炸弹。A 是否依据《德国刑法典》因杀人罪受到刑事处罚？

答案：

（1）邮政人员 B 运送包裹的地点是德国；根据《德国刑法典》第9条第1款第1目适用《德国刑法典》。只要 A 知道邮包经过德国邮政工作人员之手送达，可以设想依据《德国刑法典》第212条、第211条第1款和第2类别第2组第1目、第22条、第23条第1款、第25条第1款第2目，运送邮包是一起以间接正犯方式（阴险地）加害 P 的

---

[80] 《德国刑法典莱比锡评注》，韦勒和耶斯贝格撰写的第9条，页边码39。

[81] 《贝克出版社刑法网络评注》，海因特赦－海内格撰写的第9条，页边码40。

[82] 《德国刑法典慕尼黑评注》，安博斯和吕根贝格尔撰写的第9条，页边码23。

谋杀未遂。前提是 A 的行为已经处于未遂阶段（未遂在间接正犯案件中何时开始争议很大，参见屈尔，《德国刑法总论》，第 20 章，页边码 90 等）。（2）德国不是《德国刑法典》第 9 条第 1 款第 3 目意义上的危害发生地，这里未发生属于《德国刑法典》第 211 条等的死亡结果。（3）依据 A 的设想，只要有人在德国被杀，就可根据未遂地法律即《德国刑法典》第 9 条第 1 款第 4 目适用德国刑法，但案情没有相关描述。（4）在运输《爆炸物法》第 40 条第 2 款第 1 目中的易爆物品时，应根据《德国刑法典》第 3 条按照德国刑法对 A 进行刑事处罚。

3. 单纯行为犯罪

45　　单纯行为犯罪的作案地点是关键，刑事构成要件保护的法律权益在何处受到伤害并不重要。

"误入歧途的保时捷案"[83]：

　　商人 F 在德国康斯坦茨经营一家专门销售保时捷汽车品牌的全资汽车行。法国公民 P 在博登湖的奥地利一侧试驾 F 的一辆保时捷汽车 Cayenne。他临时决定不开回 F 的车行，而是把车卖到瑞士，拿着钱跑路。P 驾车穿过奥地利到达苏黎世，瑞士人 Z 明知此车的来历，还是把它买下。P 和 Z 各应受到何种刑事处罚？

答案：

　　P 符合《德国刑法典》第 246 条"侵占罪"，理论上是一种单纯的行为犯罪，其作案地点为奥地利。一位德国公民的利益因此受到损害，但这并不构成在德国犯罪，因为在德国发生的侵占结果并不是《德国刑法典》第 9 条第 3 款第 3 目中的法律后果。[84]Z 所犯"窝赃罪"的作案地是苏黎世，康斯坦茨不是危害发生地。[85] 因此，不能依照德国刑法对 P 和 Z 判处"侵占罪"或"窝赃罪"。

46　　难以确定毒品犯罪的作案地点。

---

[83]　稍加修改，斯图加特州立高等法院，《新刑法学期刊》2004 年，第 403 页和科隆州立高等法院，《新刑法学期刊——司法解释报道》2009 年，第 84 页。

[84]　参见科隆州立高等法院，《新刑法学期刊——司法解释报道》2009 年，第 84 页。

[85]　参见斯图加特州立高等法院，《新刑法学期刊》2004 年，第 403 页。

"塞尔维亚大麻油案" [86]：

在塞尔维亚生活的 A 专业生产大麻油，并用它治疗疼痛和癌症。2015 年，他花费 2400 欧元在荷兰购买了 6 公斤大麻。他知道开车把这批大麻经德国运到塞尔维亚的行为违法，而且太冒险。大麻会占用汽车的很大空间，太引人注目，所以他在荷兰先把这批大麻加工成大约 1.7 公斤的大麻油，将装大麻油的瓶子放置在汽车的不同位置，启程经德国前往塞尔维亚。德国警察检查时发现了这些麻醉品。

德国联邦高等法院判决：

按照《德国禁毒法》第 29 条第 1 款第 1 目，销售毒品是一种行为犯罪。根据《德国刑法典》第 3 条结合第 9 条，这一犯罪是否被认定为发生在德国，完全取决于犯罪行为发生的地点。销售过程中的任何一个步骤都可能是犯罪行为地，也包括犯罪行为人销售毒品。依据《德国禁毒法》第 29 条第 1 款第 1 目，其行为发生在德国，大麻油只在外国销售，犯罪结果的出现是否还需要被告人的额外行动，对确定刑事犯罪的发生地并不重要。

4. 具体危险性犯罪

某类既遂刑事处罚要件以出现具体危害结果为前提。它同样是《德国刑法典》第 9 条第 1 款第 3 目中的法律后果。[87] 例如，一位被遗弃在德国与波兰边境的儿童穿越边界到达奥德河畔的法兰克福，若危害该儿童生命或健康的情况发生在德国境内，对刑事犯罪人就适用《德国刑法典》第 221 条第 1 款。 **47**

5. 抽象危险性犯罪

抽象危险性构成要件因自身特有的危害性，不需要额外出现具体的危害结果，从事刑事犯罪就要受到处罚。例如，酒后驾车（《德国刑法典》第 316 条），法庭上作伪证（《德国刑法典》第 153 条），纵火（《德国刑法典》第 306 条）或使用违反宪法政治性组织的标识。[88] **48**

思考题：黑克尔和策勒，第 1 题，第 1 页。

抽象危险性犯罪有一个危害行为地，是否还需要一个结果发生地，值 **49**

---

[86]　德国联邦高等法院，《新刑法学期刊》2014 年，第 407 页。

[87]　巴伐利亚州立高等法院，《新法学周刊》1957 年，第 1327 页。

[88]　菲舍尔，第 86a 条，页边码 2。

得商榷。主流观点要求有一个结果发生地，因为与犯罪行为相关联的抽象风险表现为一种外部世界变化，是《德国刑法典》第9条第1款第3目中一个可与犯罪行为分离的犯罪结果，[89] 或者当危险可能转化为损害被保护利益时，就出现抽象的危险性犯罪结果。[90] 一位法国人酒后驾车在德法边境行驶时偏离公路，陷在德国一侧；[91] 一家法国工厂由于保管不当发生泄漏，有毒物质随风飘到德国，污染了当地土壤；[92] 或一个德国建筑项目公开招标，一位荷兰企业家与另一家来自阿姆斯特丹的企业合谋抬高报价；[93] 这些对德国的道路交通安全（《德国刑法典》第316条）、环境安全（《德国刑法典》第325条）或自由竞争环境（《德国刑法典》第298条）造成一种抽象危害，根据《德国刑法典》第9条第1款第3目则适用德国刑法。类似案件如，在国外生活的X把色情录像传送到网上，在德国的未成年人也能看到这些录像，这间接地危害了德国青少年性知识的发展是适用《德国刑法典》第184条第1款第1目的原因。

50
　　德国联邦高等法院现在反对把德国刑法适用到这类间接危害性案件的观点显然更具说服力。间接危害性刑事犯罪缺少《德国刑法典》第9条第1款第3目规定的具体结果，即犯罪行为导致外部世界时空上的变化。[94] 应由实际发生刑事犯罪行为的国家决定相应的刑事处罚。德国立法者首先明确规定，在《德国刑法典》第5条第10目框架内《德国刑法典》第153条等应适用德国刑法；如果犯罪行为属于《德国刑法典》第9条的范围，那么这个规定就是多此一举，[95] 否则，从犯罪政策角度讲，扩大《德国刑法典》适用范围就会出现问题，虽然抽象刑事犯罪没有具体地危害到德国，但它歧视在国外发生的刑事犯罪。此外，德国立法者应随时相应扩展《德国刑法典》第5条的目录，确定哪类间接的危害行为适用德

---

[89]　例如黑克尔，第2章，页边码40；《德国刑法典莱比锡评注》，韦勒和耶斯贝格撰写的第9条，页边码89；《德国刑法典系统评注》，霍耶撰写的第9条，页边码7。

[90]　扎费林，第3章，页边码23。

[91]　例如，拉特在《法律研究期刊》2006年，第437页，案例评论。

[92]　黑克尔，第2章，页边码37。

[93]　例如扎茨格，《法学教育期刊》2010年，第112页，司法解释。

[94]　德国联邦高等法院，《新刑法学期刊》2015年，第81页；舍恩克和施罗德主编，《德国刑法典评注》，埃泽尔撰写的第9条，页边码7a；埃泽尔，第16章，页边码34。

[95]　扎茨格、施米特和维德迈尔主编，《德国刑法典评注》，扎茨格撰写的第9条，页边码7。

国刑法。

"YouTube 网站的纳粹党徽案"[96]：

2011 年 4 月，德国人 A 通过互联网视频门户网站 YouTube 设立了一个叫"雅利安音乐团体"的平台，从捷克上传了一些有纳粹党徽的图片。

德国联邦高等法院判决：

《德国刑法典》第 86a 条第 1 款第 1 目以在德国散布违宪组织标志为刑事处罚前提条件，德国联邦高等法院认为，仅因可以在德国下载刑事构成要件中的违宪标志还不能推断本案适用德国刑法。《德国刑法典》第 86a 条是一种抽象危害性刑事犯罪，它不需要出现一个属于构成要件的犯罪结果，依据《德国刑法典》第 9 条第 1 款第 3 目或第 4 目（结果发生地），其犯罪行为不是发生在德国。A 利用国外的一台电脑上传这些标志是确定作案地点的关键。另外一种观点认为，抽象危险通过数字媒体传播变为现实[97]或产生效果地点[98]即为抽象危险结果发生地。由此，适用德国刑法还需要其他主观或客观限定条件，如犯罪行为人鼓励人们下载，提供的语言为该地区官方语言。[99]

6. 抽象—具体的危险性犯罪

除抽象危险性刑事犯罪外，既遂犯罪行为还要求其他危险要素。从事极端右翼刑事犯罪，如《德国刑法典》第 130 条的煽动民族仇恨扰乱公共秩序，或《德国刑法典》第 311 条第 1 款的对人身或生命造成伤害等，这类以此为前提的刑事犯罪也被称为抽象—具体或潜在危险性犯罪。一种观点认为，作案行为造成的一般性危害不足以让这类犯罪适用德国刑法，除非危害到具体法律权益，但大多数情况都不具备这种抽象危险构成要件。相反，德国联邦高等法院刑一庭[100]和一部分学者把潜在的危险看成一种结果。

---

[96]　德国联邦高等法院，《新刑法学期刊》2015 年，第 81 页。

[97]　海因里希，《刑法文献期刊》1999 年，第 72 页。

[98]　柏林州立高等法院，《新法学周刊》1999 年，第 3500 页。

[99]　扎茨格，第 5 章，页边码 48 等。

[100]　请注意德国联邦高等法院刑三庭，下文页边码 51b。

51a　　**"拓本案"**[101]：

　　澳大利亚公民弗里德里克·拓本（T）利用与其他人联合开设的阿德莱德学院网站从澳大利亚向互联网推送英语文章。这些文章造谣称，大屠杀是犹太人为在经济上敲诈和政治上诋毁德国而杜撰的，这些文章在德国也能看到。T在德国逗留时，因涉嫌"煽动民族仇恨罪"依据《德国刑法典》第130条被刑事拘留。T可能因辱骂（第1款第1目）、煽动（第1款第2目）和否认（第3款）被德国法院判刑。他作案的地点在澳大利亚，如果构成要件同时是《德国刑法典》第9条第1款第3目中应负的法律后果，那么适用德国刑法。这种抽象危险性刑事犯罪是《德国刑法典》第130条的核心，危害和平的特征不能被解释为一种具体危险，主流观点反对该案适用德国刑法。[102]如果他的行为未触犯住在国刑法，那么让人很难预料，德国刑法毫无节制地扩张到与互联网相关各个领域的后果。[103]除了额外增加德国刑事司法机关工作负担外，还会给民众对言论自由的信赖造成负面影响。[104]

　　正如德国联邦高等法院在上述判决中阐述的，反对观点显然更有说服力。[105]否则，它容易扰乱社会稳定，这不仅是一个社会行为的导向性标志，而且预示着刑法构成要件试图阻止出现这种结果：利用《德国刑法典》第130条列举的仇恨或歧视等手段煽动的各类人群本应在德国和平、安宁地生活。因此，法律禁止任何可能干扰社会安定的行为。根据这个特征，一种超越单纯和抽象的潜在危害还不具备传统刑事构成要件理论意义上的犯罪结果，但对所述人群已构成法律适用上的犯罪结果。[106]"奥斯威辛谎言"虽然是以英文形式上传到互联网，但这丝毫改变不了对犹太居民或他们的父母、亲友的指责，其中就包含获取

---

[101]　德国联邦高等法院，《德国联邦高等法院刑事判例选》第46卷，第212页，有删改。

[102]　希尔根多夫，《新法学周刊》1997年，第1873页；库德里希，《德国刑事辩护人期刊》2001年，第397页；拉戈德尼，《法学家期刊》2001年，第1198页。

[103]　西贝尔，《法律政策期刊》2001年，第100页。

[104]　库德里希，《德国刑事辩护人期刊》2001年，第397页。

[105]　参见伦吉尔，第6章，页边码17；《德国刑法典莱比锡评注》，韦勒和耶斯贝格尔撰写的第9条，页边码33；详情参见黑克尔，第2章，页边码34。

[106]　德国联邦高等法院，《德国联邦高等法院刑事判例选》第46卷，第212页。

德国提供的赔偿款。如同在德国购买一本德文书至少能在一部分德国民众中（例如极右翼圈子）造成或激化社会矛盾，挑起向犹太信仰居民的语言或肢体攻击，或向他们纵火或损坏他们的财物。因此 T 犯有"煽动民族仇恨罪"。德国联邦高等法院在判决中指出："一位外国人把符合《德国刑法典》第 130 条第 1 款或第 3 款意义上煽动民族仇恨的言论（奥斯威辛谎言）通过国外的服务器传送到德国网民都能接收的互联网上，而这些属于犯罪结果的不当言行出现在德国本土，严重影响了德国社会正常的生活秩序（《德国刑法典》第 9 条第 1 款第 3 目）。"

相反，德国联邦高等法院刑三庭 2017 年审理一起在瑞士社会活动中公开否认犹太大屠杀的案件时称，可能影响社会秩序的特征还不构成该案的犯罪结果。因此，不能以《德国刑法典》第 9 条第 1 款第 3 目或第 4 目为依据适用德国刑法。[107]

51b

7. 刑事处罚的客观条件，结果加重和常规实例

以发生一个客观条件作为处罚刑事犯罪人的前提（例如《德国刑法典》第 231 条以出现死亡或严重人身伤害为前提；《德国刑法典》第 283 条第 6 款以启动破产保护程序为前提；《德国刑法典》第 323a 条以醉酒后的刑事犯罪为前提），但能否将客观前提条件出现（在德国）的地点视为《德国刑法典》第 9 条第 1 款第 3 目中适用德国法的犯罪结果发生地呢？部分观点反对这种做法，因为刑事构成要件涉及限制处罚和从轻处罚的特性，它阻碍扩大德国刑法的适用范围。[108] 相反，主流观点明确指出，《德国刑法典》第 9 条保护的对象正是发生在德国的刑事伤害。[109]《德国刑法典》第 9 条第 1 款第 3 目的保护目标包括从严处罚事例。[110]

52

■ **思考题：**黑克尔和策勒，第 2 题，第 11 页。

---

[107] 德国联邦高等法院，《新刑法学期刊》2017 年，第 146 页。

[108] 扎茨格、施米特和维德迈尔主编，《德国刑法典评注》，扎茨格撰写的第 9 条，页边码 5；拉特，《法律研究期刊》2006 年，第 438 页。

[109] 德国联邦高等法院，《德国联邦高等法院刑事判例选》第 42 卷，第 235 页，第 242 页；黑克尔，《国际刑法学期刊》2011 年，第 398 页。

[110] 例如《德国刑法典》第 263 条第 3 款第 2 目，参见拉克纳和屈尔主编，《德国刑法典评注》第 9 条，页边码 2；不同观点：《德国刑法典农莫评注》，伯泽撰写的第 9 条，页边码 9 和结果加重犯罪，例如《德国刑法典》第 227 条，参见《德国刑法典莱比锡评注》，韦勒和耶斯贝格撰写的第 9 条，页边码 36。

（四）未遂案件的作案地点，《德国刑法典》第9条第1款第4目

53　《德国刑法典》第9条第1款第1目规定未遂案件作案的地点；根据《德国刑法典》第9条第1款第4目，结果发生地指构成要件中犯罪结果原本应发生的地点。前面所述判断标准同样适用对刑事犯罪的准备活动，例如根据《德国刑法典》第30条参与犯罪的准备阶段。[111]

（五）有关参与人的特殊之处，《德国刑法典》第9条第2款

54　《德国刑法典》第9条第2款通过参与犯（教唆犯、帮助犯）拓展了可能作为刑事犯罪地点的范围。作案地点不仅指犯罪行为人作案的地点，而且是（1）犯罪参与人实际作案或计划作案的地点；或（2）参与人认为犯罪结果应出现的地点。

55　可能存在的问题：被视为国内刑事犯罪的外国帮凶在居住国根本不受刑事处罚（例如教唆成年兄弟姐妹间乱伦在某些国家不受刑事处罚《德国刑法典》第173条）。

由于刑事处罚与地域管辖密不可分，国际法允许刑事处罚参与人。[112]刑事处罚那些教唆或帮助他人从事在国外不受刑事处罚的行为不违反从属原则，关键是德国法律规定该行为应受到刑事处罚。从刑事犯罪政策的角度，不依据外国标准[113]确定在德国的参与行为违法的做法也是合理的。[114]对个别案例应考虑是否根据《德国刑事诉讼法》第153c条第1款第1目终止诉讼。下面的案例展现了《德国刑法典》第9条第2款可以产生相互矛盾的结果。

> **"去苏黎世自杀案"：**
>
> 　在斯图加特生活的S想结束自己的生命，电话联系瑞士苏黎世专门协助自杀的医生A。S为获得必要的帮助，要自己到A在苏黎世的医院。S没有驾照，又不想坐火车，就求助老朋友B开车送自己到瑞士。B得知S去瑞士的目的后，欣然同意开车送他去瑞士。S在医生A的帮

---

[111]　例如舍恩克和施罗德主编，《德国刑法典评注》，埃泽尔撰写的第9条，页边码9：在国外约定到德国杀人越货。

[112]　《德国刑法典莱比锡评注》，韦勒和耶斯贝格撰写的第9条，页边码52。

[113]　扎茨格，第5章，页边码40。

[114]　参见厄勒，页边码360。

助下结束了自己的生命。

判决结果和理由：

根据《德国刑法典》第217条，主要犯罪行为——商业性协助自杀在德国会受到刑事处罚。由于协助自杀在瑞士不构成刑事犯罪，本案中对医生A免予刑事处罚。但对B适用《德国刑法典》第9条，可以追究他参与国外主要刑事犯罪的责任，即使该犯罪在当地不受刑事处罚。只要B不属于《德国刑法典》第217条第2款的特定群体，根据《德国刑法典》第217条第1款、第27条，B协助他人到瑞士自杀的行为构成商业性协助自杀犯罪。[115] 这样，判决的结果就会自相矛盾，向决定自杀的病人无偿提供致死药物的行为不受刑事处罚，而组织或开车送他到国外医院自杀的行为却要受到刑事处罚。[116]

三、国旗原则，《德国刑法典》第4条

根据《德国刑法典》第4条，在悬挂德国国旗的船只或涂有德国标志的飞机上发生的刑事案件可适用德国刑法。国际法利用这种方式填补可能出现的管辖权漏洞，[117] 按照旧的学术观点，悬挂德国国旗的船只是一块移动的德国领土。[118] 即使这艘德国船只行驶在外国水域，发生的刑事案件既可以适用外国刑法，也可以适用《德国刑法典》第4条。这样就会产生司法权纠纷。[119] 在德国领海行驶的船只或在德国领空飞行的飞机发生的刑事案件根据《德国刑法典》第3条适用德国刑法。

"索马里军事行动案" [120]：

母港位于基尔的德国海军"Spessart"号军舰在索马里海域遭到一艘由七名海盗驾驶的摩托快艇的攻击，海军士兵当即予以还击，缴获海盗的快艇并抓获七名海盗。德国联邦政府对七名海盗向基尔检察院

---

[115]　库德里希和霍芬，《国际刑事法律理论期刊》2016年，第345页。

[116]　《德国刑法典慕尼黑评注》，布伦赫贝尔撰写的第217条，页边码95。

[117]　例如在大洋或国际空域，《德国刑法典慕尼黑评注》，安博斯撰写的第3—7条引言，页边码26，"扩展领土和域外管辖权"。

[118]　例如《帝国法院刑事判例选》第22卷，第362页。

[119]　上文页边码5。

[120]　德国联邦高等法院，《新刑法学期刊》2009年，第464页。

提出刑事指控。基尔检察院认为自己不负责受理此案，同时根据《德国刑事诉讼法》第 13a 条要求德国联邦高等法院指定法院管辖，但遭到联邦高等法院拒绝，由于大量犯罪事实，根据《德国刑法典》第 4 条结合第 9 条（犯罪结果应发生在德国船上）应适用德国刑法（例如《德国刑法典》第 212 条和第 22 条；第 249 条和第 22 条）。基尔州立法院的"地域"管辖权源于《德国刑事诉讼法》第 10 条。[121]

四、涉及国内刑事案件（国家保护原则），《德国刑法典》第 5 条

57   《德国刑法典》第 5 条的标题"针对国内法律权益的刑事犯罪"不是很贴切，该条也适用危害国外法律权益的刑事犯罪（例如一位德国医生在国外实施人工流产手术，《德国刑法典》第 5 条第 9 目）。

■ **思考题：** 黑克尔和策勒，第 12 题，第 134 页。

《德国刑法典》第 5 条中各种犯罪的共同点在于：在国外发生的刑事犯罪都与德国有关联。[122]《德国刑法典》第 5 条与第 7 条第 1 款第 2 目相同，表达相同原则，即国家刑事司法权保护本国在国外的权益。[123] 与《德国刑法典》第 7 条第 1 款不同，《德国刑法典》第 5 条 [124] 不仅保护德国公民的个体权益（被动属人原则），而且保护德国或相关群体的利益（现实原则），它不是以该刑事犯罪是否依照国外刑法处以刑事处罚为前提。与《德国刑法典》第 6 条不同，第 5 条所列刑事犯罪不涉及国际法律权益。

58   《德国刑法典》第 5 条的结构比较混乱。各种适用原则混杂在一起，像一个五颜六色的大杂烩。作为德国刑法适用核心规则的《德国刑法典》第 5 条列举的大多数刑事犯罪的对象是德国政府（《德国刑法典》第 5 条第 1 目至第 5 目、第 10 目至第 14a 目），例如在国外策动背叛联邦或州的行为（所谓国家保护原则）。前提是伤害了德国公民（保护个体管辖原则，《德国刑法典》第 5 条第 6 目、第 7 目、第 8a 目和第 14 目）或德国企业（作为商业间谍的受害人，《德国刑法典》第 5 条第 7 目）。有些规定（额外）要求犯罪行为人（主动属人管辖原则）拥有德国国籍（《德国刑法典》第 5

[121]   德国联邦高等法院，《新刑法学期刊》2009 年，第 464 页。

[122]   《德国刑法典莱比锡评注》，韦勒和耶斯贝格撰写的第 5 条，页边码 4。

[123]   保护原则，安博斯，第 3 章，页边码 69。

[124]   参见下文页边码 61。

条第 5b 目、第 8 目、第 9 目、第 11a 目、第 12 目、第 13 目、第 14a 目和第 15 目）。刑事犯罪人或受害人居住在德国（居所原则）也很重要（《德国刑法典》第 5 条第 3a 目、第 5b 目、第 6 目、第 6a 目、第 8a 目、第 9 目）。

> **"巴马科纵火案"**[125]：
>
> 　　为抗议德国国防军进驻马里，马里公民 S 焚烧了一面悬挂在当地联邦国防军简易房屋顶的德国国旗，并将手机拍摄的整个过程公布在互联网上。基于《德国刑法典》第 5 条第 3b 目的保护原则，德国司法机关可以依据《德国刑法典》第 90a 条第 2 款追究 S 的刑事责任。假如涉案的德国国旗是 S 自己的，就不能追究他的刑事责任：这可参考《德国刑法典》第 90a 条第 1 款第 2 目和第 11 目、第 3 款，但不具备《德国刑法典》第 5 条第 3a 目的适用前提。

五、普遍管辖原则，《德国刑法典》第 6 条

　　刑事犯罪即使与德国没有关联，德国刑法也保护国际法认可的法律权益。刑法保护重要的国际利益是合理介入点，也包括德国利益。[126]《德国刑法典》第 6 条第 2 目至第 7 目列举了几种有重大影响的刑事犯罪，如破坏核能源刑事犯罪（第 1 目）、贩卖人口（第 4 目）或传播涉及儿童和未成年人的色情录像（第 6 目）。　　**59**

　　《德国刑法典》第 6 条不局限在保障普遍管辖原则，第 6 条第 9 目也涵盖德国刑事司法承担调查义务的国家间条约。[127]《联合国禁止酷刑公约》、《反对恐怖主义欧洲公约》或《维也纳外交关系公约》属于国家间条约，[128] 但不包括欧盟的衍生法律。[129] 人们当时不理解，为什么把骗取财政补贴归入《德国刑法典》第 6 条第 8 目的保护范畴，通过《德国刑法典》第 5 条的国家保护原则可以解释，为何要保护欧盟的利益。[130]　　**60**

　　对侵害人类法律权益最严厉的刑事处罚法规不是《德国刑法典》，　　**61**

---

[125]　参见安博斯第 3 章，页边码 67、91 的案例。

[126]　普遍管辖原则，《德国刑法典慕尼黑评注》，安博斯撰写的第 6 条，页边码 1。

[127]　条约原则，参见《德国刑法典农莫评注》，伯泽撰写的第 6 条，页边码 1。

[128]　详情参见《德国刑法典农莫评注》，伯泽撰写的第 6 条，页边码 22。

[129]　即源于原框架决议或现在指令的义务，扎茨格，第 5 章，页边码 76。

[130]　忠诚原则参见下文页边码 76；第四章，页边码 62。

而是 2002 年颁布的《德国国际刑法典》（VStGB）。例如"种族灭绝罪"
（《德国国际刑法典》第 6 条），"危害人类罪"（《德国国际刑法典》第 7
条），"战争罪"（《德国国际刑法典》第 8 条）和"侵略罪"（《德国国际
刑法典》第 13 条）。《德国国际刑法典》对这类严重刑事犯罪适用普遍管
辖原则。[131]

62　　　与《德国刑法典》第 5 条、第 7 条和第 9 条相同，适用《德国刑法典》
第 6 条的前提条件是刑事犯罪发生在国外。德国境外的任何地点包括没有
刑事司法权区域。[132]对《德国刑法典》第 6 条列举的刑事犯罪直接适用普
遍原则，还是某些构成要件需要一个与德国法的联结点，存在争议。[133]

> **"荷兰摇头丸案"**[134]：
>
> 　　荷兰的毒品贩子委托荷兰公民 A 向 J 分两次转交了 4 万粒和 25 万
> 粒摇头丸。交货是警察故意设的陷阱。虽然 A 的刑事犯罪与德国没有
> 直接联系，但 A 被引渡到德国（他的同案犯已在德国被判刑），波恩
> 州立法院以协助从事大量"非法交易麻醉品罪"为由对他判刑。德国
> 联邦高等法院第二刑事审判庭核准了该判决：[135]此案适用德国刑法的
> 依据是《德国刑法典》第 6 条第 5 目，被告 A 不需要与德国有任何联
> 系。[136]《德国刑法典》第 6 条第 5 目对适用德国刑法没有任何内容限制。
> 这样做是否符合国际法的不干预原则值得怀疑。虽然几乎所有国家都
> 批准了 1988 年 12 月 20 日颁布的《联合国关于禁止非法交易麻醉品协
> 议》，即可以对组织贩卖毒品实施刑事制裁，但国际公约依据普遍原
> 则并未要求司法制裁，该协议第 2 条第 2 款和第 3 条强调国际法不干
> 涉原则。德国联邦高等法院强调，没有危害到公共利益的具体案件可

---

[131]　第 2 章，页边码 24，但《德国国际刑法典》第 13 条有限制。

[132]　参见第四章，页边码 62。

[133]　所谓有条件或有限普遍原则，有关争议概念请参见安博斯，第 3 章，页边
码 97。

[134]　德国联邦高等法院，《德国联邦高等法院刑事判例选》第 61 卷，第 290 页，
海姆撰写评论，《新法学周刊》2017 年，第 1043 页。

[135]　德国联邦高等法院，《德国联邦高等法院刑事判例选》第 61 卷，第 290 页，
点评参见海姆，《新法学周刊》2017 年，第 1043 页。

[136]　两年前，德国联邦高等法院刑二庭还持相反观点。见德国联邦高等法院，《新
刑法学期刊》2015 年，第 568 页。

以根据《德国刑法典》第153c条终止刑事诉讼。德国联邦高等法院认为原则上不需要与德国有联系。德国根据普遍原则可以直接提起刑事诉讼。[137]

六、被动属人管辖原则，《德国刑法典》第7条第1款

审查规范之四：被动属人管辖原则

1. 刑事犯罪发生在国外。
2. 刑事犯罪针对德国公民。
3. 刑事犯罪在案发地应受刑事处罚（或不存在刑事司法权力）。

63

德国公民是刑事犯罪的受害人，并且该刑事犯罪在国外也可能受到刑事处罚或作案地点没有刑事处罚权时，《德国刑法典》第7条第1款明确规定该刑事犯罪适用德国刑法。

64

（一）关于德国人概念

《德国刑法典》第7条所指的德国人，必须符合《德国基本法》第116条的定义和《德国国籍法》的前提条件。双重国籍和在德国出生的外国未成年人也是德国人。[138]

65

多数学术观点[139]认为，总部设在联邦德国的法人不属于法律意义上的德国人。[140]从文义上推断，德国人只能是自然人。立法者当年可能只想到在国外居住的自然人，没有考虑法人。[141]否则，把德国企业列入《德国刑法典》第5条第7目就显得多此一举。《德国刑法典》第259条不适用于把从一家德国企业盗窃的商品窝藏在外国的刑事犯罪。它首先不具备《德国刑法典》第9条第1款第3目中犯罪结果发生地的条件，窝赃只是一种

66

---

[137]　参见《德国刑法典系统评注》，霍耶撰写的第6条，页边码3；安博斯，第3章，页边码100。

[138]　安博斯，第3章，页边码47。

[139]　例如《德国刑法农莫评注》，伯泽撰写的第7条，页边码4。

[140]　主流观点参见舍恩克和施罗德主编，《德国刑法典评注》，埃泽尔撰写的第7条，页边码6。

[141]　《德国联邦议会印刷文件》IV/650，第112页。

单纯行为犯罪；其次，无法将企业归入《德国刑法典》第 7 条第 1 款的范围。[142] 只要刑事犯罪是一种结果性犯罪，并且国外刑事犯罪给德国企业造成损失，适用德国刑法的依据就不是《德国刑法典》第 7 条第 1 款，而是第 9 条第 1 款第 3 目，刑事犯罪要给德国企业造成法律意义上的损失，而不只是经济损失（《德国刑法典》第 3 条）。

"罗马贪污案"：

> 总部位于法兰克福的德国股份有限公司 B 在罗马设有一个非法律独立的分公司（《德国商法典》第 13 条）。股份有限公司 B 的意大利籍雇员 M 在罗马贪污了公司一大笔钱。股份有限公司 B 不是自然人，也不是《德国刑法典》第 7 条意义上的德国人。与法律上独立且总部设在国外的子公司不同，B 在罗马的分公司只是德国企业的一个海外分支机构。按照《德国刑法典》第 9 条第 1 款第 3 目，让德国股份有限公司 B 蒙受财产损失的犯罪结果发生地应是德国。M 不是对意大利分公司，而是对股份有限公司 B 负有忠诚义务。[143]

▌ **思考题：**黑克尔和策勒，第 3 题，第 33 页等。

（二）对国外刑事犯罪的处罚或不存在刑事司法权

67   国外刑事犯罪需要受到刑事处罚，而不仅仅违反治安条例（有限的被动属人原则）。"类似刑事法规"为刑事犯罪人遵守外国法律提供了国际法依据。[144] 假设刑事犯罪人针对住在国公民，他也应受到刑事处罚。[145] 只要该行为受到刑事处罚，就可认为是"类似刑事法规"。外国刑罚条文不需要与德国刑法相吻合或相类似的保护指向。[146] 只要它与国际承认的基本

---

[142]   斯图加特州立高等法院，《新刑法学期刊》2004 年，第 402 页；柏林高等法院，《新法学周刊》2006 年，第 3017 页。

[143]   相反案件参见法兰克福州立高等法院，《新法学周刊》1989 年，第 675 页。

[144]   安博斯，第 3 章，页边码 73。

[145]   扎茨格，第 4 章，页边码 11。

[146]   主流学术观点参见《德国联邦高等法院刑事判例选》第 42 卷，第 275 页；舍恩克和施罗德主编，《德国刑法典评注》，埃泽尔撰写的第 7 条，页边码 8；个别学术观点参见《德国刑法典系统评注》，霍耶撰写的第 7 条，页边码 4；拉特，《法律研究期刊》2007 年，第 33 页：要求保护方向一致。

原则不相抵触，判断时就要考虑其他国家的合法性或免责理由。[147] 诉讼程序法障碍（例如对刑事指控的要求）不影响刑罚。[148] 与《德国刑法典》第7条不同，如对《德国刑法典》第5条列举的刑事犯罪是否按照案发地法律进行处罚，对特定的刑事犯罪并不重要。[149]

> **思考题：** 安博斯，《国际刑法案例》，第1例，页边码3及以下；黑克尔和策勒，第4题，第54页。

即使案发地没有刑事司法权，[150] 也要处罚刑事犯罪。　　　　　　68

七、主动属人管辖原则，《德国刑法典》第7条第2款第1目

> **审查规范之五：主动属人管辖原则**　　　　　　　　　　　　　69
>
> 1. 国外刑事犯罪。
> 2. 刑事犯罪人在作案时或作案后拥有德国国籍。
> 3. 犯罪行为在案发地应受刑事处罚（或不存在刑事司法权力）。

德国刑法也适用在海外生活的德国人的刑事犯罪（《德国刑法典》第7　　70 条第2款第1目第1种情况）。国际法承认，主权国家对国外生活的本国公民拥有刑事处罚权的规定很必要，《德国基本法》第16条第2款第1项禁止将在外国作案的德国公民引渡到外国。对作案后才入德国籍的刑事犯罪人也适用德国刑法（《德国刑法典》第7条第2款第1目第2种情况）。这个"新"公民条款主要防止刑事犯罪人利用改变国籍逃避刑事诉讼。德国司法机关至少可以通过代行司法职权调查他的刑事犯罪责任。由于刑事犯罪人作案时一般不了解德国相关的处罚规则，德国的刑事处罚因此不应

---

[147]　此问题请参见对命令枪击前东西德边境跨境人员的人的辩护，《德国联邦高等法院刑事判例选》第42卷，第275页。

[148]　德国联邦高等法院，《新刑法学期刊——司法解释报道》2011年，第245页；拉克纳和屈尔主编，《德国刑法典评注》第7条，页边码2；少数学术观点参见埃塞尔，第16章，页边码57，必须具备所有诉讼前提条件。

[149]　例如《军火监控法》第21条；关于《德国刑法典》第129b条第1款请参见德国联邦高等法院，《新刑法学期刊——司法解释报道》2011年，第199页。

[150]　例如南极大陆、公海或宇宙空间；费舍尔主编，《德国刑法典评注》第7条，页边码8。

超越所在国对他的处罚。[151]刑事诉讼应以从轻处罚（lex mitior）为基础：[152]如果所属国的刑罚较轻微，就以它作为处罚依据；相反，假如德国刑法判得轻，就按德国刑法。

71   《德国刑法典》第 7 条第 2 款与第 1 款一样，[153]要求犯罪行为在案发地应受刑事处罚或不存在刑事司法权力（受限制的主动属人管辖原则）。

八、代理处罚原则，《德国刑法典》第 7 条第 2 款第 2 目

72   **审查规范之六：代理刑事处罚**

1. 在国外实施刑事犯罪。
2. 刑事犯罪在作案地受刑事处罚（或当地不存在刑事司法权力）。
3. 刑事犯罪人作案时是外国人。
4. 刑事犯罪人在国内被抓获。
5. 不能被引渡到国外。

73   如果法律禁止将在外国作案后逃到德国的外国人引渡到外国，那么德国刑事司法机关可根据《德国刑法典》第 7 条第 2 款第 2 目为外国刑事司法机关代行职权。不能引渡的情况下，此规定让德国检察机关承担刑事调查义务。它源于格劳秀斯提出的引渡或起诉原则，[154]是以刑事犯罪人已经在德国（如生活在德国或在德国飞机场被拘捕），并且不允许离开德国为前提。[155]

因未提交引渡申请、法院拒绝引渡申请或生病，[156]确定不能引渡刑事犯罪人。[157]判断引渡的法律依据是《刑事案件国际司法协助法》和《国际引渡协议》。[158]前提始终是刑事犯罪按照《刑事案件国际司法协助法》的

---

[151]   德国联邦高等法院，《德国联邦高等法院刑事判例选》第 39 卷，第 317、321 页。

[152]   《德国刑法典慕尼黑评注》，安博斯撰写的第 7 条，页边码 26。

[153]   上文页边码 67。

[154]   欧盟法院，《新法学周刊》2017 年，第 378 页，第 380 页；克利普，第 213 页。

[155]   如返回家乡，德国联邦高等法院，《新刑法学期刊——司法解释报道》2007 年，第 48 页。

[156]   《德国刑法典慕尼黑评注》，安博斯撰写的第 7 条，页边码 29。

[157]   《德国刑法典农莫评注》，伯泽撰写的第 7 条，页边码 20。

[158]   《德国刑法典农莫评注》，伯泽撰写的第 7 条，页边码 19。

基本原则可以引渡，[159] 但无足轻重的琐事和政治案件不适合引渡（《刑事案件国际司法协助法》第 3 条第 2 款、第 6 条第 1 款）。引渡障碍如根据《刑事案件国际司法协助法》第 8 条被判处死刑的风险（谋杀嫌疑）仅阻止执行引渡，并不影响（因谋杀）对刑事犯罪人提起刑事诉讼，[160] 然而从轻处罚原则又限制对他的刑罚力度。

"在波斯尼亚发生的种族谋杀案" [161]:

波斯尼亚塞族人 S 在南斯拉夫战争中参与清洗波斯尼亚穆斯林。他因 30 起"种族谋杀罪"被判处无期徒刑。S 在德国杜塞尔多夫机场被逮捕，按照波斯尼亚和黑塞哥维那、南斯拉夫的刑法，他的行为都应受到刑事处罚。他本可以按照国际法律协助被引渡回国，但波斯尼亚和黑塞哥维那政府没有提交引渡申请，德国没有将 S 引渡给（当时的）南斯拉夫联邦。因此，德国根据《德国刑法典》第 7 条第 2 款第 2 目判处 S 有罪。

第三节　保护目标

审查规范之七：法规保护目标

涉及德国法律保护的目标：

1. 伤害到德国权益（主要是个体法律权益）。

2. 仅国外权益受到伤害原则上还不够，除非

a）德国权益同时包含外国权益；

b）或犯罪行为涉及欧盟法律权益。

一、国内的法律权益

刑事犯罪只有触及德国刑法保护的范围并与德国刑法保护的方向一致

---

[159] 拉克纳和屈尔主编，《德国刑法典评注》第 7 条，页边码 5。

[160] 《德国刑法典莱比锡评注》，韦勒和耶斯贝格撰写的第 7 条，页边码 104。

[161] 德国联邦高等法院，《德国联邦高等法院刑事判例选》第 45 卷，第 65 页。

时，才适用德国刑法。[162] 德国刑法始终保护个体权益。国内的法律权益这个标题容易让人产生误解，因为刑事犯罪人是德国公民还是外国人，刑事犯罪发生在德国还是在国外并不重要。《德国刑法典》第 3 条等刑罚适用规则只规定何时不适用德国刑法。[163] 国际移民法的显著特征是住在国刑法最低限度地保护外来移民或法人的权益。[164] 例如，一位外国人在德国被打（《德国刑法典》第 223 条）、被偷（《德国刑法典》第 242 条）或被性侵害（《德国刑法典》第 174 条等），应按照德国刑法处罚刑事犯罪人。只要作案地点在德国（《德国刑法典》第 3 条结合第 9 条第 1 款），刑事犯罪就处于德国刑法的范围。依据英国公司法成立的"有限责任公司"总部设在海外（如英国琼费恩岛），其经理人在德国违反忠诚义务的行为让"有限责任公司"遭受财产损失，经理人的行为依据《德国刑法典》第 266 条应受到刑事处罚。[165]

二、国外的法律权益

76   原则上，德国刑法不保护其他国家的权益，即使刑事犯罪发生在德国。[166] 只要德国刑法单纯以保护本国权益为目标（保护国家免受危害，《德国刑法典》第 80 条等），而针对外国的国家利益的犯罪行为就不能依据德国法律判处德国公民有罪。[167] 外国只能自己保护本国的权益。

那些明确保护外国的刑事构成要件是例外，如《德国刑法典》第 102 条等或根据《德国刑法典》第 89a 条预谋实施严重危害国家的暴力行为。它们保障其他国家和国际组织的存在和安全。[168]

77   对既保护德国的国家利益，又保护个体利益的刑事构成要件的归类很难。《德国刑法典》第 170 条第 1 款保障被抚养人的生活来源，防止冒领

---

[162] 考试审查次序，参见上文页边码 12。

[163] 舍恩克和施罗德主编，《德国刑法典评注》，埃泽尔撰写的第 3—9 条引言，页边码 33。

[164] 《德国刑法典慕尼黑评注》，安博斯撰写的第 3—7 条引言，页边码 85。

[165] 施拉姆和欣德厄，《国际刑法学期刊》2010 年，第 494 页；德国联邦高等法院，《新刑法学期刊》2010 年，第 632 页。

[166] 安博斯，第 1 章，页边码 32。

[167] 例如妨碍外国公务员执行公务，参见上文页边码 16。

[168] 菲舍尔，第 89a 条，页边码 5。

社会保险金。[169] 有很大争议的是，如何处理依照德国法律有抚养义务的人拒绝向在国外居住的被抚养人支付抚养费等涉外案件。德国法院普遍认为，应由国外社会保障体系负担在国外生活而非在德国生活的被抚养人的抚养费，这类案件不适用《德国刑法典》第 170 条。[170] 相反，一位在国外定居的德国人拒绝向在德国生活的孩子支付抚养费就适用《德国刑法典》第 170 条。[171] 判断环境犯罪[172] 和虚假陈述犯罪如前所述也很困难。

■　**思考题：** 安博斯，《国际刑法案例》，第 5 例，页边码 3 等（针对《德国刑法典》第 170 条）。

案例——巴黎的谎言：

F 与另一位法国人 G 在巴黎撞车，德国公民 Z 当时恰巧坐在他朋友 F 的副驾驶位置。虽然 F 对事故负有全责，他却把 G 告上巴黎民事法庭，要求对方赔偿 10000 欧元。作为证人的 Z 为包庇 F 当庭说谎。法院因此判处 G 支付赔偿。根据《德国刑法典》第 153 条刑事处罚 Z 时首先应考虑，Z 不符合《德国刑法典》第 3 条或第 5 条第 10 目的前提条件。依据《德国刑法典》第 162 条所列的特殊规则，适用《德国刑法典》第 153 条的前提是，Z 在《德国刑法典》第 162 条所指的国际法院作伪证。[173] 但这个条件在这里并不具备。

依据《德国刑法典》第 7 条第 2 款第 1 目的主动属人管辖原则，德国刑法对 Z 适用。Z 在国外所作的伪证应依据外国的刑法受到处罚。适用德国刑法还需要该犯罪行为涉及德国法律权益。主流学术观点认为，《德国刑法典》第 153 条等虽然直接针对《德国刑法典》保护的个体，但同时也防止作伪证伤害诉讼参与人。这不只涉及罚金或有期徒刑的刑事判决，也针对基于伪证作出的民事判决。[174]Z（作为帮凶或同谋）的诉讼诈骗从一开始就涉及个体权益（财产），该刑事犯罪依照《德国刑法典》第 7 条第 2 款第 1 目结合第 263 条同样应被判刑。

---

[169]　主流学术观点：拉克纳和屈尔主编，《德国刑法典评注》第 170 条，页边码 1。

[170]　德国联邦高等法院，《德国联邦高等法院刑事判例选》第 29 卷，第 85 页；但《德国刑法典慕尼黑评注》，安博斯撰写的第 3—7 条引言，页边码 87 持支持观点。

[171]　费舍尔主编，《德国刑法典评注》第 170 条，页边码 3a。

[172]　参见黑克尔，第 2 章，页边码 7。

[173]　如欧盟法院、欧洲人权法院或国际刑事法院，参见拉克纳和屈尔主编，《德国刑法典评注》第 162 条，页边码 2。

[174]　安博斯，第 1 章，页边码 39。

三、对外国和本国的保护，欧盟法律权益

78
　　刑事构成要件保护的权益同时涉及外国或没有特定国家的公共权益时，对这些权益的伤害应也适用德国刑法。《德国刑法典》第267条等不仅保护法律文书的真实性和完好无损，而且保护涉及外国利益的法律文书。[175] 其他保护外国权益的法律规定是《德国刑法典》第335a条，它保护外国公共服务的公正性。

▌ **思考题：** 黑克尔和策勒，第8题，第97页。

　　欧盟财政利益出现损害时（详见第四章，页边码66），可依据忠诚原则将刑法保护的范围扩展到欧盟利益（《欧盟运作条约》第4条第3款），只要不涉及特殊融合规则（《德国刑法典》第164条、第264条第7款第2目），就可宣布适用德国刑法。[176] 按照《德国刑法典》第5条第15目，无论作案地点在哪里，只要《德国刑法典》第11条第1款第2a目中的欧盟公职人员在德国工作，就可依据《德国刑法典》第331条至第337条对所列刑事犯罪进行刑事处罚。根据《德国刑法典》第5条第15目，德国刑法同样对向德国公职人员行贿的刑事犯罪人适用。

第一章　测试题

问题一：《德国刑法典》第3条等在多大程度上具有法律双重性？页边码7。

问题二：如何理解管辖权冲突？页边码6。

问题三：您都认识哪些适用德国法的联系原则？页边码10。

问题四：如何理解规定司法审理权、支持司法解释和执行司法权？页边码13。

问题五：什么是真正的"交集"？页边码26。

问题六：什么是德国刑法核心的适用原则？页边码29。

问题七：什么是治外法权，有哪些规定？页边码32。

问题八：什么是普遍原则？页边码38。

问题九：在网络上煽动民族仇恨会引发什么法律适用问题？页边码49。

问题十：什么是被动属人管辖原则？页边码61。

问题十一：谁是《德国刑法典》第7条意义上的德国人？页边码65。

---

[175] "汽油代金券案"，巴伐利亚州立高等法院，《新法学周刊》1980年，第1057页。
[176] 黑克尔，第2章，页边码6。

问题十二：德国企业可以成为《德国刑法典》第 7 条意义上的德国人吗？页边码 64。

问题十三：什么是主动属人管辖原则？页边码 67。

问题十四：引渡和起诉原则对哪些适用规则很重要？页边码 73。

问题十五：德国刑法也保护外国的法律权益吗？页边码 74。

第二章　国际刑法

第一节　国际刑法的概念和基础

1　　国际刑法指直接适用的国际性刑事处罚，它通过制裁严重违反国际规则的个体，实施相应国际刑事请求权。[177]这个请求权有助于保卫人类和平、安宁的幸福生活。[178]其重点是四项核心严重刑事犯罪（core crimes）："种族灭绝罪""危害人类罪""战争罪""侵略罪"。

一、国际法与刑法的结合

（一）从形式和实体性视角的观察

2　　从字面上看，国际刑法由国际法和刑法两部分组成。国际刑法规则形式上属于国际法，具体刑罚构成要件和基本原则都源于国际法。它不需要国家设立刑法构成要件，而是直接产生针对个体的刑事责任。从实体法角度，国际刑法规定属于刑法范畴。[179]尽管刑事犯罪的规模巨大，但国际刑法有权要求个体为国际刑事犯罪承担法律后果，[180]如有期徒刑或罚金是刑事法律特有的法律后果。除实体刑法外，国际刑事诉讼法也是国际法和刑事诉讼法的一个混合体。

3　　国际刑法不是设立国际性刑罚。[181]国家作为一个整体，应按照国际侵权法基本原则，[182]在非专业意义上通过国家间的损害赔偿或补偿被处罚

---

[177]　黑克尔，第 2 章，页边码 82；扎费林，第 4 章，页边码 3。

[178]　安博斯，第 5 章，页边码 3；韦勒和耶斯贝格，页边码 97。

[179]　扎费林，第 4 章，页边码 4。

[180]　安博斯，第 5 章，页边码 1。

[181]　扎费林，第 4 章，页边码 1。

[182]　格勒塞，页边码 644。

（参照）。此外还有联合国惩罚机制、联合国安理会可依据《联合国宪章》第7章实施"灵活制裁"（例如经济封锁，冻结财产）。[183] 除国家外，这些措施也可以针对政府组织和个人，[184] 一些国家政权更迭后不选择司法途径，而是以一种过渡司法形式清理过去的非法行为。[185] 其重点是社会承认受害人，刑事犯罪人与受害人和解，在没有刑事调查压力情况下澄清失踪者的下落。南非"真相与和解委员会"（TRC）已经查清了许多被害人的下落，同时达到与犯罪人和解的目标。[186] 受害人可能难以理解，许多曾经严重侵害人权的刑事犯罪为什么还能获得赦免。[187]

（二）以合约为基础的严重国际刑事犯罪

作为所谓以合约为基础的国际严重犯罪，恐怖主义和毒品交易的刑罚构成要件没有被纳入海牙《国际刑事法院规约》引起很大争议。[188] 上述内容这里就不再赘述。此外，某些特定恐怖行为已经归入核心刑事犯罪中的"危害人类罪"或"战争罪"，属于传统国际刑法的内容。[189]　**4**

（三）刑事诉讼中的国际法

此外，国际刑法通过国际条约从多个方面影响着各国的刑事司法程序，例如《维也纳领事关系公约》（WüK）与普通联邦法律属于同一层级。[190] 一名外国人被捕后，住在国警方首先根据《维也纳领事关系公约》第36条第1款第1目告知他应有的权利，同时直接向派遣国的领事代表通报情况，并转告对方的回复。按照德国联邦高等法院司法解释，违反这个已经写入《德国刑事诉讼法》第114b条第2款第3项的规定，还不能一概地禁止使用所获取的证据，需要进一步权衡利弊。[191]　**5**

---

[183]　格勒塞，页边码645。

[184]　格勒塞，页边码645。

[185]　参见扎费林，第4章，页边码79；韦勒和耶斯贝格，页边码262等。

[186]　参见卡塞斯主编，《牛津国际刑事司法》，托姆沙特撰写的第545页。

[187]　韦勒和耶斯贝格，页边码269。

[188]　安博斯，第7章，页边码275。

[189]　韦勒和耶斯贝格，页边码145。

[190]　德国联邦宪法法院，《新法学周刊》2007年，第499页。

[191]　德国联邦高等法院，《德国刑事辩护人期刊》2011年，第606页；德国联邦宪法法院，《新法学周刊》2014年，第532页。

思考题：埃塞尔，《国际刑法学期刊》2008 年，第 629 页（一位土耳其公民因抢劫罪在德国被逮捕）。

二、国际刑法发展的历史进程

6 国际刑法学的萌芽可以追溯到近代史早期。海盗和 19 世纪的奴隶制度当时通过大量国际条约被各国定性为刑事犯罪，但是按照国际习惯法对这类犯罪适用普遍原则。[192] 从《海牙规则》和《日内瓦公约》中孕育出"战争罪"的雏形。[193] 尤其是 1899 年和 1907 年版《海牙规则》禁止使用特定战争方式和手段的规定至今依然有效（如使用特定武器或对待战俘的特定方式）。1864 年的日内瓦公约创立的"日内瓦规则"与成立国际红十字会密不可分，它从国际法角度照顾世界范围的战争受害者——受伤的士兵和平民。协议草案出自日内瓦法学家，后来成为国际红十字会主席的古斯塔夫·穆瓦尼埃之手。德法战争后，没能实现毛伊尼希望设立国际仲裁法院，调查战争和国际刑事犯罪的提议。

7 第一次世界大战后，对战争罪犯个人绳之以法的刑罚构成要件被写入《凡尔赛条约》（1919 年）。由于德国皇帝威廉二世已获得荷兰提供的政治庇护，就不再追究他个人的刑事责任。出于政治考虑，协约国最终让德国自己调查第一次世界大战中犯下的战争罪行，德国随后颁布了一部起诉战争中所犯轻重犯罪的法律（1919 年）。在莱比锡帝国法院（从 1921 年开始）审理的 1744 位犯罪嫌疑人中仅有 6 人被判刑。[194]

8 鉴于第二次世界大战中发生的国际刑事犯罪，同盟国签署《伦敦四方协议》（1945 年 8 月 8 日），决定在纽伦堡设立国际军事法庭（IMG），审判德国的主要战争罪犯。《国际军事法庭规约》第一次规定个人可能因"危害人类罪"被判刑，[195]《伦敦四方协议》成为国际刑法的"出生证"。[196] 第一次纽伦堡审判对 22 位纳粹政权的代表人物提起刑事诉讼，其中 12 人被

---

[192]　韦勒和耶斯贝格，页边码 153 等；冯·阿瑞尔德，页边码 1309。

[193]　战争权，安博斯，第 6 章，页边码 6 等。

[194]　《德国刑法典莱比锡评注》，韦勒撰写的《国际刑法》序言，页边码 6，"它只是一个为让战胜国满意而设立的审判表演"。

[195]　扎费林，第 4 章，页边码 30。

[196]　韦勒和耶斯贝格，页边码 15。

判处绞刑。[197]在美国占领区共举行了12次审判，其他纳粹政权领导人先后受到法律制裁。纽伦堡审判制定的纽伦堡规则现在已成为国际习惯法，它和《国际军事法庭规约》构成现代国际刑事法院刑事规则的基础。纽伦堡规则也被用于审判日本战争罪犯（1946—1948年）的远东国际军事法庭（IMGFO）。

种族屠杀欧洲犹太人和纳粹政权（1933—1945年）实施安乐死也是各国法院的刑事诉讼对象，在美因河畔法兰克福审判奥斯威辛（1963年开始）、在杜塞尔多夫审判马达内克（1975年开始）、在耶路撒冷审判艾希曼（1961年）、在里昂审判芭比（1987年）、在慕尼黑审判德米扬鲁克（2011年）和在吕内堡审判格勒宁。[198]1958年，在路德维希堡成立的纳粹犯罪调查中心至今依然对司法工作发挥着重要作用，积极参与、组织并协调德国起诉纳粹罪犯分子。

德国（1952年）加入（1948年生效的）联合国《灭绝种族罪公约》，宣布种族灭绝成为一项国际刑事犯罪。德国刑法先后在旧版《德国刑法典》第220a条（1952—2001年）和《德国国际刑法典》第6条（2002年）接纳了该公约对种族灭绝的定义。四个《日内瓦公约》（1949年）和它的三个《附加议定书》（1977年、2005年）对武装冲突（如国家间战争或内战）提出处罚性禁令，例如禁止故意杀人、酷刑或给对方造成巨大的痛苦。联合国大会任命的一个国际刑事法律委员会曾经呼吁设立国际刑事法院（1949年），但在东西方对峙的冷战时期，国际刑法基本处于停滞状态。

在1991年爆发的南斯拉夫战争中发生的反人道主义案件，卢旺达战争中（1994年）胡图族对图西族的屠杀和大规模强奸妇女促使国际社会重新考虑设立国际刑事法院。最初，以联合国安理会设立的前南斯拉夫问题国际刑事法庭（JStGH）和卢旺达问题国际刑事法庭（RStGH）的形式出现，两者通过共同的检察机关和上诉机构紧密相连。2002年在海牙设立的国际刑事法院（IStGH）是国际刑法最新发展的一个阶段性高潮。

9

10

11

---

[197]　韦勒和耶斯贝格，页边码22等。

[198]　2015年德国联邦高等法院，《德国联邦高等法院刑事判例选》第61卷，第252页；格吕内瓦尔德撰写评论，《新法学周刊》2017年，第500页；罗克辛，《司法通讯期刊》2017年，第83页。

三、前南斯拉夫问题国际刑事法庭、卢旺达问题国际刑事法庭和国际刑事法院

（一）特设刑事法庭

12　　"特设刑事法庭"指基于特定历史事件，为起诉违反国际刑事犯罪设立的法庭。主要包括前南斯拉夫问题国际刑事法庭和卢旺达问题国际刑事法庭。

1. 前南斯拉夫问题国际刑事法庭

13　　联合国安理会通过第 808 号和第 827 号决议，在荷兰海牙设立前南斯拉夫问题国际刑事法庭，起诉 1991 年战争期间发生的国际刑事犯罪。[199]1991 年，南斯拉夫记者首次提议设立这类国际法院。[200]重要的国际法依据是《前南斯拉夫问题国际刑事法庭规约》，它提出了四项严重国际刑事犯罪，并确定 1991 年后的刑事案件归该法庭管辖。大量不涉及领导责任的刑事案件随后被移交给被告所在国的法院审理。[201]2017 年 12 月 31 日正式摘牌的前南斯拉夫问题国际刑事法庭在 2017 年 11 月 29 日举行的最后一次庭审中以一种让人瞠目结舌的方式结束了工作。法庭对 6 名波黑战争罪犯宣布上诉审判结果时，被告斯洛博丹·普拉亚克当庭喝下了事先准备的毒药，因抢救无效当天死于海牙的一家医院。前南斯拉夫问题国际刑事法庭共对 161 人提起公诉，其中 90 人被判刑。[202]

2. 卢旺达问题国际刑事法庭

14　　联合国安理会通过第 955 号决议，在阿鲁沙（坦桑尼亚）设立卢旺达问题国际刑事法庭，审理 1994 年在卢旺达境内发生的国际犯罪。[203]《卢旺达问题国际刑事法庭规约》与《前南斯拉夫问题国际刑事法庭规约》内容上基本一致。卢旺达问题国际刑事法庭于 2015 年 12 月 31 日终止工作。93

---

[199]　安博斯，第 6 章，页边码 15；埃塞尔，第 18 章；韦勒和耶斯贝格，页边码 328 等。

[200]　哈桑，《战争时期的司法》，2004 年，第 16 页。

[201]　安博斯，第 6 章，页边码 15。

[202]　http://www.icty.org/en/content/infographic-icty-facts-figures，最后访问日期 2022 年 5 月 17 日。

[203]　安博斯，第 6 章，页边码 18；埃塞尔，第 20 章；韦勒和耶斯贝格，页边码 333 等。

名被告中已有 62 人被判刑。[204]

3. 国际刑事法庭机制

这两个国际刑事法庭将未处理完的案件移交给国际刑事法庭机制
（MICT）相关部门。2010 年 12 月 22 日，联合国安理会根据第 1966 号决
议设立的这个后续机构，分别于 2012 年在阿鲁沙和 2013 年在海牙处理特
别法庭的后续工作（例如上诉程序，针对在逃被告程序），但此后不再提
起新的刑事诉讼。[205]

14a

（二）国际刑事法院

1.《罗马规约》

国际刑事法院依据 1998 年在罗马国际会议达成的《罗马规约》，于
2002 年成立并管辖之后发生的所有国际刑事犯罪。本章接下来对国际刑法
和国际刑事诉讼法的论述涉及《国际刑事法院规约》中实体法、法院组织
和程序法方面的规定。

15

国际刑事法院采用主动属人和属地管辖原则。[206] 国际刑事法院仅起诉
缔约国公民或在其领土上发生的国际刑事犯罪（《国际刑事法院规约》第
12 条第 1 款第 2 项第 1 目和第 2 目）。联合国安理会请求国际刑事法院调
查的刑事责任案件不受这项规定的限制。[207] 相反，《德国国际刑法典》依
据普遍管辖原则。[208]

16

2.《罗马规约》缔约国

共计 127 个国家参加了联合国大会表决，其中 100 多个国家投赞成票。
目前已有 123 个《国际刑事法院规约》缔约国（截至 2018 年 6 月 12 日）。
中国、以色列、利比亚、也门、卡塔尔和美国投了反对票。美国于 2000
年签署的《罗马规约》至今未获得美国议会批准，美国政府曾表示，不让
议会批准该规约。一些国家虽然已在规约上签字，但法律文本还没有获得
本国议会批准（例如俄罗斯；乌克兰议会还没有批准同意，特定刑事犯罪

16a

---

[204]　http://unictr.unmict.org/sites/ unictr.org/files/publications/ictr-key-figures-en.pdf,
最后访问日期 2022 年 5 月 17 日。

[205]　韦勒和耶斯贝格，页边码 332。

[206]　此概念参见上文第一章，页边码 29、63。

[207]　下文页边码 100。

[208]　《德国国际刑法典》第 1 条，下文页边码 24。

根据《国际刑事法院规约》第 2 条第 3 款接受国际法院管辖）。还有一些国家没有签署《罗马规约》。[209]

3. 国际刑事法院蕴藏的危机

16b　　　国际刑事法院正经历着双重合法性危机，受到反国际刑事法院运动的冲击；[210] 由于缺失普遍性，国际刑事法院原则上不允许起诉在非缔约国发生的刑事犯罪；在安理会作出相关决议或犯罪参与人是缔约国公民时，[211]国际刑事法院才可以作为特例提起刑事诉讼。这些规定实际上束缚了国际刑事法院的手脚。例如，对近几年在叙利亚或伊拉克发生的严重国际刑事犯罪，只能由各国负责调查刑事责任。德国就此依据《德国国际刑法典》第 1 条的普遍管辖原则 [212] 实行所谓结构性程序。[213]

16c　　　国际刑事法院同时深陷的另外一场危机，即非洲国家布隆迪、南非和冈比亚 2016 年宣布退出国际刑事法院；其中南非宣布退出的声明违反该国宪法，冈比亚又撤销了退出声明。国际刑事法院仅针对非洲国家运用刑事诉讼的做法被斥责为种族主义和后殖民主义，非洲联盟已经考虑让成员国退出国际刑事法院。[214] 非洲联盟要求设立一个非洲刑事法院，专门负责非洲案件。这个想法如能成为现实，一定有助于国际刑法在非洲的合法化，并发挥更大作用。[215] 高加索战争爆发后的刑事调查导致俄罗斯于 2016 年撤回了在《罗马规约》上的签字。

四、起诉国际刑事犯罪的管辖模式

（一）直接与间接适用

17　　　国际社会通过国际刑事法院可以直接起诉国际刑事犯罪（直接诉讼），并专门为此制定出一个法律框架。例如，针对 24 位纳粹政权主要战争罪犯设立的纽伦堡国际军事法庭 [216] 和东京国际军事法庭（1946 年；法规：

---

[209]　例如中国、印度、土耳其和以色列。

[210]　安博斯，第 6 章，页边码 35。

[211]　上文页边码 16。

[212]　下文页边码 24。

[213]　参见下文页边码 27a。

[214]　卡勒克，《双重标准》，2012 年。

[215]　韦勒和福姆鲍姆，《司法报刊》2015 年，第 581 页。

[216]　1946 年；法规：IMGS，埃塞尔，第 17 章，页边码 14。

IMTFE）。由独立国际军事法庭[217]负责起诉国际刑事犯罪。前南斯拉夫问题国际刑事法庭和卢旺达问题国际刑事法庭与各国法院享有相同司法管辖权，但被优先适用。[218]

只要成员国的刑法中包含涉及违反人道主义的国际规则，该国法院就可依照本国刑法间接起诉国际刑事犯罪（间接诉讼），如《德国国际刑法典》。[219]

（二）互补原则

> **审查规范之八：互补原则**
> 1. 原则上，各国刑法和刑事司法机构管辖"反人类犯罪"。
> 2. 在特殊情况下，国际刑事法院根据《国际刑事法院规约》第17条第1款拥有管辖权，如果
> 　a）成员国没有司法能力或不愿意调查4种刑事犯罪中的刑事责任；
> 　b）并且它涉及一个极严重的刑事案件（《国际刑事法院规约》第17条第1款第4目）。

《国际刑事法院规约》制定了一系列针对严重违反人道主义的国际刑事构成要件及刑事诉讼和国际刑事法院组织法规。正如《国际刑事法院规约》序言和第17条确立的互补原则，立法权和刑事调查权主要归属《罗马规约》的缔约国（互补原则）。各成员国应将国际刑法构成要件纳入本国刑法，并对刑事犯罪人行使刑事管辖权（间接诉讼）。只有当成员国不情愿或无力采取相应行动时，国际刑法构成要件和国际刑事法院管辖权才作为补充适用。国际刑法整体上由两个要素组成，即各国刑法及刑事诉讼法和国际刑事法院补充性的国际刑法及国际刑事诉讼法。[220]"不情愿"主要指一国政府保护（包庇）刑事犯罪人，例如假审判（《国际刑事法院规约》第17条第2款第1目）；"无能"指国家政权垮台或未建立一个正常运转的

[217]　所谓专属负责制或"纽伦堡模式"，韦勒和耶斯贝格，页边码284等。
[218]　韦勒和耶斯贝格，页边码287等。
[219]　关于斯图加特州立高等法院审理卢旺达诉讼参见下文页边码25。
[220]　埃塞尔，第21章，页边码5：国际刑事法院作为"临时和后备法院"。

司法机构。[221] 成员国启动刑事诉讼后，国际刑事法院就不能再进行相关刑事诉讼。[222] 国际刑事法院独立评判是否具备这个前提条件。

21   若缔约国在本国法律中已经写明参照《国际刑事法院规约》（所谓参照模式）或将主要内容纳入本国刑事法律，[223] 就不存在这种国际义务。对没有采纳建议的缔约国可以直接适用《罗马规约》的实体法和程序法规定（直接诉讼）。相关国家实施不得力，被视为《国际刑事法院规约》第 17 条第 2 款意义上的无能。[224]

（三）联合法庭

22   除上述两种国际法院类型外，还有一种兼有国际和国内要素的联合法院，[225] 或被称为"混合国际"法院，例如审理黎巴嫩、柬埔寨（红色高棉法庭）或塞拉利昂、东帝汶、伊拉克或塞内加尔特别法院都属于这种类型。[226]

五、《德国国际刑法典》

（一）法典模式

23   《德国国际刑法典》于 2002 年 6 月 30 日生效，[227] 比《国际刑事法院规约》早一天。[228] 德国实施《罗马规约》不是简单地参照《国际刑事法院规约》，而是颁布了一个详细的法律规则（所谓法典模式），并希望向外界表明调查《国际刑事法院规约》中的国际刑事犯罪。《德国基本法》第 103 条第 2 款规定，任何刑事处罚不能只依据国际习惯法，还需要德国制定相应的法律规定。

24   根据《德国国际刑法典》第 1 条，普遍管辖原则作为《德国国际刑法典》

---

[221]   参见格拉夫·菲茨图姆主编，《国际法》，施罗德撰写的第 7 章，页边码 49。

[222]   安博斯，第 8 章，页边码 10。

[223]   法典模式，安博斯，第 6 章，页边码 37。

[224]   埃塞尔，第 21 章，页边码 24。

[225]   埃塞尔，第 17 章，页边码 35；韦勒和耶斯贝格，页边码 81 等。

[226]   详情参见阿尔布雷希特、伯姆、埃塞尔和埃克尔曼斯，页边码 1623 等；埃塞尔，第 17 章，页边码 35；韦勒和耶斯贝格，页边码 276 等。

[227]   2002 年 6 月 26 日公布，《德国联邦法律公报》第一部分，第 2254 页。

[228]   黑克尔，第 2 章，页边码 90。

的重要刑罚适用规则（详见前面第一章，页边码 53），即使刑事犯罪发生在国外，与德国没有任何交集，也适用《德国国际刑法典》。德国对抓获的一名国际刑事犯罪人拥有刑事管辖权，并根据《德国国际刑法典》第 6 条至第 14 条对他判处刑罚。但国际刑事法院可依据《国际刑事法院规约》第 89 条结合《与国际刑事法院合作法》第 2 条要求移交案件。[229]

"FDLR 案"[230]：

> 2011 年，斯图加特州立高等法院刑五庭[231]首次依据《德国国际刑法典》指控卢旺达胡图族民兵司令依格南斯·穆尔瓦纳夏卡和他的副手斯特拉·穆索尼 2009 年春在德国指挥属下民兵血腥屠杀刚果村庄和大规模强奸。刑事诉讼持续了 4 年多，依格南斯·穆尔瓦纳夏卡因在外国恐怖组织为首闹事，根据《德国刑法典》第 129b 条第 1 款结合第 129a 条第 1 款第 1 目、第 4 款辅助 4 种战争犯罪，并根据《德国国际刑法典》第 8 条第 1 款第 1 目、第 9 条第 1 款结合《德国刑法典》第 27 条被判处 13 年有期徒刑。法庭不能确认斯特拉·穆索尼为战争犯罪提供了支持，只以在外国恐怖组织为首闹事判处他 8 年有期徒刑。法院判决结果比检察院申请的刑罚低很多，两位刑事被告被指控为"战争罪"主犯，承担《德国国际刑法典》第 4 条的主要责任。
>
> 法院对该刑事诉讼的评价多为负面，整个刑事诉讼成本高达 480 万欧元。首席法官于尔根·黑蒂希在宣读判决理由时批评道：德国刑事诉讼法"根本无法掌控"这样"豪华"的涉外刑事案件（2015 年 5 月 28 日德国广播电台）。从 6000 公里外的地区调取证据是一项"艰巨任务"。法官认为"这样做行不通"。[232]德国联邦高等法院已经受理相关判决的上诉申请，2018 年进行二审。[233]

（二）配套措施

为履行《国际刑事法院规约》第 89 条的义务，《德国基本法》第 16

---

[229]　2002 年 6 月 21 日公布于《德国联邦法律公报》第一部分，第 2144 页。

[230]　斯图加特州立高等法院，2015 年 9 月 28 日判决。

[231]　案卷编号：5 – 3 StE 6/10。

[232]　2015 年 9 月 28 日《南德意志报》。

[233]　2018 年 2 月 16 日 taz 日报。

条第 2 款第 2 项允许向国际法院移交德国公民（包括国际刑事法院）。这里未用"引渡"这个词，从概念上讲，一个国家（德国）向更高一级部门（国际刑事法院）的移交（纵向），和国与国之间（横向）引渡有区别。[234] 表面上没有扩展《德国基本法》第 16 条第 2 款的必要，因为德国刑事司法机关也调查德国战争罪犯。[235] 鉴于可能出现个别德国雇佣兵和双重国籍的情况，不排除国际刑事法院为调查刑事犯罪请求德国移交德国公民。[236]《与国际刑事法院合作法》还规定德国与国际刑事法院的协作（例如移交犯罪嫌疑人、过境运输和为执行国际刑事法院判决提供法律协助）。

（三）没有融入《德国刑法典》

27　　与英国政府的做法类似，德国立法机关单独颁布《德国国际刑法典》得到学术界的广泛支持，它彰显该法律问题的特殊地位，同时让法条层次更加分明，便于操作。[237] 德国为颁布《国际刑事法院规约》做出了巨大贡献，[238] 并得到许多国家的关注和效仿。很遗憾，德国立法者把国际刑法安排在附加刑部分，大学法学的必修课也删除了"种族灭绝罪"（旧版《德国刑法典》第 220a 条），仅把它设为刑法选修课内容。将国际刑法构成要件成功融入法国刑法规则。[239]

（四）结构性程序

27a　　德国联邦总检察长依据犯罪的规模决定是否启动结构性调查程序。这种新型国际刑法的调查程序并非针对具体案件，而是为德国将来刑事诉讼保全证据。其他国家的法院和国际刑事法院也可以通过法律援助渠道分享获取的信息。[240]（2016 年 6 月 15 日报道，A HRC/32/CRP.2。）

---

[234]　扎费林，第 8 章，页边码 30 附图表。

[235]　上文页边码 23。

[236]　德国联邦议会解释，参见德国联邦议会文献，编号：14/2668，第 4 页。

[237]　例如黑克尔，第 2 章，页边码 90；埃塞尔，第 23 章，页边码 5。

[238]　韦勒和耶斯贝格，页边码 61。

[239]　参见《法国刑法典》第 211 条至第 213 条和《瑞士刑法典》；格勒塞，页边码 927 等。

[240]　弗兰克和施耐德－格洛克卿，《新刑法学期刊》2017 年，第 1、5 页；克林格，《德国法官期刊》2017 年，第 308—309 页；卡勒克和克罗克尔，《国际刑事司法期刊》第 16 卷（2018 年），第 165、178 页。

六、国际刑法的法律渊源和释义

国际公约如联合国《日内瓦公约》或《灭绝种族罪公约》、基本法律 **28**
原则和国际习惯法构成国际刑法的法律渊源。依照《联合国宪章》第 25 条，
联合国安理会决议对所有成员国有效，是各成员国和联合国机构的法律渊
源。[241] 与之相关的特别需要提到的，是以联合国决议为基础设立的《前南
斯拉夫问题国际刑事法庭规约》和《卢旺达问题国际刑事法庭规约》。[242]
而《国际刑事法院规约》建立在国际条约基础上；国际合约补充了犯罪构
成要件（Elements of Crimes）、诉讼和举证规则（RPE= "Rules of Procedure
and Evidence"）、国际习惯法和一般国际法原则。[243]《国际刑事法院规约》
第 21 条还特别规定了国际刑事法院重要法律渊源的种类和等级。[244]

解释国家间协议适用 1969 年颁布的《维也纳条约法公约》（WVK）第 **29**
31 条至第 32 条规定的特定解释方法，它与传统教会法律方法论基本相
同，[245] 即文义解释（ordinary meaning）、体系解释及对设定目标和法规的目
的解释（《维也纳条约法公约》第 31 条）。此外，合约目标（effet utile）、
习惯性解释和禁止性解释也具有重要作用。司法判决和学术观点被视为法
律认知的来源。与德国法不同，历史性解释被排在次要位置（《维也纳条
约法公约》第 32 条）。

> **德国联邦宪法法院关于"灭绝种族罪判决"**[246]：　　　　　　　　　　**30**
>
> 　　杜塞尔多夫州立高等法院依据旧版《德国刑法典》第 220a 条结
> 合第 6 条第 1 目以"灭绝种族罪"判处被拘留在德国的波斯尼亚塞族
> 人 B 无期徒刑。德国联邦高等法院原则上确认了一审的判决结果。[247]
> 德国两个法院都依据《灭绝种族罪公约》第 4 条（GK）解释旧版《德
> 国刑法典》第 220a 条。但 B 认为对他的判决违反国际法，德国联邦

---

　　[241]　埃塞尔，第 18 章，页边码 37。

　　[242]　前南斯拉夫问题国际刑事法庭：第 827 号决议，1993 年 5 月 25 日，联合国
文件编号：S/RES/827；卢旺达问题国际刑事法庭，第 955 号决议，1994 年 11 月 8 日，
联合国文件编号：S/RES/955。

　　[243]　安博斯，第 5 章，页边码 6。

　　[244]　扎费林，第 4 章，页边码 86；韦勒和耶斯贝格，页边码 215。

　　[245]　格勒塞，页边码 655 等。

　　[246]　德国联邦宪法法院，《新法学周刊》2001 年，第 1848 页。

　　[247]　德国联邦高等法院，《新刑法学期刊》1999 年，第 369 页。

宪法法院驳回了他的申诉，并在判决中引用了《维也纳条约法公约》释义的基本原则，[248] 依照《灭绝种族罪公约》第6条，按国际法精神释义《德国刑法典》第6条。德国联邦宪法法院虽然承认《灭绝种族罪公约》的历史性解释，但反对世界范围调查"灭绝种族罪"。根据《维也纳条约法公约》第31条只在对《灭绝种族罪公约》解释出现多重含义、不明确或得出的结果明显错误时，才根据《维也纳条约法公约》第32条引入补充性解释方法。受理法院对《维也纳条约法公约》第31条意义上《灭绝种族罪公约》释义的明确结论是，根据普遍性原则允许扩大《灭绝种族罪公约》的适用范围。这样的结果合理或符合逻辑。

31　　比较法上的解释变得越来越重要。[249] 国际刑法的一般性法律原则（国际刑法渊源）涉及对比成员国常用实体法和程序法获取的原则，判断它们是否可以移植到国际刑法中。[250] 解释国际刑法中的具体犯罪构成要件时，国际刑事法院会借助各成员国刑法对具体概念的理解。[251]

32　　**"库纳拉奇案"**[252]：

曾担任波黑佛卡市一支塞尔维亚族侦查小组头目的 *Dragoljub Kunarac*（K）关押穆斯林妇女数月之久，并对她们多次实施强奸。[253] 前南斯拉夫问题国际刑事法庭以"战争罪"和"危害人类罪"判处他有期徒刑28年。由于前南斯拉夫问题国际刑事法庭没有设置监狱，因此判处K在德国服刑。依照《前南斯拉夫问题国际刑事法庭规约》第5g条，如果刑事犯罪人在武装冲突中对平民实施强奸（rape），那么这就是一起"危害人类罪"（见《德国国际刑法典》第7条第1款第6目

---

[248]　德国联邦宪法法院，《新法学周刊》2001年，第1853页。

[249]　参见贝克、布尔夏德和法特－莫哈麦姆主编，《作为问题和答案的比较刑法》，布格哈特撰写的第235页；扎费林，第4章，页边码109。

[250]　格拉夫·菲茨图姆主编，《国际法》，格拉夫·菲茨图姆撰写的第1章，页边码143。

[251]　卡塞斯主编，《牛津国际刑事司法》，德尔玛－马蒂撰写的第98页："一种杂交"。

[252]　前南斯拉夫问题国际刑事法庭，2001年2月22日判决，案卷编号：IT-96-23。

[253]　参见安博斯，《新刑法学期刊——司法解释报道》2002年，第289页。

的相关规定）。国际习惯法没有定义强奸，前南斯拉夫问题国际刑事法庭借助国际法一般原则，比较 27 个国家的相关规定后，对强奸进行了定义。[254] 并非只有使用某种强迫性手段（如《波黑共和国刑法典》或旧版《德国刑法典》第 177、178 条）或威胁使用暴力才视为强奸，只要受害人非自愿，就是强奸。[255] 参见《德国联邦法律公报》第一部分，2016 年，第 2460 页。

国际刑事法规需要被转化为德国刑法后才能适用（如德国制定的《德国国际刑法典》），德国法院需要将《国际刑事法院规约》的基本内容与德国刑法相比较，再把它融入德国刑事规则中。[256]《国际刑事法院规约》第 21 条第 1 款第 3 项明确规定，国际刑事法院运用国际刑事法规时要考虑成员国对严重刑事犯罪的法律规定。此外，《国际刑事法院规约》应遵循自治、功能性、比较性和规范解释的工作方法[257]。解释时可以采纳其他国际刑事法院的判决（特别是前南斯拉夫问题国际刑事法庭和卢旺达问题国际刑事法庭），但要审查这些法院判决的结果是否直接适用《罗马规约》。[258] 总之，解释法规时一定要遵守国际法承认的人权。[259]

"埃尔德莫维奇案"[260]：

波黑塞族人德拉任·埃尔德莫维奇（E）被指控，波黑战争期间作为波黑塞族军队成员在斯雷布雷尼察附近杀害了上百名非武装波黑平民。前南斯拉夫问题国际刑事法庭判处 E 有期徒刑 10 年。E 提起上诉，但最终以"危害人类罪"被判处有期徒刑 5 年，减刑的主要理由是他当时处于服从命令的紧急状态。[261] 对此类国际刑事犯罪是否可以判处

---

[254]　前南斯拉夫问题国际刑事法庭，"库纳拉奇案"判决，页边码 436 等。

[255]　前南斯拉夫问题国际刑事法庭，上述判决，页边码 457，主要依照来自英国、印度、南非和比利时的刑法典，注意《德国刑法典》第 177 条。

[256]　卡塞斯主编，《牛津国际刑事司法》，德尔玛－马蒂撰写的第 100 页。

[257]　具体请参见扎费林，第 4 章，页边码 106。

[258]　韦勒和耶斯贝格，页边码 223。

[259]　《国际刑事法院规约》第 21 条第 3 款，阿尔布雷希特、伯姆、埃塞尔和埃克尔曼斯，页边码 1581。

[260]　前南斯拉夫问题国际刑事法庭，1996 年 11 月 29 日判决，案卷编号：IT-96-22-T。

[261]　参见安博斯，《新刑法学期刊——司法解释报道》1998 年，第 161、167 页等。

刑罚和实施何种处罚的问题，前南斯拉夫问题国际刑事法庭比较了《南斯拉夫刑法典》和《国际刑事法院规约》的国际法规则，同时参考国际法院和南斯拉夫法院对国际刑事犯罪的判决中的量刑。[262] 前南斯拉夫问题国际刑事法庭引用法国刑法和相关司法解释，倾向采用法国刑法的严格紧急避险要件和从宽的处罚结果。[263]

第二节　国际刑法的四个核心刑事犯罪

35　　实体国际刑法由对各刑事构成要件都适用的总则规定和具体刑事犯罪的分论组成。下面先从国际刑法的四个核心刑事犯罪（core crimes）入手。

一、"种族灭绝罪"

36

> **审查规范之九："种族灭绝罪"**（根据《国际刑事法院规约》第6条）
>
> **1. 客观构成要件**（actus reus）
>
> a）保护人群范围：民族、种族、肤色或宗教群体；
>
> b）罪行为——
>
> （1）杀害团体成员；
>
> （2）造成严重人身或心理伤害；
>
> （3）阻止群体繁衍；
>
> （4）用暴力将儿童押往另外一个群体。
>
> **2. 主观构成要件**（mens rea）
>
> a）一般故意；
>
> b）蓄意摧毁群体的全部或一部分。

（一）概念和法律权益

37　　德国传统刑事犯罪的"种族灭绝"概念（《德国国际刑法典》第6条）容易让人产生误解。其实不需要理解为消灭整个民族，只要攻击特定群体

---

[262]　前南斯拉夫问题国际刑事法庭，上述判决，页边码34，61。

[263]　前南斯拉夫问题国际刑事法庭，上述判决，页边码19和脚注13。

的生存或侵害群体的一部分。侵害行为导致群体中部分成员的消灭就符合刑事处罚的主观要件。[264] 此外这个群体不必同属一个民族。

"种族灭绝"是最严重的一种国际刑事犯罪。[265] 希特勒在第二次世界大战中大量屠杀欧洲的犹太人（1941—1945 年），联合国大会的第二个日内瓦公约把"种族灭绝"构成要件纳入国际刑法（1949 年）。它对所有国家（inter omnes）都适用，并得到国际习惯法的承认。任何国际协议或成员国立法都禁止改变这种强制性规定。[266] 刑事构成要件保护群体共同的法律权益，即该法规所指群体在物质和社会的存在。[267] 相反，保护群体中的个体权益不是依照《国际刑事法院规约》第 6 条，[268] 而是比照保护个体的刑事构成要件，如《德国刑法典》第 211 条等。[269]

（二）受保护群体的范围

具有相同国籍、特定文化传统和历史沿革的民族群体，相同遗传基因和外部身体特征（例如相同肤色）的种族群体、共享一种精神理念或类似实践形式的宗教团体[270] 都属于受保护人群。这个范围具有专属性，不包括其他政治、经济、文化或社会群体，[271] 这类群体（例如对立政治组织成员，残疾人等）历史上也曾多次遭受迫害，（按照主流学术观点只是部分）被列入"危害人类罪"（《国际刑事法院规约》第 7 条第 1 款第 8 目）保护范围。[272] 群体是一种社会学划分方法，主要由客观和主观标准确定。

38

39

---

[264]　诺伊巴赫，《法学教育期刊》2007 年，第 849 页。

[265]　"crime of the crimes"；诺伊巴赫，《法学教育期刊》2007 年，第 851 页。

[266]　ius cogens，卡塞斯主编，《牛津国际刑事司法》，德尔玛－马蒂撰写的第 333 页。

[267]　德国联邦高等法院，《德国联邦高等法院刑事判例选》第 45 卷，第 65 页关于旧版《德国刑法典》第 220a 条；埃塞尔，第 22 章，页边码 6；扎费林，第 6 章，页边码 9。

[268]　不同观点参见安博斯，第 7 章，页边码 132。

[269]　关于国际谋杀和谋杀法规竞合参见德国联邦高等法院相关判决，第 402 页等；德国联邦宪法法院，《新法学周刊》2001 年，第 1848、1853 页。

[270]　有争议的具体判断标准参见韦勒和耶斯贝格，页边码 833 等。

[271]　主流观点参见安博斯，第 7 章，页边码 129；韦勒和耶斯贝格，页边码 838。

[272]　下文页边码 51。

40

（三）刑事犯罪行为

41

　　1. 只需要群体中的一位成员被害。

　　2. 群体成员的人身或精神遭受严重折磨，例如身体器官受到伤害、丧
失视力、毁容或严重精神伤害，一般与性暴力相关，其行为不需要真的具
备完全或部分摧毁整个群体的风险。[276]

　　3. 将群体置于恶劣的生存环境中，让他们完全或部分消亡（所谓慢性
死亡），包括拒绝提供食品、住房或药品。南斯拉夫战争中发生的"种族
清洗"不属于这个法律范畴，[277] 驱赶并不（强制性地）等同于消灭，[278] 这一般
构成"危害人类罪"（《国际刑事法院规约》第 7 条第 1 款第 4 目）和"战
争罪"（《国际刑事法院规约》第 8 条第 2 款第 2 目）。在这个过程中不需
要出现人员死亡。犯罪行为人有意把它用作从肉体上消灭该群体的一种
手段。

　　4. 采取措施阻止群体生理上的繁衍，包括性别隔离、禁止结婚等，以
改变群体内部种族构成为目标的大规模强奸。合法人工流产尚不构成刑事

---

　　[273]　卢旺达问题国际刑事法庭，1999 年 5 月 21 日判决，案卷编号：ICTR-95-1；
参见韦勒和耶斯贝格，页边码 828；安博斯和吕根贝格，《新刑法学期刊——司法解释报
道》2000 年，第 203 页。

　　[274]　卢旺达问题国际刑事法庭，Akayesu，1998 年 9 月 2 日判决，页边码 512。

　　[275]　上述判决，页边码 98。

　　[276]　安博斯，第 7 章，页边码 132。

　　[277]　扎费林，第 6 章，页边码 25。

　　[278]　安博斯，第 7 章，页边码 139。

犯罪。

5. 强迫转运儿童，是指儿童（未年满 18 周岁）由于身体或精神的强制被迫从现在的群体转移到另外一个群体。这样做威胁到整个群体存在的社会性，甚至涉及该群体生理上的存在。

对所有这些行为，并不要求刑事犯罪人的具体行为构成种族谋杀某个群体"整体行动"的一部分。以灭绝对方为目标的单独行为人（genocidal maniac）也可以触犯"种族灭绝罪"。[279]

42

（四）主观构成要件

除具备上述刑事犯罪的主观故意外，刑事犯罪人还要蓄意灭绝种族。从客观角度看，有时以了解参与的破坏活动或至少实施这个计划作为判断标准。国际刑事法院强调[280] 将蓄意作为判断主观标准更让人信服，它决定着刑事犯罪的内涵。[281] 一般以被害平民的数量作为判断是否存在蓄意的依据。受害人属于群体的核心成员，[282] 并影响着整个群体的生存时，就没有对受害人的数量要求。

43

杀人行为不需要从肉体上消灭种族成员，而只需导致这类种族文化特征的消亡。《国际刑事法院规约》第 6 条和《德国国际刑法典》第 6 条在主观层面均引入了文化特性，即所谓"灭绝种族文化"。[283]

43a

"Onesphore · Rwabukombe 案" [284]：

2011 年 1 月 18 日，法兰克福高等法院审理一起有关国际大屠杀的刑事诉讼。1994 年发生的刑事案件以旧版《德国刑法典》第 220a 条为

---

[279]　参见扎茨格，第 6 章，页边码 14。

[280]　国际刑事法院，Al Bashir，2009 年 3 月 4 日判决，案卷编号：ICC-02/05-01/09-3，页边码 139 等："意图摧毁全部或部分目标群体。"

[281]　扎费林，第 6 章，页边码 37；韦勒和耶斯贝格，页边码 876。

[282]　例如起决策作用的领导层，前南斯拉夫问题国际刑事法庭，Goran Jelisić，1999 年 12 月 14 日判决，案卷编号：IT-95-10-T，页边码 82。

[283]　德国联邦宪法法院，《新法学周刊》2001 年，第 1848、1850 页等；安博斯，第 7 章，页边码 152。

[284]　法兰克福高等法院，2015 年 12 月 29 日判决，案卷编号：4 - 3 StE 4/10 - 4 - 1/15；德国联邦高等法院，2015 年 5 月 21 日判决，案卷编号：3 StR 575/14；法兰克福高等法院，2014 年 2 月 18 日判决，案卷编号：4 - 3 StE 4/10 - 4 - 3/10。

法律依据。1994 年卢旺达爆发的种族大屠杀，导致大约 80 万人死亡。曾经在卢旺达担任乡长，现定居德国的万适逢·如布空巴被指控参与克兹谷茹教堂的大屠杀，至少 400 名图西族人被害。法兰克福高等法院 2014 年 2 月 18 日一审判定他参与了屠杀，但否认他主观上有"完全或部分消灭图西族群的蓄意"。

德国联邦高等法院随后撤销了一审法院的判决，认为蓄意种族大屠杀不需要是行为人最终行为的目标和动机，并将案件发回法兰克福高等法院重审。被告最终以"种族屠杀罪"被判处无期徒刑。学术界批评德国联邦高等法院关于蓄意种族屠杀的论述，认为过于宽泛。[285]

（五）《德国国际刑法典》中的"种族灭绝罪"

44　　《德国国际刑法典》中的"种族灭绝罪"构成要件与《国际刑事法院规约》第 6 条基本一致。在国际法和宪法领域，"儿童"是指未满 18 周岁，而不是一般刑法（《德国刑法典》第 19 条）规定的 14 周岁以下。[286]

二、"危害人类罪"

45　　**审查规范之十："危害人类罪"**

1. 客观构成要件（actus reus）

a）广泛或系统性攻击。

b）针对平民百姓。

c）具体攻击行为：

（1）杀人；

（2）灭绝；

（3）奴役；

（4）驱逐等；

---

[285]　扎费林和格日沃兹，《法学纵览期刊》2016 年，第 186、188 页；安博斯和彭库恩，《德国刑事辩护人期刊》2016 年，第 760、764 页；支持德国联邦高等法院的观点参见布洛哈特，《法学家期刊》2016 年，第 106、107 页。

[286]　《德国刑法典慕尼黑评注》，克雷斯撰写的第 6 条，页边码 66。

（5）监禁；

（6）酷刑；

（7）性暴力的具体形式；

（8）迫害一个群体或组织；

（9）强迫失踪；

（10）种族隔离；

（11）其他的不人道行为。

d）具体犯罪行为与整体犯罪间的因果关系。

2. 主观构成要件（mens rea）

针对客观犯罪构成要件的主观故意。

（一）"危害人类罪"概念和法律权益

"危害人类罪"（VgM）的法律原文是"crime against humanity"，它对　　**46**
保护对象的表述显得更清晰。刑事犯罪人侵害人类的行为被看作一个整
体，他没有尊重公民的基本人权。[287] 与"国际谋杀罪"相同，相关的个体
权益也受到具体刑事构成要件的保护（如《德国刑法典》第 211、177、
178 条）。

"危害人类罪"源于奥斯曼帝国对亚美尼亚族人的屠杀。纽伦堡审判　　**47**
首次把它引入国际刑事构成要件（《纽伦堡宪章》第 6 条第 3 款）。与"种
族灭绝罪"相同，"危害人类罪"不以武装冲突为适用的前提条件，但保
护范围更广，它不需要针对特定人群，保护对象是所有平民百姓，不要求
作案人蓄意摧毁整个或部分群体。

> **思考题**：安博斯，《国际刑法案例》，第 10 题，页边码 1 等，页边码 19 等；扎费林，第 6 章，
> 页边码 107。

（二）客观构成要件

1. 攻击平民百姓

正如《国际刑事法院规约》第 7 条第 1 款引言所述，首先将刑事犯罪　　**48**

---

[287]　扎费林，第 6 章，页边码 55：精神上的集体权益；详情参见安博斯，第 7 章，
页边码 173；韦勒和耶斯贝格，页边码 921，"危害人类罪"同时保护受害人的个体权益。

人的个体行为置于整个案件中，[288]群体性行为构成全面或系统地攻击平民百姓（《国际刑事法院规约》第 7 条第 1 款第 1 项）。《国际刑事法院规约》第 7 条第 1 款第 1 目将"攻击"定义为一种行动方式，刑事犯罪人或第三人对平民多次实施第 1 款中的暴行，并以一定程度、组织规模和规划为前提（质的方面）。[289]虽然没有强制性规定，但个体行为或整个事件要造成大量平民的伤亡（量的方面）。此外，《国际刑事法院规约》第 7 条第 2 款第 1 目要求具备政治要素，即侵害行为致力于推行或支持国家或组织政策。如政治性规划或宣传册等是外部标志。[290]

49

> **"塔迪奇案"**[291]:
>
> 波斯尼亚塞族人杜斯克·塔迪奇在 1992 年波黑战争期间参与了普里耶多尔地区的种族清洗，屠杀和（性）侮辱克罗地亚族居民。前南斯拉夫问题国际刑事法庭以"危害人类罪"判处他 20 年有期徒刑；上诉法庭又加重了对他的处罚力度。[292]需要特别澄清，是否在缺乏相关种族清洗的具体政策性决议情况下，仍然可以确认为"危害人类罪"。前南斯拉夫问题国际刑事法庭对此持肯定态度："危害人类罪"中的政治要素不是以一种特定方式（如法律、行政命令或者执行种族清洗决议）为前提，从实施方式和方法能推断出背后的政治导向，尤其在行动显得有条理，涉及社会的方方面面时，就会显现内在隐藏的政治倾向。[293]

50

　　"平民"的概念包括所有参与或不再参与冲突的公民和放下武器的军人。平民组成一个具有某种特征的群体（如居住在同一地区）。"危害人类罪"是一项群体性刑事犯罪；冲突中局限在对单一个体的刑事犯罪还不符合这个概念。[294]

---

[288]　扎茨格，第 16 章，页边码 33。

[289]　韦勒和耶斯贝格，页边码 937。

[290]　韦勒和耶斯贝格，页边码 943。

[291]　前南斯拉夫问题国际刑事法庭，1997 年 5 月 7 日判决，案卷编号：IT-94-1-T。

[292]　参见安博斯和吕根贝格，《新刑法学期刊——司法解释报道》2000 年，第 198 页。

[293]　前南斯拉夫问题国际刑事法庭，上述判决，页边码 653。

[294]　扎茨格，第 16 章，页边码 34。

2. 刑事犯罪行为

《国际刑事法院规约》第 7 条第 2 款定义"危害人类罪"，并在第 1 款 **51**
第 1 目至第 11 目列举出 11 种具体刑事犯罪形式。其中包括"杀人"（故
意杀人，不需要具备谋杀特征，第 1 目），"种族灭绝"（根除部分民众赖
以生存的物质环境，第 2 目），"奴役"（把人变成物，第 3 目），"驱逐"
等（第 4 目），"监禁"（第 5 目），"酷刑"（第 6 目），严重性暴力如"强奸"
等（第 7 目），出于某种原因迫害一个群体或组织（例如政治组织，第 8 目）、
强迫失踪（第 9 目），"种族隔离"（种族分离和种族歧视，第 10 目）以及
其他非人道行为。[295]

此外，还包括依据第 8 目列举的原因（如政治、性别、文化）迫害 **51a**
特定群体或团体（例如政治团体）。在世界许多地区都遭受歧视的特殊
社会群体（如卖淫等）却不在"种族灭绝罪"[296] 和"危害人类罪"保护的
范围。[297]

3. 具体刑事犯罪与整体事件间的关系

全面或系统地伤害平民的整体事件与个人具体行为之间存在一种内在 **51b**
联系。一个孤立的，与整个事件没有任何关联的个体刑事犯罪（例如纯粹
个人间矛盾引发的攻击）就缺乏一种整体效应。

（三）主观构成要件

以主观故意为前提（《国际刑事法院规约》第 30 条）。刑事犯罪人已 **52**
经知道规划或系统地扩大对平民百姓的侵害，但不了解背后隐藏的政治目
标。[298] 除《国际刑事法院规约》第 7 条第 1 款第 8 目外，不要求对平民有
一种特殊的歧视。[299]

---

[295]　与第 1 款所述相类似严重危害人身和心理的行为，如人体试验，参见韦勒和
耶斯贝格，页边码 1063。

[296]　上文页边码 39。

[297]　韦勒和耶斯贝格，页边码 1045；不同观点：奥斯特维尔德，《杜克比较法和国
际法期刊》第 17 卷（2006 年），第 49—79 页；由于性别原因遭受迫害应归入《国际刑
事法院规约》第 7 条第 1 款第 8 目保护范围。

[298]　扎费林，第 6 章，页边码 68。

[299]　参见韦勒和耶斯贝格，页边码 956。

53 **"塔迪奇案"** [300]

　　相关案情请参见页边码49。前南斯拉夫问题国际刑事法庭认为：所有"危害人类罪"刑事犯罪都含有歧视性内容。前南斯拉夫问题国际刑事上诉法庭（Trial Appeal Chamber，TA）详细阐述了反对这种观点的理由（页边码273等）：国际习惯法和《国际刑事法院规约》都没有这样的规定。只有在法律明文规定的情况下，犯罪行为人才需要具备蓄意性歧视，如《前南斯拉夫问题国际刑事法庭规约》第5条第8目列举不同形式的种族灭绝（页边码305）。

（四）《德国国际刑法典》第7条"危害人类罪"

54　　《德国国际刑法典》第7条的大部分内容源于《国际刑事法院规约》第7条"危害人类罪"，与《国际刑事法院规约》第7条第2款第1项不同的是，它对案件的描述没有任何政治成分，[301] 而且系统地规定了各种刑事犯罪。首先，杀人和灭绝种族是最严重的刑事犯罪（《德国国际刑法典》第7条第1目、第2目），对它的刑罚（无期徒刑）也比其他犯罪行为重（《德国国际刑法典》第7条第3目等）。《德国基本法》要求法条对刑事犯罪的规定要具体，这同时也限制了法律的适用范围。正如《德国国际刑法典》第2条要求参照《德国刑法典》总则一样，这表明主观前提必须具备有条件的故意。

三、"战争罪"

55　　**审查规范之十一："战争罪"**

　　1. 客观构成要件（actus reus）

　　a）武装冲突。

　　b）具体案件：

　　（1）严重违反《日内瓦公约》（根据《国际刑事法院规约》第8条第2款第1目）；

---

[300]　前南斯拉夫问题国际刑事法庭，1999年7月15日判决，案卷编号：IT-94-1-A。

[301]　参见上文页边码48。

（2）在国际武装冲突中的"战争罪"（根据《国际刑事法院规约》第 8 条第 2 款第 2 目）；

（3）在地区武装冲突中的"战争罪"（根据《国际刑事法院规约》第 8 条第 2 款第 3—4 目）；

（4）在其他地区武装冲突中的严重"战争罪"（根据《国际刑事法院规约》第 8 条第 2 款第 5—6 目）。

c）具体犯罪行为与整体事件间的因果关系。

2. 主观构成要件（mens rea）

（一）法律利益

《国际刑事法院规约》第 8 条的结构相当复杂。这主要是因为，立法者一方面设想出各种不同犯罪行为和冲突形式；另一方面引用大量国际人道法，如《日内瓦公约》或武装冲突的国际习惯法。因此，在适用具体构成要件时要充分考虑国际法的相关规定。《国际刑事法院规约》第 8 条保护的法律权益有时也被视为世界和平处的共同利益。[302] 由于《国际刑事法院规约》第 8 条未禁止武装冲突，只处罚特定战争形式（ius in bello），因此可以推断《国际刑事法院规约》第 8 条保护的目标是相关群体。[303]"战争"这个概念比较模糊，在国际法上已过时，现在通行的概念是"武装冲突"。[304]

> **思考题**：安博斯，《国际刑法案例》，第 7 题，页边码 2—66 等；第 8 题，页边码 2—36；第 9 题，页边码 17—28。扎费林，第 6 章，页边码 162—163。

（二）国际或国内武装冲突

首要前提是发生武装冲突。它有时被定义为向敌对国宣战。[305] 而对其他形式的暴力冲突（内战状态）则需要一个客观判断：[306] 武装危机可能是

---

[302]　韦勒和耶斯贝格，页边码 1127。

[303]　扎费林，第 6 章，页边码 127；相反，格勒塞，页边码 833；扎茨格，第 16 章，页边码 57，支持向群体中的个体提供保护。

[304]　扎费林，第 6 章，页边码 108。

[305]　格勒塞，页边码 835。

[306]　格勒塞，页边码 835。

两国军队或其他武装团体间的武装冲突。^[307]

58　　《国际刑事法院规约》第 8 条第 2 款第 4 目及第 6 目中明确规定，武装冲突包括政府军与其他武装团体或不同武装团体间的冲突（国内冲突）。"战争罪"在国内冲突中（《国际刑事法院规约》第 8 条第 2 款第 3—6 目）的适用范围比国际冲突小（《国际刑事法院规约》第 8 条第 2 款第 1—2 目）。

59　　此外，个体的犯罪行为与武装冲突（整体事件）之间存在一种功能性联系，实施的刑事犯罪要源于冲突，^[308] 而非"偶然发生事件"。^[309] 如果刑事犯罪人属于冲突的一方或者参与冲突一方故意让一位平民这样做，那么就存在这种联系。

（三）刑事犯罪行为

60　　《国际刑事法院规约》列举了 50 多种犯罪类型，其中的许多具体规定源于国际人道法。刑事犯罪整体上可划分为两对概念（ two boxes approach ），这样构成要件就显得不"混乱"：^[310] 第一对概念是《国际刑事法院规约》第 8 条第 2 款第 1 目和第 2 目的国际武装冲突和《国际刑事法院规约》第 8 条第 2 款第 3 目至第 6 目的国内武装冲突。这两类刑事犯罪再被细分为违反《日内瓦公约》^[311] 和违反《海牙国际公约》^[312]。

1. 国际冲突

61　　根据《国际刑事法院规约》第 8 条第 2 款第 1 目，国际冲突中的刑事犯罪指故意杀人、酷刑、非人道待遇，也包括生物学实验。它保护的对象不是敌方战斗人员（ Kombattanten ），而是《日内瓦公约》中规定的伤员，病人，医护人员，战俘和平民。^[313] 刑事犯罪必须严重违反《日内瓦公约》规定的这四类中的一类。

62　　《国际刑事法院规约》第 8 条第 2 款第 2 目依据法规和交战双方都应遵守的国际惯例，尤其是《海牙国际公约》，将国际冲突中的其他战争犯

---

[307]　国家间冲突；安博斯，第 7 章，页边码 239。

[308]　扎费林，第 6 章，页边码 142。

[309]　埃塞尔，第 22 章，页边码 59。

[310]　扎费林，第 6 章，页边码 129。

[311]　《国际刑事法院规约》第 8 条第 2 款第 1 目和第 3 目；参见上文页边码 4。

[312]　《国际刑事法院规约》第 8 条第 2 款第 2 目和第 5 目；参见上文页边码 4。

[313]　扎茨格，第 16 章，页边码 68。

罪置于刑事处罚范围。它的构成要件"超越"所有的立法界限。[314]《国际刑事法院规约》第 8 条第 2 款第 2 目列举的 26 种刑事犯罪的目录并不完整，布设地雷、使用生物武器、化学武器或核武器等在国际层面遭到唾弃，但至今未受到刑事处罚。相反，人道国际法和国际刑法层面始终没有明确禁止使用核武器。[315]国际刑事法律对使用武装无人机的争议也很大，[316]尤其是使用常规武器对平民造成连带性伤害。[317]使用错误的程序软件操控无人机造成不必要的伤亡时，可以考虑依据《国际刑事法院规约》第 8 条第 2 款第 2 目结合《德国国际刑法典》第 11 条第 1 款第 3 目追究决策者的刑事责任。

2. 非国际性冲突

出于尊重国家主权，《国际刑事法院规约》第 8 条第 2 款第 3 目和第 4 目惩处严重违反国际法的刑事犯罪，包括侵害生命和健康、损害个体尊严、违反法治国家的司法诉讼。有时（例如《国际刑事法院规约》第 8 条第 2 款第 3 目），刑事犯罪要针对所有未参加或不再参加敌对活动的人员（例如平民或不再参与敌对活动的战斗人员）。

> 思考题：安博斯，《国际刑法案例》，第 8 题，页边码 2、29 等（招募儿童士兵，《国际刑事法院规约》第 8 条第 2 款第 2 目和第 4 目，参照卢旺达事件）。

（四）主观构成要件

一般以主观故意为前提（《国际刑事法院规约》第 30 条）。国际法和英语版《国际刑事法院规约》对一些刑事犯罪要求主观上的"任性"，[318]如第 8 条第 2 款第 1 目 a、c 和 d。盎格鲁 – 萨克森法系把"任性"不仅仅视为故意，还可理解为一种"鲁莽"行为，[319]但不确定与德国刑法的间接故意是否相同[320]或涉及间接故意和疏忽大意的单一类别。[321]

---

[314]　扎费林，第 6 章，页边码 150。

[315]　参见冯·阿瑞尔德，页边码 1231 等；格勒塞，页边码 845。

[316]　参见安博斯，第 7 章，页边码 246 及脚注 1161。

[317]　赫德根，第 56 章，页边码 19。

[318]　韦勒和耶斯贝格，页边码 1173。

[319]　安博斯，第 7 章，页边码 64。

[320]　例如扎费林，第 6 章，页边码 158。

[321]　例如扎茨格，第 16 章，页边码 66。

（五）《德国国际刑法典》第 8—12 条"战争罪"

65　　《德国国际刑法典》按照侵害方式把"战争罪"系统地划分为 5 条。《德国国际刑法典》第 8 条包括"侵害人员的战争罪"如杀人、劫持人质、非人待遇或性胁迫。

> **"侮辱尸体案"**：[322]
>
> 　　审理战争期间个体的"战争罪"。例如，法兰克福高等法院判处案发时 19 周岁的被告 2 年有期徒刑。[323]2014 年，被告与敌方士兵发生武装冲突后，站在被击毙的敌方士兵尸体前拍照留念。法兰克福高等法院判定，《德国国际刑法典》第 8 条第 1 款第 9 目也保护死者的尊严，在两具被打破头的尸体前摆拍是在侮辱《德国国际刑法典》第 8 条第 1 款第 9 目中受国际人道法保护的个体。因此 2017 年 7 月 27 日，德国联邦高等法院在适用《德国国际刑法典》的首次判决中维持了一审判决结果。

65a　　《德国国际刑法典》第 9 条涉及"侵犯财产和其他权利的战争罪"，第 10 条为"侵犯人道主义行为和标志的战争罪"。第 11 条规定禁止交战双方使用的战争方法，即《海牙规约》中的核心内容。第 12 条规定禁止交战双方使用的战斗手段。与《国际刑事法院规约》不同，《德国国际刑法典》一般不区分国际与国内冲突。《德国国际刑法典》的适用范围虽然比《国际刑事法院规约》广，但没有超出其他国际条约对国际刑事犯罪的规定。[324]

　　思考题：安博斯，《国际刑法案例》，第 6 例，页边码 3 等（昆都士案）。

66
> **"昆都士案"**[325]：
>
> 　　2009 年 11 月，德国联邦国防军在阿富汗昆都士河畔发生一起严重的国际刑法事件。上校 K 和军士长 W 下令向被塔利班劫持的两辆油罐车投掷炸弹，他们当时认为塔利班成员躲藏在后面。实际情况是 30—50

---

[322]　德国联邦高等法院，《新法学周刊》2017 年，第 3667 页，批评意见参见安博斯；赞同评论：韦勒和埃克克，《法学家期刊》2018 年，第 257 页。

[323]　法兰克福高等法院，2016 年 6 月 12 日判决，案卷编号：5–3 StE 2/16–4–1/16。

[324]　韦勒和耶斯贝格，页边码 1489 等。

[325]　德国联邦总检察长终止了刑事调查程序，联邦检察院，2010 年 8 月新闻稿。

名阿富汗平民被炸死。联邦总检察长终止了对他们的刑事调查程序，因为 K 和 W 事发时并不知道那些人是平民。[326]《德国国际刑法典》第 2 条也适用于德国士兵在国外的行为。这里可以考虑《德国国际刑法典》第 11 条第 1 款第 3 目，因为国际维和部队与塔利班之间不涉及国际武装冲突。[327]K 和 W 都没有杀害平民的主观故意。被害平民又不属于敌对方，因此不能按照《德国国际刑法典》第 8 条第 1 款第 1 目进行处罚。[328]

四、"侵略罪"

审查规范之十二："侵略罪"（根据《国际刑事法院规约》第 8 条）

1. 客观构成要件（actus reus）

a）（集体）侵略行为。

b）领导者个人的侵略行为：

（1）策划、准备、引导或实施侵略行动；

（2）一位拥有指挥或监督权的政治或军事领导成员。

c）侵略根据方式、严重程度和规模被描绘成一种明显损害《联合国宪章》的行为（所谓门槛条款）。

2. 主观构成要件（mens rea）

《国际刑事法院规约》第 30 条意义上的主观故意，主观上不需要具备敌意，仅有鲁莽是不够的。

（一）发展历程

1945 年，侵略战争的刑罚构成要件首次以"反和平罪"的形式出现在纽伦堡国际军事法庭。[329]《罗马规约》委托国际刑事法院审理侵略性犯罪，由于缔约国当时未能就侵略战争和刑事诉讼的相关定义达成一致意见，决定推迟引入这个刑事构成要件。受国际社会委托，《国际刑事

---

[326]　安博斯对此持怀疑态度，《新法学周刊》2010 年，第 1725 页。

[327]　安博斯支持这种观点，《新法学周刊》2010 年，第 1725 页；扎费林和基尔施，《法律研究期刊》2010 年，第 81、82 页。

[328]　扎费林和基尔施，《法律研究期刊》2010 年，第 81、84 页。

[329]　关于历史发展参见扎费林，《国际刑法学》第 6 章，页边码 165。

法院规约》第 5 条第 2 款设立侵略战争刑事构成要件。2010 年在（乌干达）坎帕拉召开的《罗马规约》第一次审查会议上（Review Conference），与会各国就在《国际刑事法院规约》第 8 条后面补充刑事构成要件和具体司法审判达成一致。[330] 随着 2016 年 12 月 22 日新颁布的《德国国际刑法典》第 13 条于 2017 年 1 月 1 日生效，[331] 德国国际刑法的规定有所变动。[332]

（二）构成要件特征

68a　　《国际刑事法院规约》新增加的第 8a 条第 1 款为侵略性国际刑事犯罪，第 2 款为违反国际法的国家攻击行为，[333] 后者构成第 1 款侵略性犯罪的前提条件。第 8a 条第 2 款表述的具体攻击行为主要采用 1974 年联合国大会对"侵略"的定义［A/RES/3314（XXIX）］，其中包括侵入领土（第 2 款第 1 目），轰炸（第 2 目），封锁港口（第 3 目）或者派遣雇佣军（第 7 目）。

68b　　刑事构成要件中的两个限制性规定很有创意，值得关注：[334]（1）《国际刑事法院规约》第 8a 条第 1 款把侵略刑事犯罪人的范围限定在发布命令和指挥层面，仅包括有能力实际操纵和掌控国家政治或军事行动的人。他们策划、准备、启动和具体实施攻击行动。侵略是一种特殊的刑事犯罪。[335]即使下级工作人员参与了刑事犯罪活动，也不应按照该条受到刑事处罚（《国际刑事法院规约》第 25 条第 3a 款）。（2）第 1 款的攻击行为按照性质、严重性和危害程度明显违反《联合国宪章》。[336]

▎思考题：扎费林和基尔施，《司法教育期刊》2012 年，第 672 页。

（三）联合国安理会的作用

68c　　侵略性刑事犯罪的特殊性还表现在，《国际刑事法院规约》第 15a 条和

---

[330]　参见 2010 年 6 月 16 日会议记录；详见安博斯，第 7 章，页边码 261 等和《国际刑事法律理论期刊》2010 年，第 649 页。

[331]　《德国联邦法律公报》第一部分，第 3150 页。

[332]　下文页边码 68d。

[333]　埃塞尔，第 22 章，页边码 74。

[334]　安博斯，第 7 章，页边码 265。

[335]　埃塞尔，第 22 章，第 76 页。

[336]　所谓"起始条款"，安博斯，第 7 章，页边码 265。

第 15b 条明确了联合国安理会的作用。国家授权或独立调查都需要先向联合国秘书长申请，公诉机关对可能发生侵略犯罪展开的正式调查同样需要征得安理会同意。六个月后，即使安理会认为不存在侵略行为，调查机关也可以利用前置法庭的授权继续调查。[337]

（四）行使司法权

根据《国际刑事法院规约》第 15a 条第 2 款，国际刑事法院只能对批准或同意法律修订的 30 个条约成员国至少 1 年后发生的侵略罪行行使新赋予的司法管辖权。2016 年 6 月 29 日，巴勒斯坦成为第 30 个批准法律修订的国家。目前已有 35 个国家批准了国际规约修正案（截止时间：2018 年 7 月 27 日）。2017 年 12 月 14 日，全体成员国大会依据《国际刑事法院规约》第 15a 条第 3 款作出决议，国际刑事法院从 2018 年 7 月 17 日起受理侵略罪行。[338]

68d

（五）《德国国际刑法典》第 13 条"侵略罪"

德国"侵略罪"的构成要件于 2017 年 1 月 1 日正式生效。[339] 它主要参照耶斯贝格撰写的法律建议稿，[340] 为替代现行《德国刑法典》第 80 条（准备侵略战争）而制定的《德国国际刑法典》第 13 条在内容上与《国际刑事法院规约》第 8a 条不同；[341] 根据《德国国际刑法典》第 13 条第 1 款，指挥侵略战争与攻击行动都应受到刑事处罚，这与《国际刑事法院规约》第 8a 条第 1 款的内容基本相同。只有确实发生攻击行为或威胁到联邦德国时，《德国国际刑法典》第 13 条第 2 款才将规划、准备和启动进攻行为置于刑事处罚范围。《国际刑事法院规约》第 8a 条第 2 款中属于进攻行为的目录未出现在《德国国际刑法典》第 13 条。《德国国际刑法典》第 13 条第 4 款中犯罪行为人的范围与《国际刑事法院规约》第 8a 条第 1 款相同，被限定为命令发布者和指挥官。《德国刑法典》第 80a 条根据新的专业术语

68e

---

[337]　《国际刑事法院规约》第 15a 条第 8—10 款；韦勒和耶斯贝格，页边码 1543。

[338]　决议：ICC–ASP/16/Res. 5。

[339]　上文页边码 68；修订相关法规参见埃费诺维茨，《法学教育期刊》2017 年，第 24 页；格劳赫，《网络期刊》2017 年，第 86 页；格蕾斯曼和施陶迪哥尔，《国际刑事法律理论期刊》2016 年，第 798 页；《德国联邦议会印刷文件》2018 年，第 8621 号。

[340]　《国际刑事法律理论期刊》2015 年，第 514—522 页。

[341]　一些批评意见参见戴森罗特，《民法和社会政策期刊》2017 年，第 95 页。

做了相应调整。依据《德国国际刑法典》第 1 条第 1 款第 2 项，第 13 条
适用的普遍管辖原则被限定于在外国作案的德国人和针对德国的外国刑事
犯罪人。

第三节　国际刑法的基本原则

69　　《国际刑事法院规约》没有类似《德国刑法典》中的总则性规定。纽
伦堡特别军事法庭审理战争罪犯，前南斯拉夫问题国际刑事法庭和卢旺达
问题国际刑事法庭提出的国际刑法基本原则和补充的"犯罪要素"奠定了
国际刑事法院诉讼程序（《国际刑事法院规约》第 22 条等）。

一、《德国国际刑法典》的一般规定，符合国际法精神的解释

70　　假如《德国国际刑法典》没有特别规定，就可借助《德国国际刑法典》
第 2 条这个核心转换规则对国际刑事犯罪适用《德国刑法典》的总则。[342]
《德国国际刑法典》第 6 条等是国际刑事案件的重要规则：关于不作为（《德
国刑法典》第 13 条）、故意和认知性错误（《德国刑法典》第 15 条等）、
刑事责任能力（《德国刑法典》第 20 条等）、未遂（《德国刑法典》第 22
条等）、犯罪行为人和参与人（《德国刑法典》第 25 条等）、正当防卫和紧
急避险（《德国刑法典》第 32 条等）。国际刑事法院对这些规则理解得都
比较宽泛，在解释《德国国际刑法典》时还要考虑国际法惯例。[343]《德国
国际刑法典》第 3 条（服从命令）、第 4 条（军事主管的责任）和第 5 条（时
效）都是源于国际刑法的特殊规定。

二、国际刑法中的严重刑事犯罪构建

71　　国际刑事法院遵循源于普通法系的两分法犯罪概念。[344] 刑事处罚首先
以符合客观犯罪事实（actus reus）和相应主观要件（mens rea）为前提；其
次是免除刑事责任的表现（如无刑事责任能力、正当防卫、紧急避险以及
程序法障碍，如诉讼时效）。这种划分与德国将犯罪概念分为构成要件的

---

[342]　韦勒和耶斯贝格，页边码442。

[343]　韦勒和耶斯贝格，《法律学者期刊》2002 年，第 733 页。

[344]　安博斯，第 7 章，页边码2。

符合性、违法性和归责性有所区别。

（一）国际刑法中严重刑事犯罪概念的两要件

《国际刑事法院规约》对国际刑事犯罪的定义源于普通法，但有自己 **72** 的特点，这是一种独特的两要件国际刑事犯罪概念。[345]

（二）外部和内部构成要件

外部构成要件（material elements）涉及犯罪行为，即刑事犯罪中出现特 **73** 定的犯罪结果，犯罪行为与危害结果之间存在因果关系（consequences），及 伴随出现特定情况（circumstances）。[346]

《国际刑事法院规约》第 30 条的内部构成要件（mental elements）"不 **74** 太好理解"。[347] 原则上刑事犯罪人了解案情，其行为完全出于自愿；德国 官方译文（故意和知道）容易引起误解，按照德语的语法习惯，故意这个 概念本身包含明确知道。《国际刑事法院规约》第 30 条第 2 款第 1 项和第 2 项进一步规定：[348] 其行为必须受主观愿望支配。由于不可能每个行为都 对应一个意愿，其结果必然超过"知道"的内容范围。[349] 相反，刑事犯罪 人对犯罪结果在主观上要求蓄意或明确知道，[350] 对附带发生的情况则只需 要明确知道。[351]

根据《国际刑事法院规约》第 30 条第 2 款的字面意思，是否要求主 **74a** 观上间接故意值得怀疑，国际刑事法院在"鲁班伽案"中持否定观点。[352]

---

[345]　扎费林，第 5 章，页边码 11；扎茨格，第 15 章，页边码 18。

[346]　扎费林，第 5 章，页边码 13。

[347]　扎茨格，第 15 章，页边码 22。

[348]　安博斯，第 7 章，页边码 63。

[349]　直接故意，扎费林，第 5 章，页边码 23；扎茨格，第 15 章，页边码 24。

[350]　扎费林，第 5 章，页边码 23；不同观点：扎茨格，第 15 章，页边码 25：选择 蓄意或明知。

[351]　扎茨格，第 15 章，页边码 26。

[352]　参见国际刑事法院，鲁班伽，2012 年 3 月 15 日判决，案卷编号：ICC-01/04- 01/06-2843，页边码 1011；国际刑事法院，AC，鲁班伽，2014 年 12 月 1 日判决，案卷 编号：ICC-01/04-01/06-3122，页边码 447 等；国际刑事法院，PTC I，鲁班伽，2007 年 1 月 29 日决议，案卷编号：ICC-01/04-01/06-803-tEN，页边码 349、352；相反，支持 间接故意观点参见韦勒和耶斯贝格，页边码 504；否定观点参见安博斯，第 7 章，页边 码 64。

只要《国际刑事法院规约》的其他规定和国际刑法对主观要件有不同要求，就以此为准。[353] 可否使用与间接故意近似的鲁莽，则取决于刑事犯罪特性。[354]

三、个人承担刑事责任

75　　《国际刑事法院规约》规定，国际刑事犯罪中的个体原则上要承担刑事责任（grounds for excluding criminal liability），除非行为人依据《国际刑事法院规约》第 31 条第 1 款第 1 项因无刑事责任能力不需要为此承担刑事责任。[355]

四、参与国际刑事犯罪

（一）刑事犯罪行为人

76　　与德国刑法的规定非常类似，国际刑法中具体实施刑事犯罪的作案人（《国际刑事法院规约》第 25 条第 3 款第 1 项）被划分为单独犯罪人、共同犯罪人和间接正犯（包括隐藏在犯罪团伙内的幕后操纵者）。受德国朔姆堡法官的影响，国际刑事法院采用德国罗克辛教授提出的主流"参与刑事犯罪学说"——任何形式的刑事犯罪人都要有能力控制事件的发展。[356] 国际刑事法院没有采纳前南斯拉夫问题国际刑事法庭和其他特别法庭使用的"共同犯罪行动"这一法律概念。[357]

（二）诱导和辅助

77　　《国际刑事法院规约》第 25 条第 3 款第 2 项第 2 目第 1 种和第 2 种情况中的诱导性刑事犯罪包括以命令（一种上下级关系）、教唆和挑衅的方式从事国际刑事犯罪。诱导具有从属性，以犯罪行为人的实际行动为前提。《国际刑事法院规约》第 25 条第 3 款第 3 目的"辅助"主要犯罪行为人包

---

[353]　详细请参见韦勒和耶斯贝格，页边码 509 等。

[354]　比照上文页边码 64。

[355]　格勒塞，页边码 689 等。

[356]　参见国际刑事法院，2014 年 12 月 1 日卢班嘉决议，ICC-01/04-01/06-3122，页边码 469 等；安博斯，第 7 章，页边码 17。

[357]　详情参见韦勒和耶斯贝格，页边码 552 等。

括辅助行为和其他的协助形式。辅助行为对实施主要刑事犯罪起着实质性作用，例如辅助人提供必不可少的作案工具。

（三）辅助团伙刑事犯罪

《国际刑事法院规约》第 25 条第 3 款第 4 目是一项新的、松散的参与形式。它不是源于国际习惯法，[358] 很难与从犯相区分。[359] 在至少三人串通实施的国际刑事犯罪中，为团伙刑事犯罪提供很大帮助的行为人可以被刑事处罚。[360] 这个基础层面的收容条款包含间接支持形式。[361]

（四）主管领导责任

《国际刑事法院规约》第 28 条特别规定主管领导承担的刑事责任。这种辅助参与形式需要具备下列前提条件：[362]

> **审查规范之十三：主管领导责任**（依据《国际刑事法院规约》第 28 条）
> ——高层领导和基层间的上下级关系及有效领导权；
> ——了解下级所犯的刑事犯罪；
> ——玩忽职守的后果是没有采取必要的预防或惩罚性措施防止下级所犯刑事犯罪。

只要上级领导本人积极参与，就可依据诱导直接行为人或者辅助行为追究他的刑事责任。

《德国国际刑法典》将《国际刑事法院规约》中的指挥官责任划分为三个不同方面：军事指挥官责任（《德国国际刑法典》第 4 条），违反监管义务（《德国国际刑法典》第 13 条）和对刑事犯罪知情不报的责任（《德国国际刑法典》第 14 条）。它的适用范围比《国际刑事法院规约》第 28 条

---

[358]　韦勒和耶斯贝格，页边码 599 等。

[359]　安博斯，第 7 章，页边码 43。

[360]　国际刑事法院，第二审判分庭加丹加，2014 年 3 月 7 日判决，页边码 1632；评论：施塔恩，《国际刑事犯罪期刊》第 12 期（2014 年），第 809 页。

[361]　如提供武器或金钱，扎茨格，第 15 章，页边码 63。

[362]　详情参见安博斯，第 7 章，页边码 52 等；扎茨格，第 15 章，页边码 64 等。

要窄。

五、准备刑事犯罪和未遂

83　　依据源于国际习惯法[363]的《国际刑事法院规约》第25条第3款第6目，可以刑事处罚任何未遂的国际刑事犯罪。[364]策划和准备实施国际刑事犯罪原则上不受《国际刑事法院规约》处罚。依据《国际刑事法院规约》第25条第3款第6目，煽动种族灭绝必定遭受刑事处罚。修订《国际刑事法院规约》第8a条第1款后，国际刑事法院也制裁策划和准备实施侵略犯罪。《国际刑事法院规约》第25条第3款第6目是有关犯罪中止的规定。[365]

六、不作为

84　　只要国际刑法犯罪构成要件明确包含不作为的规定，就可以直接处罚不作为。在《国际刑事法院规约》第7条第1款第2目结合第2款第2目中可以找到真正不作为的刑事犯罪事例，《国际刑事法院规约》第28条确定上级领导违反义务的不作为行为。此外，《罗马规约》没有类似《德国刑法典》第13条不作为的一般性规定，即针对直接正犯的刑事构成要件（如杀害犯罪集团内部成员）也适用不作为刑事案件。我们有理由质疑，能否排除不真实的不作为。许多学者支持特别法庭的司法解释（以及适用的国际刑事法院），只要行为人有义务采取行动，就可因不作为受到刑事处罚。[366]

七、免除刑事责任的理由（《国际刑事法院规约》）

85　　尽管符合严重刑事犯罪的主观和客观特征要件，但《国际刑事法院规约》第31条列举了免除刑事处罚的理由。而与《德国刑法典》不同，《国际刑事法院规约》未区分辩护性与免责性理由。

---

[363]　韦勒和耶斯贝格，页边码733。

[364]　安博斯，第7章，页边码67；扎茨格，第15章，页边码68。

[365]　格勒塞，页边码795。

[366]　详情参见韦勒和耶斯贝格，页边码749。

（一）正当防卫和紧急避险

《国际刑事法院规约》第 31 条第 1 款第 3 目正当防卫的前提条件与《德国刑法典》第 32 条如出一辙。[367]它需要具备一种正当防卫状态和防卫行为，侵害行为指使用或威胁使用暴力。生活必需品或军需品在"战争罪"中也具有正当防卫性。但正当防卫相对于受侵害的风险要适度，《德国刑法典》恰恰缺乏这种修正性规定。[368]学术界对是否要求《国际刑事法院规约》第 31 条第 1 款第 3 目在主观上具备防卫意愿存在分歧。[369]

作为紧急状态，《国际刑事法院规约》第 31 条第 1 款第 4 目的紧急避险[370]客观上以危害生命和健康为前提，只危害其他权益还不够。紧急避险的防卫手段应给对方造成较轻的伤害，并遵守权衡利益基础上的合理性原则。紧急避险给对方造成的伤害应小于要避免的危害。与《德国刑法典》第 34 条不同，类似于《德国刑法典》第 35 条，可以免除为拯救生命而杀人的刑事处罚。[371]国际刑法学界将紧急避险区分为"necessity"（以《德国刑法典》第 34 条为模板阻止违法性的紧急避险）和"duress"（阻止承担刑事责任的紧急避险）[372]。

思考题：安博斯，《练习册》，第 9 题，页边码 35 等（紧急状态）。

"被冻僵的士兵"[373]：

A 国与 B 国爆发一场冬季战争。士兵 A 在摄氏零下 30 度的深山老林迷失了方向，这时他遇到负伤不能行走的士兵 B。穿着单薄的 A 可能着凉，但不必担心自己有生命危险。他夺走了士兵 B 身上穿的棉大衣，他很清楚，没有穿棉大衣，躺在地上的 B 很快会被冻死。假设 B 当时穿着棉大衣，可能就不会被冻死并及时得到救治。这种故意杀害受伤对手的行为应属于《国际刑事法院规约》第 8 条第 2 款第 1 目的

---

[367]　审查规则参见扎费林，第 5 章，页边码 46。

[368]　参见屈尔，《刑法学总论》第 7 章，页边码 171 等。

[369]　认为需要的，参见韦勒和耶斯贝格，页边码 660；反对意见则认为只需要认知，参见安博斯，第 7 章，页边码 83。

[370]　审查规则参见扎费林，第 5 章，页边码 53。

[371]　扎费林，第 5 章，页边码 51。

[372]　详见安博斯，第 7 章，页边码 93；扎茨格，第 15 章，页边码 34。

[373]　参见扎费林，第 5 章，页边码 52。

范围。虽然 A 保护了自己的健康，但他的行为不合理，B 的生命比 A 的健康更重要。此外，A 故意造成的损害（B 被冻死）比要规避的损害（着凉）更大。士兵 A 犯有"战争罪"。

（二）执行上级命令

89   奉命行事还不能成为单独的免除刑事处罚的理由。[374] 在没有出现紧急状态的情况下（前文页边码 87），负有行动义务的行为人没有意识到上级下达的命令中隐蔽的违法性，而执行命令时，才可以根据《国际刑事法院规约》第 33 条第 1 款免受刑事处罚。[375] 但不能根据《国际刑事法院规约》第 33 条第 1 款为"种族灭绝罪"（《国际刑事法院规约》第 6 条）和"危害人类罪"（《国际刑事法院规约》第 7 条）辩解，因为根据《国际刑事法院规约》第 33 条第 2 款，命令实施这种犯罪一般都明显违法。对因执行上级命令所犯"战争罪"（《国际刑事法院规约》第 8 条）或"侵略罪"（《国际刑事法院规约》第 8 条），要严格审查上级命令的违法程度是否显而易见。

（三）无刑事责任能力

90   根据《国际刑事法院规约》第 31 条第 1 款第 1 目，丧失判断行为违法性或控制行为能力的精神病患者，或精神不健全人可以免于承担刑事责任。行为人处于醉酒状态也不承担刑事责任，除非他根据《国际刑事法院规约》第 31 条第 2 目故意把自己灌醉。[376]

（四）认知性错误

91   《国际刑事法院规约》把认知性错误分为对事实（《国际刑事法院规约》第 32 条第 1 款）或法律适用的错误认知（《国际刑事法院规约》第 32 条第 2 款）。这两种认知性错误类似于德国刑法中对构成要件（《德国刑法典》第 16 条）和禁止性规定的认识性错误（《德国刑法典》第 17 条），但又不完全相同，例如与《德国刑法典》第 17 条不同，不了解禁止性规

---

[374]   扎费林，第 5 章，页边码 59。

[375]   安博斯，第 7 章，页边码 86：阻止承担刑事责任的紧急避险。

[376]   扎费林，第 5 章，页边码 57、65。

定对适用国际法并不重要。[377] 如果犯罪行为人错误地认为一个不明显违法的命令是合法的，就应按照《国际刑事法院规约》第 33 条免除他的刑事责任。

八、刑事豁免权和诉讼时效

与各成员国刑事诉讼法的规定不同，[378] 主权国家及其官员的刑事豁免权对国际刑事法院的刑事诉讼不适用，这包括国家行为（《国际刑事法院规约》第 27 条第 1 款），非国家行为和私人行为。[379] **92**

根据《国际刑事法院规约》第 29 条，国际刑事犯罪同样不受诉讼时效的限制。[380] **93**

第四节 《国际刑事法院规约》中的国际刑事诉讼

一、一般规则和机构设置

国际刑事法院采用介于英美法系的对抗诉讼与大陆法系的职权诉讼之间的一种混合刑事诉讼。[381]《国际刑事法院规约》第 34 条，《程序和证据规则》的补充程序和举证规则等规定都非常重要。《与国际刑事法院合作法》确立了德国与国际刑事法院间的协作关系。 **94**

根据《国际刑事法院规约》第 34 条，国际刑事法院由四个机构组成：[382] 第一，由三位法官组成院长委员会（一位院长，两位副院长；《国际刑事法院规约》第 35 条）；第二，前置程序、主审程序和上诉程序及相对应的审判机构（所谓审判庭，参见《国际刑事法院规约》第 39 条）；第三，公诉机关及主要负责人（首席检察官）和他的副手（《国际刑事法院规约》第 42 条）；第四，秘书处（《国际刑事法院规约》第 43 条）作为不承担司法 **95**

---

[377]　参见扎费林，第 5 章，页边码 32、35。

[378]　根据《德国国际刑法典》；参见扎费林，第 5 章，页边码 61。

[379]　《国际刑事法院规约》第 27 条第 2 款；安博斯，第 7 章，页边码 101；扎茨格，第 15 章，页边码 46。

[380]　格勒塞，页边码 746。

[381]　参见扎费林，第 16 章，页边码 35：《国际刑事法院规约》，"独特的妥协文件"。

[382]　埃塞尔，第 21 章，页边码 30。

审判任务的管理部门。[383]

二、向国际刑事法院提起刑事诉讼的许可要件

96

> **审查规范之十四：向国际刑事法院提起刑事诉讼的许可要件**
>
> 1. 实体法管辖：严重刑事犯罪（《国际刑事法院规约》第 5 条）。
>
> 2. 人员管辖：犯罪行为人年满 18 周岁。
>
> 3. 时间管辖：刑事案件发生在《国际刑事法院规约》生效之后。
>
> 4. 形式管辖（《国际刑事法院规约》第 12 条第 2 款、第 3 款）：
>
> a）作案发生在某成员国；
>
> b）作案人是成员国公民；
>
> c）承认国际刑事法院的刑事管辖权；
>
> d）联合国安理会提交的情势。
>
> 5. 启动程序（所谓触发机制；《国际刑事法院规约》第 13 条）：
>
> a）通过成员国提交；
>
> b）联合国安理会决议；
>
> c）国际刑事法院的起诉机关。
>
> 6. 互补性原则下的管辖权，即原本负责的国家缺乏追究刑事责任的意愿或能力。

（一）刑事管辖权限

97 国际刑事法院审理刑事诉讼的前提条件是涉及《国际刑事法院规约》第 5 条所列四种刑事犯罪中的一种（所谓 ratione materiae）。根据《国际刑事法院规约》第 25 条、第 26 条，刑事犯罪人应已成年（所谓 ratione personae），并且根据《国际刑事法院规约》第 11 条，犯罪行为发生在《国际刑事法院规约》生效之后（所谓 ratione temporis）。根据《国际刑事法院规约》第 12 条第 2 款和第 3 款，犯罪行为在形式上应发生在规约成员国，犯罪行为人应是成员国公民或成员国承认国际刑事法院的刑事管辖权；[384]

---

[383]　关于国际刑事法院的组织机构参见阿尔布雷希特、伯姆、埃塞尔和埃克尔曼斯，页边码 1582 等。

[384]　安博斯，第 8 章，页边码 6 等。

联合国安理会的管辖权直接源于《联合国章程》。

（二）触发机制

国际刑事法院主动行动需要具备下列三个条件之一。[385]

1. 成员国申请

规约各成员国可根据《国际刑事法院规约》第 14 条请求国际刑事法院调查在成员国发生《国际刑事法院规约》中的国际刑事犯罪。《国际刑事法院规约》第 14 条虽然没有写明主动申请，但各成员国可以要求国际刑事法院调查本国发生的国际刑事犯罪。[386]国际刑事法院在"加丹加案"确认了这种自我申请方式，前提是这个国家（如刚果）没有调查或实施刑事诉讼的能力。[387]除刚果外，乌干达（2003 年）、中非共和国（2005 年、2014 年）、马里（2012 年）、科摩罗（2013 年）、巴勒斯坦（2015 年）和加蓬（2016 年）都曾主动申请国际刑事法院调查本国刑事犯罪。

2. 联合国安理会决议

公诉人提交一份关于国际刑事犯罪的报告后，联合国安理会通过决议要求国际刑事法院采取行动。[388]即使不涉及规约缔约国如"达尔富尔案"和"利比亚案"，国际刑事法院也可以拥有直接刑事管辖权，[389]例如 2009 年国际刑事法院根据联合国安理会决议向（当时）执政的苏丹总统艾·巴沙尔颁发"逮捕令"，并于 2011 年向穆阿迈尔·卡扎菲颁发"逮捕令"。苏丹和利比亚当时都不是《罗马规约》成员国，国际刑事法院的刑事管辖权不是源于《国际刑事法院规约》第 12 条第 2 款第 1 目和第 2 目。

"卡扎菲案"：

　　国际刑事法院对穆阿迈尔·卡扎菲、他的儿子赛义夫·伊斯兰·卡扎菲和情报机构头目阿卜杜拉·塞努西的调查曾受到全世界广

---

[385]　即触发机制；详情参见安博斯，第 8 章，页边码 7 等；扎费林，第 14 章，页边码 18 等。

[386]　self referrals；参见扎费林，第 14 章，页边码 19。

[387]　国际刑事法院，加丹加，2009 年 9 月 25 日判决，ICC-01-/04-01/07，OA8，页边码 85 等。

[388]　扎茨格，第 14 章，页边码 16。

[389]　安博斯，第 8 章，页边码 8。

98

99

100

101

泛关注。卡扎菲多次公开呼吁武力镇压要求他下台的游行示威。根据《国际刑事法院规约》第 7 条第 1 款第 1 目和第 8 目结合第 25 条第 3 款第 2 目，这是一种涉嫌煽动"危害人类罪"的刑事犯罪。公诉机关根据《国际刑事法院规约》第 13 条第 2 目通过联合国安理会的告诫（Res. 1970/2011）正式对上述 3 人展开刑事调查。2011 年 6 月向他们发出了"逮捕令"。[390] 由于穆阿迈尔·卡扎菲已经死亡，该调查程序被终止。[391] 基于补充刑事管辖权原则，国际刑事法院 2014 年宣布禁止起诉阿卜杜拉·塞努西。[392] 在赛义夫·伊斯兰被移交给海牙国际刑事法院前，中断目前针对他的正式刑事调查程序。阿卜杜拉·塞努西和赛义夫·伊斯兰·卡扎菲 2015 年在利比亚被判处死刑。而小卡扎菲在此期间被特赦，重获自由。[393]

3. 刑事诉讼机关采取行动

102　　此外，国际刑事法院的起诉机关可以根据《国际刑事法院规约》第 13c 条要求国际刑事法院采取行动（proprio motu）。起诉机关是独立于国际刑事法院、受检察长领导的机构。首任检察长由来自阿根廷的路易斯·莫雷诺－奥坎波先生担任，2012 年来自冈比亚的法图·本索达女士继任检察长。

（三）互补性

103　　对成员国不愿意或自身无刑事司法能力的情况，国际刑事法院可依据《国际刑事法院规约》第 17 条第 1a 款主动展开调查。关于互补原则参见前面页边码 19。

---

[390]　国际刑事法院，卡扎菲，小卡扎菲，森努西，2011 年 6 月 27 日决议，编号：ICC-01/11-01/11-2，11-3，11-4。

[391]　国际刑事法院，卡扎菲，小卡扎菲，森努西，2011 年 11 月 22 日决议，编号：ICC-01/11-01/11-28。

[392]　国际刑事法院，卡扎菲，森努西，2013 年 10 月 11 日决议，编号：ICC-01/11-01/11-466-Red；国际刑事法院，AC，卡扎菲，森努西，2014 年 7 月 24 日判决，编号：ICC-01/11-01/11-565。

[393]　参见 2017 年 7 月 11 日《时代》周刊网络版，http://www.zeit.de/politik/ausland/2017-06/libyen-saif-al-islam-gaddafi-freilassung，最后访问日期 2022 年 5 月 17 日。

三、刑事诉讼阶段

（一）调查程序，现有"情势"

出现所谓"情势"，即可能发生国际刑事犯罪时，公诉机关审查是否 **104**
需要启动调查（《国际刑事法院规约》第 13 条、第 53 条）。与德国检察院
的刑事起诉程序不同，根据《国际刑事法院规约》第 13 条，公诉机关启
动刑事调查需要先获得国际刑事法院（预审分庭）的批准。公诉机关可以
对不需要采取强制措施的案件单独调查（《国际刑事法院规约》第 54 条第
3 款）；强制措施（如逮捕令）只能由预审分庭下达（《国际刑事法院规约》
第 58 条）。与德国检察官相同，起诉人有义务澄清案件的事实真相，调查
所有对被告有利和不利的相关证据（《国际刑事法院规约》第 54 条第 1 目）。

起诉机关至今已经对 11 个"情势"正式启动调查程序。[394]　　　　　**104a**

国际刑事法院曾对下列"情势"展开调查[395]：

刚果民主共和国（2004 年："伊图里娃娃兵"）

乌干达（2004 年："上帝抵抗军"）

中非共和国（2007 年："本巴案"）

苏丹（2005 年："达尔富尔案"）

肯尼亚（2010 年："2007 年选举后发生暴乱"）

利比亚（2011 年："卡扎菲"）

科特迪瓦（2011 年："2010—2011 年选举后发生暴乱"）

马里（2012 年："2012 年反政变暴动"）

格鲁吉亚（2016 年："2008 年高加索战争"）

布隆迪（2017 年："政府与反对派间的争斗"）

随着调查格鲁吉亚发生的"情势"，国际刑事诉讼机关首次正式调查非
洲大陆之外发生的刑事案件。正进行的前期调查（preliminary examinations）
涉及阿富汗、哥伦比亚、加蓬、几内亚、伊拉克、尼日利亚、巴勒斯坦、
菲律宾、乌克兰和委内瑞拉。

---

[394]　韦勒和耶斯贝格，页边码 357 等。

[395]　https://www.icc-cpi.int/Pages/Situations.aspx，最后访问日期 2022 年 5 月 17 日。

（二）刑事中间程序

105 根据《国际刑事法院规约》第 61 条，前置程序法庭（confirmation hearing）审查是否存在重大作案嫌疑。与德国刑事诉讼法不同，主审法院不决定是否提起公诉审判。确定起诉后，被告被分派到主审法庭。[396]

（三）刑事主审程序

106 刑事主审程序采用欧洲大陆法系常用的调查原则，同时又吸收对抗要素：[397] 公诉人和刑事被告人搜集证据时，国际刑事法院并不像一个置身事外的仲裁法院，而是积极参与调查。为查清事实真相，可以指定证人出庭作证或提供其他证据（《国际刑事法院规约》第 64 条第 6 款）。国际刑事法院采取公开庭审形式。

107 国际刑事法院审理过的 10 起国际刑事犯罪案件都发生在非洲大陆，其中的 5 起案件已经结案宣判。

> **"卢班加案"（Lubanga）：**
> 托马斯·卢班加·迪伊洛被指控在刚果民主共和国的迪伊洛地区征召未成年人当娃娃兵（《国际刑事法院规约》第 8 条第 2 款第 5 目第 7 种情况）。国际刑事法院审判庭于 2012 年 3 月 14 日判处他有期徒刑 14 年。[398]2009 年 1 月 26 日开庭后，诉讼存在败诉危险，[399] 但国际刑事法院最终作出了它的第一个判决，并获得国际刑事法院上诉法庭的确认。[400]

107a 同样因刚果民主共和国迪伊洛地区发生的暴力事件，国际刑事法院于 2009 年 11 月 24 日开庭审理杰尔曼·加丹加和马蒂厄·努玖鲁·秋伊。杰尔曼·加丹加于 2014 年 3 月 7 日以"战争罪"和"危害人类罪"被判处 12 年有期徒刑，[401] 马蒂厄·努玖鲁·秋伊于 2012 年 12 月 18 日因证

---

[396]　参见安博斯，第 8 章，页边码 28 等；扎贵林，第 14 章，页边码 68 等。

[397]　安博斯，第 8 章，页边码 39：欧洲大陆法与英国普通法间的"法律文化冲突"。

[398]　国际刑事法院，卢班加，2012 年 3 月 14 日判决，编号：ICC-01/01-01/06-2842。

[399]　韦勒和耶斯贝格，页边码 360 等。

[400]　国际刑事法院，卢班加，2014 年 12 月 1 日判决，编号：ICC-01/01-01/06 A5。

[401]　国际刑事法院，加丹加，2014 年 3 月 7 日判决，编号：ICC-01/04-01/07-3436。

据不足被判无罪。[402]让·皮埃尔·本姆巴·贡嘎被指控指挥刚果士兵在中非共和国犯下了"战争罪"和"危害人类罪",即杀人、强奸和抢劫。2018 年 6 月 8 日,他被判处 18 年有期徒刑,然而上诉法庭撤销了一审的判决,并宣告他无罪。[403]但他因藐视法院于 2017 年 3 月被判处 1 年有期徒刑的判决依然有效。[404]

"廷巴克图案"[405]:

国际刑事法院针对《国际刑事法院规约》核心刑事犯罪作出的最新判决涉及毁坏马里宗教和文化遗址。刑事被告人艾哈迈德·法齐·马哈迪于 2012 年在廷巴克图故意摧毁至少 9 座陵墓和 1 座清真寺。依据国际刑事法院史上第一份认罪书,他于 2016 年 9 月 27 日被判处 9 年有期徒刑,并支付 270 万欧元赔偿金。破坏活动的受害者包括廷巴克图居民,整个马里的公民和国际社会。[406]通过对艾哈迈德·法齐·马哈迪的判决,国际刑事法院依据《国际刑事法院规约》第 8 条第 2 款第 5 目第一次将摧毁文化遗产的行为作为"战争罪"处罚。法院审判期间,该案例就被联合国教科文组织评为国际保护文化遗产的里程碑[407],其他观点则认为,该判决让国际刑法错失了进一步完善保护文化遗产的良机。[408]

107b

国际刑事法院正在受理的 5 种"情势"是有关在苏丹(达尔富尔地区)、科特迪瓦、刚果民主共和国、乌干达和肯尼亚的诉讼案件。

107c

---

[402] 国际刑事法院,努玖鲁·秋伊,TC Ⅱ,2012 年 12 月 18 日判决,编号:ICC-01/04-02/12-4; AC,2015 年 4 月 7 日判决,编号:ICC-01/04-02/12-271。

[403] 国际刑事法院,Bemba,TC Ⅲ,2016 年 6 月 21 日判决,编号:ICC-01/05-01/08-3399;2018 年 6 月 8 日上诉判决,编号:ICC-01/05-01/08-3636-Red。

[404] 国际刑事法院,Bemba et al,2016 年 10 月 19 日判决,编号:ICC-01/05-01/13-1989;2017 年 3 月 22 日裁定,编号:ICC-01/05-01/13-2123-Corr。

[405] 国际刑事法院,艾哈迈德,2016 年 9 月 27 日判决,编号:ICC-01/12-01/15-171。

[406] 国际刑事法院,艾哈迈德·法齐·马哈迪,TC Ⅲ,2017 年 8 月 17 日判决,编号:ICC-01/12-01/15-236,页边码 51 等,该判决得到国际刑事法院的确认,2018 年 3 月 8 日判决,编号:ICC-01/12-01/15-236-Red2。

[407] https://whc.unesco.org/en/news/1559,最后访问日期 2022 年 5 月 17 日。

[408] 《汉诺威法学评论》第 130 期(2017 年),第 1978 页等。

108   国际刑事法院在 YouTube 视频网站设立了一个频道，人们可以收看主审程序录像（通常讲法语）。

四、刑事诉讼原则

109   国际刑事法院的一些诉讼流程遵循英美法系的当事人诉讼原则，而另一些则采用大陆法系的官方职权原则（《国际刑事法院规约》第 64 条第 8 款结合《诉讼程序规则》第 131 条等）。

110   刑事诉讼举证规则明确规定，控辩双方在准备和庭审过程中各自提供相关证据材料。公诉方的公开证据义务（disclosure of evidence）具有重要意义，辩护人在某种程度上也承担这项义务。[409] 犯罪人承认所犯罪行后（admission of guilt），可以根据《国际刑事法院规约》第 65 条第 2 款终止诉讼程序。[410] 监督遵守诉讼程序规则是国际刑事法院的一项核心任务。[411] 就像公诉机关调查对被告有利的案件事实一样，法院也可以搜集证据。

111   根据《国际刑事法院规约》第 66 条第 1 款，对刑事被告适用无罪推定原则。《国际刑事法院规约》第 55 条、第 67 条分别规定了被告在刑侦调查期间和提起公诉后应有的权利。《国际刑事法院规约》中大量规定加强了被害人的权利（如《国际刑事法院规约》第 68 条第 3 款、《诉讼程序规则》第 89 条等），他们可以直接向国际刑事法院要求赔偿（《国际刑事法院规约》第 75 条）。

五、司法救助方式

112   主审程序法庭作出的一审判决，可以通过上诉方式申请撤销（appeal）。[412] 按照刑罚的轻重，法律救助被分为针对一审判决（无罪、有罪、《国际刑事法院规约》第 81 条）和其他决定。[413] 这个既不像德国的法律上诉模式，也不像事实性上诉 [414] 的司法救助主要针对如程序瑕疵、事实认定

---

[409] 参见安博斯，第 8 章，页边码 42；扎费林，第 14 章，页边码 44。

[410] 安博斯，第 8 章，页边码 40。

[411] 参见埃塞尔，第 21 章，页边码 45，法庭和审判长发挥重要作用。

[412] 安博斯，第 8 章，页边码 58 等。

[413] 《国际刑事法院规约》第 82 条，扎费林，第 7 章，页边码 80。

[414] 扎费林，第 7 章，页边码 80。

错误或法律适用错误，它借鉴普通法中的以影响公正或合理诉讼和判决作为上诉理由。[415]《国际刑事法院规约》第84条规定如何重新启动诉讼程序。[416]

六、刑事处罚、刑事执行、时效和法律效力

《国际刑事法院规约》的刑罚构成要件（《国际刑事法院规约》第6—9条）未规定具体处罚。《国际刑事法院规约》第77条只规定一个从最长30年无期徒刑到有期徒刑或罚金的处罚范围。根据《国际刑事法院规约》第106条，刑事被告可在国际刑事法院监督下到愿意接受的国家执行有期徒刑。 **113**

国际刑法中的严重刑事犯罪不受刑事诉讼时效限制（《国际刑事法院规约》第29条），并适用一事不再理原则（依照《国际刑事法院规约》第20条的规定和限制）。 **114**

第二章　测试题

问题一：什么是国际刑法？页边码1—2。

问题二：什么是过渡时期司法？页边码3。

问题三：什么是《海牙规则》和《日内瓦公约》？页边码4。

问题四：什么是"直接适用""间接适用""互补原则"？页边码17、20—22。

问题五：《德国国际刑法典》以哪些适用原则为基础？页边码25。

问题六：什么是国际刑法的核心犯罪？页边码1、36。

问题七：种族灭绝罪必须具备哪些特殊主观要件？页边码43。

问题八：什么是危害人类罪中的整体犯罪？页边码54。

问题九：哪些要素组成国际刑法的犯罪概念？页边码82。

问题十：什么是"触发机制"？页边码112。

问题十一：谁能成为侵略罪的行为人？页边码67。

问题十二：如何理解结构性程序？页边码27a。

---

[415]　格勒塞，页边码898。

[416]　安博斯，第8章，页边码59。

第三章 欧洲委员会、《欧洲人权公约》和
欧洲人权法院

1　　　欧洲委员会和它倡议缔结的《欧洲人权公约》（EMRK）是现代欧盟刑法的发源地。《欧洲人权公约》诞生于第二次世界大战结束后的第 4 年。欧共体和欧盟又逐步完善了大量刑法规定，[417] 但欧洲委员会制定的各种公约（如《网络犯罪公约》或《伊斯坦布尔公约》），以及依据《欧洲人权公约》设立的司法保护体系构成欧盟刑法核心。这些法规对已经加入了欧洲委员会，但没有（或还未）加入欧盟的国家至关重要。下面简要介绍欧洲委员会（第一节），重点讲述《欧洲人权公约》（第二节），以及通过各成员国法院（第三节）和欧洲人权法院（第四节）进行监督。

第一节　欧洲委员会

2　　　1946 年 9 月 19 日，温斯顿·丘吉尔在苏黎世发表的著名演讲中设想重建被第二次世界大战搞得支离破碎的欧洲大家庭；丘吉尔甚至把它称为"欧洲国家联盟"：

> ……给欧洲带来怎样一种状态？一些小国确实已经逐渐从战争中恢复，但大量生活和居住在城市废墟上的人们正遭受着饥饿、焦虑和绝望的折磨……
>
> 尽管如此，许多国家的民众一直期盼着奇迹的发生，希望几年后整个欧洲或者大多数国家都能变得像今天的瑞士那样自由和幸福。这究竟是何种灵丹妙药？是重建欧洲民族大家庭。我们赋予它一个和平、

---

[417]　详情参见下文第四章。

安全和自由架构，建立一个欧洲合众国。让亿万勤劳的民众重新获得欢乐和对生活的渴望。一个简单过程，需要亿万民众的决心，只做对的，从而获得祝福而不是把诅咒作为奖励……

对于所有这些紧迫的任务，法国和德国要共同承担起领头羊的职责。英国，英联邦，强大的美国……保护他们的生存和发展权利。这就是我想告诉你的原因：让欧洲的理想成为现实！[418]

成立于 1949 年 5 月 5 日的欧洲理事会未如丘吉尔最初设想的那样发展成一种制宪会议，至今它依然是一个没有独立主权的政府间国际组织。德国于 1950 年加入的欧洲理事会现有 47 个成员国，其中包括所有 28 个欧盟成员国。[419] 梵蒂冈（观察员资格）、白俄罗斯（候选人）等缺席。[420] 随着最后一个成员国的加入，欧洲理事会实际涵盖了整个欧洲地区，即 8 亿多居民，其中 5 亿居民来自欧盟成员国。

1949 年 5 月 5 日生效的《欧洲委员会章程》（CETS 001，《欧洲委员会章程》第 11 条）是总部设在法国斯特拉斯堡的欧洲委员会的法律基础。成员国组成一个国家联盟的欧洲委员会完全独立于欧盟。 **3**

一、三位一体

设立欧洲委员会的初衷是防止重现惨绝人寰的第二次世界大战。为此 **4** 需要加强各成员国间的团结，捍卫和支持共同的理想和原则，促进经济发展和社会进步（《欧洲委员会章程》第 1 条）。只有那些既有能力，又愿意遵守欧洲委员会的中心工作，即法治国家、尊重人权和民主原则的国家才能成为欧洲委员会成员国（《欧洲委员会章程》第 3 条第 1 款）。核心是利用《欧洲人权公约》保障依法审判，防止刑事法律被用于违反人权和专制统治。

不要混淆欧洲委员会（《欧盟条约》第 15 条第 2 款：由各成员国的国 **5** 家元首和政府首脑以及欧洲理事会主席和欧盟委员会主席组成）和欧盟理

---

[418] http://www.zeit.de/reden/die_historische_rede/200115_hr_churchill_1_englisch，最后访问日期 2022 年 5 月 17 日。

[419] 黑克尔，第 3 章，页边码 2。

[420] 参见马普国际刑事法律研究所主编，《欧盟刑法学》，朔姆堡撰写的第 3 章，页边码 1。

事会（《欧盟条约》第 16 条第 2 款：由欧盟各成员国部长组成）。

二、工作形式

6　　欧洲委员会的任务是向各成员国提供加入和批准的专题建议、公约（等同于协议和公约）。从 2004 年开始，欧洲委员会的公约被编成册，有一个单独序号。例如《欧洲委员会章程》是 CETS（或 SEV）001，《欧洲人权公约》是 CETS（或 SEV）005。

7　　作为主权国家间的联合体，欧洲委员会无权颁布可直接适用于各成员国的法规。[421] 与欧盟不同，各成员国没有以立法形式把国家主权移交给欧洲委员会。[422] 各成员国自主决定是否加入欧洲委员会的公约，并批准转化为国内法律。

8　　只有当（1）根据《德国基本法》第 59 条第 2 款第 1 项相关立法机构（德国联邦议会和联邦参议院）表决通过合同法形式的国际合约，（2）德国联邦总统根据《德国基本法》第 59 条第 1 款第 2 项批准后，欧洲委员会条约才能在德国具有法律效力。[423] 德国目前还没有加入欧洲委员会的《生物医学公约》（CETS 164），主要是有些德国人反对利用无行为能力人（如患严重智力障碍的病人）进行医学实验。

9　　刑法方面除《欧洲人权公约》（CETS 005）外，特别是《欧洲引渡条约》（CETS 024）、《对刑事案件提供法律协助协议》（CETS 030）、《禁止酷刑公约》（CETS 126）、《反洗钱公约》（CETS 141）、《网络犯罪公约》（CETS 189）和《保护儿童免受性剥削和性虐待公约》（CETS 201）、《防止恐怖主义公约》（CETS 196）、《反对贩卖人口公约》（CETS 197）、《防止和打击暴力侵害妇女行为公约》（《伊斯坦布尔公约》）（CETS 210）和《反对人体器官交易公约》（CETS 216）都属于欧洲委员会的重要法律文件。

三、欧洲委员会的组成和机构设置

10　　欧洲委员会由部长委员会（各成员国外交部长会议）、咨询性议会（成

---

[421]　安博斯，第 8 章，页边码 14。

[422]　扎费林，第 13 章，页边码 3。

[423]　毛恩茨和迪里希主编，《德国基本法评注》，内特斯海姆撰写的《德国基本法》第 59 条，页边码 95。

员由各成员国议会任命）和作为办事机构的总秘书处组成（《欧洲委员会章程》第 10 条）。总秘书处是欧洲委员会的日常领导机构（《欧洲委员会章程》第 36 条），第二任期的秘书长来自挪威（*Thorbjörn Jagland*）。欧洲委员会下设欧洲犯罪委员会协调刑法领域工作。[424]

此外，1997 年设立的人权事务高级专员署对公众关心的人权问题提出建议，并协助各成员国完善人权方面的不足。　　11

第二节　《欧洲人权公约》

一、一般性规则

（一）国际法条约，组织架构

《欧洲人权公约》是一部由欧洲委员会各成员国签署的国际条约。成员国身份并不意味着强制加入《欧洲人权公约》，但欧洲委员会的新成员必须先加入《欧洲人权公约》。　　12

欧洲委员会颁布的条约中，对各缔约国刑事司法影响最大的《欧洲人权公约》被视为保障欧洲刑事诉讼基本权利的一部"基本法"。[425] 从修辞学角度经常会谈及《欧洲人权公约》宪法的特性，但该公约在德国不具有宪法地位，形式上只是一部普通的联邦法律。[426]　　13

《欧洲人权公约》以序言及制定目的为开头。《欧洲人权公约》第 1 条明确缔约国尊重人权的义务。《欧洲人权公约》共分 3 章：第 1 章是人权保护目录（第 2—18 条），第 2 章是关于欧洲人权法院的构建及相关诉讼规则（第 19—51 条），第 3 章是其他规定如优先适用原则（第 53 条）。　　14

（二）批准和附加议定书

《欧洲人权公约》已获得所有 47 个成员国批准。例如德国（1952 年）、奥地利（1958 年）、瑞士（1974 年）、乌克兰（1997 年）、俄罗斯联邦（1998 年）、格鲁吉亚（1998 年）、塞尔维亚（2004 年）、摩纳哥（2005 年）和黑　　15

---

[424]　黑克尔，第 3 章，页边码 10。

[425]　黑克尔，第 3 章，页边码 20。

[426]　详情参见下文页边码 51。

山（2006 年）。

与德国修改宪法需要更改《德国基本法》原文不同，修改《欧洲人权宣言》的基本权利和欧洲人权法院的诉讼规则只能通过《附加议定书》（ZP）的形式。[427] 附加议定书（例如《第 14 号附加议定书》和《第 15 号附加议定书》）需要获得所有 47 个欧洲委员会成员国批准。15 个《附加议定书》现在都已生效。为减轻欧洲人权法院的工作压力，《第 14 号附加议定书》完善欧洲人权法院的组织机构 [428] 和程序规则。[429]《第 15 号附加议定书》（2013 年）简化诉讼程序（例如将个体申诉期限由 6 个月缩短为 4 个月）。德国已经签署并批准《第 15 号附加议定书》，但还未正式生效。于 2018 年 8 月 1 日生效的《第 16 号附加议定书》允许各成员国的最高法院依照欧盟法院先期裁定程序就法律释义问题向欧洲人权法院征求意见（advisory opini-on）。法国新近批准了该文件，德国还没有批准。德国目前适用 2010 年 10 月 22 日版《欧洲人权公约》，而《第 15 号附加议定书》已于 2013 年 6 月 24 日进行了修改。[430]

（三）对欧洲人权法院的批评

15a 以《附加议定书》形式确定《欧洲人权公约》保护的内容，并充实大量司法解释（《欧洲人权公约评注》，导言页边码 3）。正如欧洲人权法院副院长努斯贝格尔先生承认的那样，现实已经明显不适用"欧洲化越多越好"和对"欧洲基本权利的保护越广越好"的简单公式。[431]

许多国家尖锐地批评欧洲人权法院的具体司法解释，某些成员国甚至考虑要退出《欧洲人权公约》。英格兰始终拒绝采纳欧洲人权法院有关同性恋权利和承认严重刑事犯在监狱服刑期间也有选举权的判决。[432]

欧洲人权法院关于驱逐外国刑事犯罪人的判决在瑞士引发了巨大争议

---

[427] 格拉本瓦特和帕贝尔，第 1 章，页边码 7。

[428] 下文页边码 59。

[429] 下文页边码 70。

[430] 《德国联邦法律公报》第二部分，2014 年，第 1034 页。

[431] 欧洲化太多了吗？欧洲人权法院受到抨击，参见努斯贝格尔，《政治和当代历史期刊》2017 年，第 37 期。

[432] 希尔斯特起诉英国，2015 年 10 月 6 日，案卷编号：74025/01，违反《第 1 号附加议定书》第 3 条。

（违反《欧洲人权公约》第 8 条），瑞士国家委员会否决了由瑞士国民党发起"瑞士法律代替外国法官"的全民公决倡议。[433]

欧洲人权法院表态支持原尤科斯石油公司大股东起诉俄罗斯联邦政府索要巨额赔偿后（主要违反《欧洲人权公约》第 6 条第 1 款；参照欧洲人权法院，2014 年 7 月 31 日尤科斯诉俄罗斯，编号：14902/04），俄罗斯联邦宪法法院宣布，不再无条件地适用欧洲人权法院的判决，与《欧洲人权公约》第 46 条第 1 款所规定的相反，凡是违反俄罗斯宪法的欧洲人权法院判决都视为无效。[434] 这让人联想到德国联邦宪法法院关于身份审查的判例（对欧盟法的质疑）。俄罗斯媒体严厉批评了欧洲人权法院支持对俄罗斯政府关于禁止公开宣扬未成年同性恋行为的个体申诉。[435] 德国联邦宪法法院现在也对欧洲人权法院持批评意见，并且强调在德国不是《欧洲人权公约》（欧洲人权法院），而是《德国基本法》（德国联邦宪法法院）拥有最终司法决定权。[436]

作为欧洲人权法院对批评意见的回应，还未生效的《第 15 号附加议定书》（上文页边码 15）规定，《欧洲人权公约》序言强调辅助性原则和各成员国的政治决策空间。[437] 此外，还应不断加强各成员国法院与欧洲人权法院的交流，抛弃那些认为欧洲会做得比其他地方更好的想法。[438]

（四）欧盟未加入《欧洲人权公约》

欧盟原本希望加入《欧洲人权公约》（《欧盟条约》第 6 条第 2 款或《欧洲人权公约》第 59 条第 2 款）。依据《欧盟运作条约》第 218 条的规定，加入《欧洲人权公约》的流程十分复杂。双方于 2010 年启动了欧盟加入《欧洲人权公约》的谈判。[439] 欧盟当时希望加入公约的目的是，欧盟法律体系受到一个独立的外部系统的监督。此外，欧盟法律和各成员国法律都保护

16

---

[433] 2018 年 2 月 13 日《新苏黎世报》。

[434] 2015 年 7 月 15 日《南德意志报》。

[435] 欧洲人权法院，Bayev 等人起诉俄罗斯联邦政府，2017 年 6 月 20 日判决，案卷编号：67667/09。

[436] 德国联邦宪法法院，《新法学周刊》2004 年，第 3408 页。

[437] "margin of appreciation"，《欧洲人权公约评注》，玛雅－拉德维希撰写的引言，页边码 4。

[438] 努斯贝格尔，《政治和当代历史期刊》2017 年，第 37 期。

[439] 布罗多夫斯基，《国际刑法学期刊》2010 年，第 749 页。

欧盟公民。加入公约后的欧洲法律系统将会出现两个基本权利目录（《基本权利目录》和《欧洲人权公约》）和两个法院（欧盟法院适用《基本权利目录》，欧洲人权法院适用《欧洲人权公约》），这可能造成涉及相关基本权利司法解释的混乱（一方面欧盟法院的司法解释倾向成员国间的融合，另一方面欧洲人权法院的司法解释以保护人权为重点）。欧盟同样未澄清如何派遣一位法官到斯特拉斯堡，以及规制成员国间和成员国对欧盟的国家申诉问题。《欧洲人权公约》现在已经间接地影响着欧盟法，[440] 例如欧盟保护性预防侵害公民和企业的权利。[441] 此外，依据《欧盟条约》第 6 条第 3 款，《欧洲人权公约》作为一般基本权利在《里斯本条约》之后已经成为欧盟法的组成部分。[442] 欧洲人权法院与欧盟法院的司法解释之间也存在分歧。[443]

17   2014 年，欧盟法院不准备再以原来规划的形式加入《欧洲人权公约》。欧盟法院 2014 年 12 月 18 日在一份关于加入《欧洲人权公约》协议草案的专家意见书 [444] 中明确表示，从欧盟法层面看，欧盟提倡的自治和其他一些特权都受《欧洲人权公约》监督，这无法与《欧盟条约》第 6 条第 2 款协调；此外，《欧洲人权公约》禁止对欧盟法院的工作施加影响。形象地讲：欧盟法院只听命于上帝，而不是欧洲人权法院。如何解释《欧盟基本权利宪章》，属于欧盟法院的管辖范围。[445]

二、《欧洲人权公约》中的人权

（一）《欧洲人权公约》基本权利的教义和体系

18   与《欧盟基本权利宪章》不同，《欧洲人权公约》的基本权利没有社会和经济特性，更像是一种公民权和政治权，即一种"出类拔萃的普

---

[440]　黑克尔，第 3 章，页边码 75。

[441]　根据欧盟食品监管程序框架；参见《欧盟法院判例选》2003 年，第 3735 页。

[442]　《欧盟刑法学》，埃塞尔撰写的第 53 章，页边码 7 等。

[443]　《欧盟刑法学》，伯泽撰写的第 52 章，页边码 3 及脚注 21。

[444]　《贝克网络司法解释期刊》2015 年，第 80256 页；《网络高等法院刑事司法解释期刊》2015 年，第 172 号。

[445]　对欧盟法院专家意见书的评论请参见施马尔，《法学家期刊》2016 年，第 921 页；托穆沙特，《欧盟基本权利期刊》2015 年，第 133 页；文德尔，《新法学周刊》2015 年，第 921 页。

遍权利"。[446]

1. 教义，裁量空间

《欧洲人权公约》对人权的审查与德国联邦宪法法院对基本权利的司法 **18a**
审查非常类似，[447]尤其在防御权方面，进行类似于《德国基本法》中基本
权利的三段式审查：[448]首先确定人权保护的范围，其次确认干预方式，最
后审查是否限制人权和对干预辩解的理由。[449]

欧洲人权法院通常对求职面谈中涉及道德和刑事犯罪等政策性提问给 **18b**
予《欧洲人权公约》缔约国很大的裁量空间。[450]欧洲委员会的各成员国未
能对乱伦或借腹生子等的刑事处罚问题达成一致意见，欧洲人权法院因此
放弃裁判哪些相关利益更重要或更应得到保护。[451]相反，各成员国对涉及
个体生存或身份等重大问题的裁量空间很有限。[452]随着《第 15 号附加议
定书》生效，裁量空间明确纳入《欧洲人权公约》的序言。

2. 体系

人权通常被划分为[453] **19**

——自由权（《欧洲人权公约》第 2、3、8、9、12 条）；

——平等权（《欧洲人权公约》第 14 条）；

——政治权（《欧洲人权公约》第 10、11 条）；

——司法权利（《欧洲人权公约》第 5、6 条）。

《欧洲人权公约》重点涉及刑法和刑事诉讼法，这也是欧洲人权法院 **20**
审理案件中的三分之二都是刑事案件的原因。[454]在第二次世界大战刚结束、

---

[446]　普拉德尔，第 2 章，页边码 10。

[447]　奥玻曼、克拉森和内特斯海姆主编，第 17 章，页边码 34。

[448]　下文页边码 62。

[449]　扎茨格，第 11 章，页边码 28。

[450]　奥玻曼、克拉森和内特斯海姆主编，第 17 章，页边码 34；关于禁止佩戴面
纱参见布劳恩，《国际刑事法律理论期刊》2018 年，第 268 页。

[451]　参见欧洲人权法院，施蒂宾起诉联邦德国，《新法学周刊》2013 年，第 215
页，页边码 66；欧洲人权法院，帕拉迪索和坎帕内利诉意大利，编号：25358/12，页边
码 182。

[452]　欧洲人权法院，埃文斯起诉英国，《新法学周刊》2008 年，第 2013 页，页边
码 77。

[453]　参见扎费林，第 13 章，页边码 38。

[454]　普拉德尔，第 2 章，页边码 10。

纳粹政权扭曲的刑法背景中诞生的《欧洲人权公约》重点保护公民免受"国家政权及所行使广义司法权"的侵犯。[455]

（二）实体性刑法（《欧洲人权公约》第 2 条、第 7 条）

21　　在实体刑法领域，《欧洲人权公约》第 2 条生命权和第 7 条罪刑法定原则尤为重要。

1. 生命权，《欧洲人权公约》第 2 条

审查规范之十五：生命权

1. 保护范围。

2. 侵犯（例如死刑、引渡）。

3. 合理性（《欧洲人权公约》第 2 条第 2 款）：

a）对违法暴力的防御；

b）逮捕和阻止逃跑；

c）防止骚乱和暴动。

▎**思考题：** 黑克尔和策勒，第 15 题，第 156 页。

（1）保护范围

22　　保护每个人的生命（《欧洲人权公约》第 2 条第 1 款第 1 项），生命权伴随着个体的死亡而终结。法律是否还保护未出生的胎儿存在争议；欧洲人权法院依据《欧洲人权公约》第 2 条给予胎儿一定程度的保护。《欧洲人权公约》不包含自杀权，主动或被动协助自杀，或有尊严地终结生命。[456]

（2）国家干预

23　　国家干预首先指所有故意或过失致人死亡的国家行为。《欧洲人权公约》第 2 条第 1 款第 2 项允许作为特例判决个体死刑，但要注意《欧洲人权公约》的 2 个《附加议定书》，即废除死刑的《第 6 号附加议定书》（CETS 114）和任何情况下都废除死刑的《第 13 号附加议定书》（CETS 187）。欧洲委员会让欧洲成为除白俄罗斯外无论何时和何种情况都废除

---

[455]　屈尔，《刑事法学期刊》100 期（1988 年），第 410 页。

[456]　欧洲人权法院，普雷蒂起诉英国，2002 年 4 月 29 日判决，《新法学周刊》2002 年，第 2851 页，页边码 39。

死刑的地区。[457]

引渡申请国即使不是《欧洲人权公约》缔约国,将个体从一个公约缔 **24** 约国引渡到另外一个可能判处他死刑的国家也违反《欧洲人权公约》第 2 条第 1 款。《欧洲人权公约》产生一种 "间接地域适用性"。[458]《德国基本 法》第 102 条[459] 和《刑事案件国际司法协助法》第 8 条都阻止在这种情况 下的引渡。若引渡申请国承诺不执行死刑,则可以根据 2010 年 2 月 1 日生 效的《欧盟和美国引渡条约》引渡。[460]《第 6 号附加议定书》生效前,这 种引渡会被判定为违反《欧洲人权公约》第 3 条。[461]

(3)合法性

《欧洲人权公约》第 2 条第 2 款认为杀人并不违反公约,例如杀人是 **25** 为达到特定目的而使用暴力的结果,[462] 使用暴力是绝对必要的,以便

——抵抗某人的违法行为(例如对生命、健康或自由的侵害)(《欧洲 人权公约》第 2 条第 2 款第 1 目),

——依法逮捕某人或阻止他逃跑(《欧洲人权公约》第 2 条第 2 款第 2 目),或者

——镇压骚乱(《欧洲人权公约》第 2 条第 2 款第 3 目)。

在《欧洲人权公约》第 2 条第 2 款第 1 目框架下,除(在解救人质过 **26** 程中)警察一枪击毙对方的解救方案是否合法的问题外,[463] 对侵犯财物或 无形资产是否需要限制行使正当防卫权的问题在德国刑法中具有特殊意 义。这主要指下列情况:针对侵犯自己的财产(比如深夜盗窃一辆高级轿 车)的行为,唯一行之有效的办法就是采取危及生命、导致侵害人死亡的 防卫手段。国家仅为保护财产授权的杀人不符合《欧洲人权公约》第 2 条

---

[457] 马普国际刑事法律研究所主编,《欧盟刑法学》,朔姆堡撰写的第 3 章,页边 码 2。

[458] 黑克尔,第 3 章,页边码 43。

[459] 德国联邦宪法法院,《德国联邦宪法法院判例选》第 75 卷,第 1 页。

[460] 参见安博斯,第 12 章,页边码 13。

[461] 欧洲人权法院,泽林起诉大不列颠联合王国,《新法学周刊》1990 年,第 2183 页;就此案参见安博斯,第 12 章,页边码 36 及脚注 210;扎费林,第 13 章,页边 码 56。

[462] 格拉本瓦尔特和帕贝尔,第 20 章,页边码 13。

[463] 扎茨格、施米特和维德迈尔主编,《德国刑法典评注》,扎茨格撰写的第 2 条, 页边码 16:十分严格的合理性原则。

的精神，对个体防卫权是否也不符合公约精神尚存在争议。主流学术观点对杀死侵犯者（《德国刑法典》第 212 条、第 222 条）的抗辩依据是《德国刑法典》第 32 条；尽管需要保护的利益与受侵犯的利益之间存在相当大的差异，但社会道德并不限制正当防卫权。相反，依照《欧洲人权公约》能否把侵害所有权定性为"暴力"，或者故意伤人受到《欧洲人权公约》第 2 条第 2 款第 1 目庇护则变得不确定。

27　　　欧洲人权法院目前还没有作出涉及限制防卫权问题的判决。德国法中武力自卫失败的原因在于刑事犯罪人没能遵守威胁、警告性射击和射击尽可能不危及生命的"三级程序"，并且"为保护财物而杀死攻击者经常超越了《德国刑法典》第 32 条衍生对使用武器造成伤亡的限制"。[464]

28　　　主流的"保护理论"[465]认为，《欧洲人权公约》只适用于国家与公民之间，不适用公民与公民之间，因此《欧洲人权公约》第 2 条不能限制《德国刑法典》第 32 条。所谓"一致性理论"认为，《欧洲人权公约》第 2 条规定的禁止杀人只涵盖了蓄意和直接故意杀人，并不包括间接故意。[466] 相反，欧盟法学界主流观点（所谓"绝对理论"）认为保护原则也在公民之间适用，《欧洲人权公约》第 2 条第 2 款第 1 项禁止为保护财物而杀人。[467]

29　　　欧洲人权法院主张的严格司法解释支持后一种观点：要求严格遵守保护生命的义务，它不能容忍成员国的司法判决偏离这种观点。同时人们也会问，德国原则上对正当防卫权没有任何合理性限制，为保护贵重财物难道就可以杀人吗？这种观点是否还与时俱进？可以这样认为，《欧洲人权公约》第 2 条第 2 款第 1 项限定了，保护财物时不得使用任何可能致对方死亡的暴力自卫形式。[468] 按国际法精神解释《德国刑法典》第 32 条：蓄意、直接故意或间接故意杀死盗贼都是没有道理的。限制适用正当防卫权涉及社会伦理问题。[469]

---

[464]　安博斯，第 10 章，页边码 113。

[465]　参见伦吉尔，第 18 章，页边码 60。

[466]　例如奇商，《刑法档案资料期刊》2006 年，第 419 页。

[467]　勒韦－罗森贝格，《刑事诉讼法评注》，埃塞尔撰写的《欧洲人权公约》第 2 条，页边码 52。

[468]　参见舍恩克和施罗德主编，《德国刑法典评注》，佩龙撰写的第 32 条，页边码 62。

[469]　参见舍恩克和施罗德主编，《德国刑法典评注》，佩龙撰写的第 32 条，页边码 43—62。

有学者对此提出异议，认为欧洲人权法院的观点违反《德国基本法》，**29b**
违背《德国刑法典》第 32 条的文义，并伤害到防卫权人的利益。[470]《欧洲
人权公约》不仅是国际条约，根据《德国基本法》第 20 条第 3 款也是一
部具有法律效力的联邦法律（《德国基本法》第 59 条第 2 款）。与《欧洲
人权公约》相比，《德国刑法典》在法律层级上并不占优势。各成员国有
义务支持国际法的解释，让《欧洲人权公约》第 2 条第 2 款有关正当防卫
的规定显得更重要。此外，《德国刑法典》第 32 条第 1 款从文义上限制了
正当防卫权，行使该权利时要从总体考虑。[471]

2. 罪刑法定原则，《欧洲人权公约》第 7 条

一方面，《欧洲人权公约》第 7 条罪刑法定原则的保护范围比《德国 **30**
基本法》第 103 条第 2 款窄，但违背原文或使用抽象概念并不等于因违反
了禁止类推原则而被禁止。习惯法甚至可以成为《欧洲人权公约》第 7 条
意义上的"法律"，重点是公民能否事先预见到刑事处罚。另一方面，与《德
国基本法》第 103 条第 2 款不同，《欧洲人权公约》第 7 条适用过错原则。

罪刑法定原则对德国"柏林墙枪击案"和"预防性拘留"意义重大。 **31**

（1）"柏林墙枪击案"

"柏林墙枪击案" [472]： **32**

欧洲人权法院关于在两德边境下达射击命令的判决中认定，对前
民主德国高级官员杀人罪的判决符合《欧洲人权公约》第 7 条第 1 款
精神。虽然当时命令射击，但《民主德国边境法》第 27 条为枪杀严重
刑事犯罪嫌疑人（如叛国罪）提供的辩解理由实际上不是前民主德国
法律。前民主德国宪法和国际私法都保护生命权，杀害难民的行为违
法。[473] 申诉人不能依据《欧洲人权公约》第 7 条第 1 款为自己辩护，"因
为申诉人的行为按照前民主德国法律也属于刑事犯罪"。[474]

---

[470]　扎茨格、施米特和维德迈尔主编，《德国刑法典评注》，扎茨格撰写的《欧洲
人权公约》第 2 条，页边码 17。

[471]　参见罗克辛，《德国刑法总论一》，第 15 章，页边码 87。

[472]　欧洲人权法院，施特雷勒茨、凯斯勒和克伦茨起诉联邦德国，《新法学周刊》
2001 年，第 3035 页。

[473]　欧洲人权法院，上述判决，页边码 88。

[474]　欧洲人权法院，上述判决，页边码 89。

（2）预防性拘留

33　　《欧洲人权公约》在预防性拘留（SV）问题上赢得极高的国际声誉（《德国刑法典》第 66 条至第 66b 条）。欧洲人权法院宣布事后安置或延长预防性拘留违反《欧洲人权公约》第 5 条第 1 款第 1 项第 1 目和第 7 条后，德国联邦宪法法院宣布该刑事法规违宪。德国不久以《治疗居住法》为蓝本制定出一项过渡性规定，[475] 适用期截止到 2013 年 5 月 31 日。2013 年 6 月 1 日《联邦关于放弃适用预防性拘留法律》生效。[476]

> **"事后延长和安置预防性拘留案"：**
>
> 34　　预防性拘留的期限最初被限定为 10 年，1998 年修改法律时取消了时间限制（《德国刑法典》第 67d 条第 3 款），原来案件中的时间限制也被撤销（所谓类似案件）。德国联邦宪法法院在 2004 年的一份判决 [477] 中指出，事后安置或延长预防性拘留未违反刑法的禁止溯及既往原则，因为它不是"惩罚"，而是一种预防危害发生的行政措施。按照原来的规定，对一位刑事犯罪人的预防性拘留本应最迟在 2001 年结束，但德国法院和德国联邦宪法法院对延长拘禁期限都没有提出异议，他就此向欧洲人权法院提出申诉。
>
> 　　欧洲人权法院 [478] 认为，事后延长预防性拘留违反《欧洲人权公约》第 5 条第 1 款第 1 项第 1 目和第 7 条：这种监禁形式如同有期徒刑。在现实生活中，预防性拘留的囚犯继续被关押在普通监狱，仅仅改善了他们的关押条件。按照《监狱法》这两种监禁形式具有双重目的，一方面要保护公众，另一方面为在押犯人重新自由生活做准备。欧洲人权法院判给 M 5 万欧元作为合理的精神补偿（《欧洲人权公约》第 41 条），M 被释放。欧洲人权法院在判决书中指出，事后延长的预防性拘留（《德国刑法典》第 66b 条）违反了《欧洲人权公约》第 5 条和第 7 条。[479]

---

　　[475]《治疗居住法》于 2010 年 12 月 22 日公布在《德国联邦法律公报》第一部分，第 2300 页。

　　[476]　2012 年 12 月 5 日公布，《德国联邦法律公报》第一部分，第 2425 页。

　　[477]　德国联邦宪法法院，《新法学周刊》2004 年，第 739 页。

　　[478]　M 起诉联邦德国，《新法学周刊》2010 年，第 2495 页。

　　[479]　欧洲人权法院，Haidn 起诉联邦德国，案卷编号：6587/04，于 2011 年 1 月 13 日作出判决。

德国联邦宪法法院宣布预防性拘留违宪，[480]并采纳了《欧洲人权公约》的观点，将欧洲人权法院判决视为德国司法解释的风向标。[481]《欧洲人权公约》第7条第1款第1项禁止溯及既往所指的刑罚概念与《德国基本法》第103条第2款的刑罚概念不完全一致。事后延长或采取预防性拘留并不违反《德国基本法》意义上刑法禁止溯及既往原则，《德国基本法》并未把预防性拘留看作一种刑罚。鉴于侵害造成的严重程度，有期徒刑涉及最大限度地妨碍基本自由权，"期待一段时间后重新获得自由显得格外重要"。[482]事后延长预防性拘留违反《德国基本法》第2条第2款第2项结合第20条第3款的信赖保护原则。具体执行中的预防性拘留与有期徒刑十分类似，信赖保护甚至达到一种需要绝对保护的程度。[483]这种信赖保护适用成年人（《德国刑法典》第66b条）、未成年人（《德国未成年人犯罪法》第106条）和青少年刑事犯罪（《德国未成年人犯罪法》第7条第2款）实施的事后安置预防性拘留。[484]

预防性拘留在以往实务工作中违反刑事处罚与惩戒措施之间要有明显"区分"的规定。只有依据《欧洲人权公约》第5条第1款第1项才能事后剥夺人身自由，[485]即确定刑事犯罪人患有心理障碍。2013年5月31日之前要在法律上和实践中全面改革预防性拘留。

从2013年起，预防性拘留体系如下：《联邦关于放弃适用预防性拘留法律》[486]保留传统的初级预防性拘留（《德国刑法典》第66条），并继续分为初级（《德国刑法典》第66条）、有条件（《德国刑法典》第66a条）和事后（《德国刑法典》第66b条）三部分。《德国刑法典》第66c条进一步强调新的区别对待规定。新《德国治疗居住法》可以对那些根据欧洲人权法院判决本应释放的服刑人继续实施预防性拘留。前提是他们：（1）患有精神病；（2）有发生特定严重刑事犯罪的风险；（3）没有其他有效消除危

34a

[480]　德国联邦宪法法院，《新法学周刊》2011年，第1931页，页边码168。

[481]　德国联邦宪法法院，《新法学周刊》2011年，第1931页，页边码94。

[482]　德国联邦宪法法院，《新法学周刊》2011年，第1931页，页边码136。

[483]　德国联邦宪法法院，《新法学周刊》2011年，第1931页，页边码138。

[484]　德国联邦宪法法院，《新法学周刊》2011年，第1931页，页边码148、162。

[485]　德国联邦宪法法院，《新法学周刊》2011年，第1931页，页边码144、151。

[486]　上文页边码33。

害公共安全的手段。欧洲人权法院已经确认这个新规则，[487]并宣布只需监禁在一个专门关押精神病人的机构，而不是监狱特定区域的做法符合《欧洲人权公约》。[488]

（三）《欧洲人权公约》诉讼程序保障（《欧洲人权公约》第 3 条、第 5 条、第 6 条）

1. 禁止刑讯逼供，《欧洲人权公约》第 3 条

35

审查规范之十六：禁止刑讯逼供
1. 侵害的种类：
a）刑讯（《欧洲人权公约》第 3 条第 1 目）；
b）非人道行为或处罚（《欧洲人权公约》第 3 条第 2 目）；
c）侮辱性行为（《欧洲人权公约》第 3 条第 3 目）。
2. 侵害的严重程度。
3. 第一种禁止使用，第二种和第三种可在法规允许的情况下使用。

（1）一般规则

36　　《欧洲人权公约》第 3 条列举三种侵犯人权刑事犯罪的特征不是很清晰。首先，酷刑是一种严重侵犯人权的刑事犯罪（《欧洲人权公约》第 3 条第 1 目）。非人道或侮辱人格的行为客观上给对方造成一种严重和残忍的痛苦；[489]主观上要有目的性，例如强迫对方认罪。上述行为与国家有关联。它借鉴了《联合国禁止酷刑公约》第 1 条的定义。

37　　"非人道待遇"或"刑罚"（《欧洲人权公约》第 3 条第 2 目）指给予对方一种肉体和精神上的剧烈痛苦。[490]它包括国家有义务尊重被监禁者的人格权。政府部门应请医生诊断吸食海洛因的犯人的身体状况，并给予合理治疗。[491]威胁实施酷刑也是一种非人道待遇。"侮辱性待遇"（《欧洲人权公约》第 3 条第 3 目）指行为方式具有侮辱性，如将犯人赤身裸

---

[487]　欧洲人权法院，贝格曼起诉联邦德国，《新法学周刊》2017 年，第 1007 页。
[488]　参见下文页边码 40b。
[489]　例如警察割掉受害人的一只耳朵，埃塞尔，第 9 章，页边码 151。
[490]　安博斯，第 10 章，页边码 118。
[491]　欧洲人权法院，《新法学网络期刊》2018 年，第 464 页。

体地关在监狱禁闭室 7 天，[492] 刑事罪犯被一整天一丝不挂地关押在一间 24 小时有监控的牢房，[493] 或强迫一位贩卖毒品的犯罪嫌疑人服用催吐剂，逼迫他吐出包毒品的塑料袋，[494] 或者将刑事被告人安置在法庭设置的铁笼里。[495]

（2）绝对适用，保护义务，间接保护

《欧洲人权公约》第 15 条第 2 目绝对禁止酷刑（不仅指酷刑本身，还包括《欧洲人权公约》第 3 条第 1 款列举的各种行为方式）：战争和其他公共紧急状态如反恐、有组织或严重刑事犯罪都不能成为使用酷刑或非人待遇的辩解理由。[496] 国家有义务采取积极有效的措施保护公民免受酷刑，同时要避免间接地采取与酷刑相关的行动，如将嫌疑人驱逐到可能违反《欧洲人权公约》第 3 条的国家。[497] 严禁利用通过酷刑获取的证据材料。若一位身体健康的犯罪嫌疑人在讯问后身体有明显受伤痕迹，国家就要澄清其中缘由。[498]

（3）"格夫根案"

"格夫根案" [499]：

马格努斯·格夫根（G）谋杀了法兰克福企业家的儿子雅克布·冯·梅茨格，并向他父母索要一百万欧元赎金。法兰克福警察局副局长曼弗雷德·述施纳（D）当时判断人质可能随时有生命危险，当即指示警官 E，若 G 不马上说出藏匿孩子的地点就对他动刑。受到威胁的 G 说出藏匿孩子的地点，人们在那里只找到孩子的尸体。法院庭审前曾向 G 解释，他之前在警察局的供述因违反《欧洲人权公约》

---

[492] 欧洲人权法院，黑利希起诉联邦德国，《新法学周刊》2012 年，第 2173 页。

[493] 德国联邦宪法法院，《新法学周刊》2015 年，第 2100 页。

[494] 欧洲人权法院，雅娄起诉联邦德国，《新法学周刊》2006 年，第 3117 页。

[495] 欧洲人权法院，斯文那仁科和斯律德内夫起诉俄罗斯联邦，2014 年 7 月 17 日判决，编号：32541/08，43441/08。

[496] 欧洲人权法院，《新法学周刊》2010 年，第 3359 页；《贝克出版社刑法网络评注》，瓦勒留斯撰写的《欧洲人权公约》第 3 条，页边码 7。

[497] 勒韦，罗森贝格和埃塞尔，页边码 30 等。

[498] 欧洲人权法院，瑟尔牟尼起诉法国，《新法学周刊》2001 年，第 56 页。

[499] 欧洲人权法院，格夫根起诉联邦德国，《新刑法学期刊》2008 年，第 699 页：格夫根案之一。

第3条和第6条不能作为庭审证据使用，他当庭又重复了自己先前的证词。法兰克福州立法院以严重谋杀罪判处 G 无期徒刑[500]。德国联邦高等法院驳回了 G 的上诉申请，他的违宪申诉也未获批准立案。确认违反《德国刑法典》第357条和第240条的 D 和 E 随后仅被处以保留刑事处分的警告。[501]

欧洲人权法院第五审判庭判定"格夫根案"违反《欧洲人权公约》第3条，但没有谴责联邦德国，因为 G 不是《欧洲人权公约》第34条意义上违反《欧洲人权公约》的受害人：法兰克福州立法院承认，保留追究警官 D 和 E 刑事责任的做法违反《欧洲人权公约》，G 当庭的供述不能作为证据使用，并修正法律判决结果。[502] 在推断是否真的对申诉人实施了《欧洲人权公约》第3条中的动刑威胁时，欧洲人权法院指出："……如果对申诉人的威胁真的付诸实施，这就可以被看作酷刑。问话仅持续10分钟，并且发生在一个万分危急的背景下，当时已经筋疲力尽的警察承受着巨大的压力，他们认为营救受害人的希望只剩下最后几个小时；而且并未真的虐待犯罪嫌疑人，也未给申诉人造成长期的健康伤害。"[503] 警方在讯问时对 G 进行的恐吓虽然违反了《欧洲人权公约》第3条，但并未真的对他动刑。从总体上看，法院刑事诉讼程序还属于《欧洲人权公约》第6条第1款意义上的公正。

G 就欧洲人权法院刑事审判庭的判决向欧洲人权法院大刑事法庭提出申诉。大刑事法庭[504] 同样判定该案未违反《欧洲人权公约》第6条，但与欧洲人权法院刑事审判庭的观点不同，它认为 G 是违反《欧洲人权公约》第3条的受害者。对 D 和 E 的处罚过轻不是对违反条约行为的合理回应，更像是一种象征。G 向法兰克福州立法院提出的国家赔偿申请至今没有下文。G 具备《欧洲人权公约》第34条意义

---

[500]　2003年7月28日判决，案卷编号：5/22 Ks 2/03。

[501]　《德国刑法典》第59条，法兰克福州立法院，《新法学周刊》2005年，第692页。

[502]　欧洲人权法院，上述判决，页边码77等。

[503]　欧洲人权法院，上述判决，页边码69等。

[504]　欧洲人权法院，2010年6月1日判决，《新法学周刊》2010年，第3145页：格夫根案之二。

上受害人的特征。G 要求根据《德国刑事诉讼法》第 359 条第 6 目
重审的申请被相关检察院驳回，判决并不是基于违反《欧洲人权公约》
第 3 条。[505]

2. 自由和安全的权利，《欧洲人权公约》第 5 条

审查规范之十七：自由和安全的权利　　　　　　　　　　39

1. 保护范围（第 1 款第 1 项）：剥夺人身自由。

2. 允许剥夺人身自由：

a）遵守本国的诉讼程序规则（第 1 款第 2 项）；

b）逮捕的理由（第 1 款第 2 项第 1—6 目）。

3. 遵守《欧洲人权公约》的程序保障：

a）解释义务（第 2 款）；

b）经过法官的审查（第 3 款）和司法救助方式（第 4 款）。

4. 违法后果：损害赔偿请求权（第 5 款）；确认违反《欧洲人权公约》；从轻处罚。

思考题：黑克尔和策勒，第 16 题，第 169 页。

　　《欧洲人权公约》第 5 条第 1 款第 2 项允许特定情况下剥夺公民的人　　**40**
身自由：基于法官的判决剥夺人身自由（第 1 目）；行政拘留强制措施（第
2 目）；临时和预防性拘留（第 3 目）；以教育为目的的监禁未成年人（第 4
目）；以公共安全为目的实施拘留（第 5 目）；将外国人驱逐出境和引渡回
国（第 6 目）。

　　同时，根据《欧洲人权公约》第 5 条第 1 款第 2 项第 5 目剥夺精神　　**40a**
病患者人身自由的问题备受德国社会关注（英语为 "persons of unsound
mind"）。在《德国治疗居住法》框架内，依法剥夺人身自由替代违宪的
事后规定或延长预防性拘留（上文页边码 33、34 等；《德国治疗居住法》
第 1 条）。

---

[505]　参见 2011 年 1 月 2 日《法兰克福汇报》。

40b

> **"贝尔曼案"**[506]：
>
> 　　1986 年，B 因严重暴力和性侵害被判有期徒刑，从 2001 年起对他实施预防性拘留。B 患有《德国治疗居住法》意义上的严重精神障碍性疾病（性变态和虐待狂），存在重新实施性犯罪的危险，吕内堡州立法院于 2013 年裁定对他继续关押。在所提司法救助和宪法申诉均无结果的情况下，B 向欧洲人权法院提交申诉同样未获支持：根据《欧洲人权公约》第 5 条第 1 款第 5 目，基于严重心理障碍，治疗性居住即使延续剥夺行为自由也符合公约精神。前提是他因严重心理性疾病需要住在一个与监狱有所区别，并能够提供心理治疗的医疗机构。[507]

3. 要求公正审判的权利，《欧洲人权公约》第 6 条第 1 款

41　　公正审判（fair trial）既是一项基本法律原则，同时也是所有诉讼法的总称。在此基础上衍生出被告人的陈述权，法院、检控机关和刑事辩护人之间形成一种势均力敌的态势。[508] 无罪推定原则（《欧洲人权公约》第 6 条第 2 款）和《欧洲人权公约》第 6 条第 3 款的辩护权都是该原则的具体表现。违反《欧洲人权公约》第 6 条是大多数欧洲人权法院判决的依据。

　　欧洲人权法院常规性司法解释评价一个刑事诉讼案件整体是否公正时，要考虑案件的所有具体细节包括调查和上诉程序。[509] 司法补偿措施可以弥合程序中的个别疏漏（关于提问权和质询权问题，见下文页边码 49）。

41a　　根据《欧洲人权公约》第 6 条第 1 款，合理的刑事诉讼期限和警方故意是判断钓鱼执法是否公正的两个视角。

　　（1）"合理的审理期限"

42　　刑事诉讼周期指从启动刑事调查（不是提起公诉）到作出一审判决所用的时间。欧洲人权法院在判断合理审理期限时会考虑适用法律的难易，谁要为久拖不决的案件审理承担责任。按照争议对申诉人的重要性可分为下列四个判断标准：[510] 第一，诉讼长短取决于争议案件的复杂程度；第二，

---

[506]　欧洲人权法院，《新法学周刊》2017 年，第 1007 页，克内撰写评注；德尔，《法学教育期刊》2016 年，第 1144 页。

[507]　请参见上文页边码 34。

[508]　《欧洲人权公约评注》，第 6 条，页边码 96—106。

[509]　欧洲人权法院，《新法学周刊》2006 年，第 3117、3122 页。

[510]　参见劳厄，《法学教育期刊》2005 年，第 93 页；《贝克出版社刑法网络评注》，瓦勒留斯撰写的第 6 条，页边码 23；扎茨格，第 11 章，页边码 64。

事关重大的刑事案件需要快速审理；第三，被告在押时更要注意《欧洲人权公约》第 5 条第 3 款加速审理原则；[511] 第四，可以相对延长涉及重大复杂经济刑事案件的审理期限。此外，还要考虑申诉人的具体表现：若因被告自身（或辩护人）的言行（例如提出一系列可有可无的举证申请）造成诉讼久拖不决，他就不能再问诉讼为什么持续那么久；同样不能因申诉人行使法律赋予的上诉手段就指责他故意拖延。相反，公诉机关长期无所事事，则会被指责工作拖拉。

　　从 2011 年 12 月 3 日起，德国立法机关通过《德国法院组织法》第 198 条和第 199 条确定了如何处理诉讼周期过长的问题。[512] 德国联邦高等法院之前在法律层面提出的原则十分重要：案件审理时间过长一般既不构成诉讼障碍（程序性解决方案），也不能要求从轻处罚（过去减轻刑罚方案）。在《德国法院组织法》第 199 条第 3 款第 1 项范围内，法院可考虑将诉讼周期过长作为一个量刑要素，在此基础上宣布一个总的刑罚；若这还不足以补偿过长诉讼给对方造成的负面影响，就可将一个刑事处罚的时段明确标注成已经执行作为赔偿[513]。根据《法院组织法》第 198 条第 2 款可以考虑对其他精神损失进行赔偿，与《法院组织法》第 199 条第 3 款的补偿模式不同，被告需要曾对拖延诉讼提出过异议（《法院组织法》第 198 条第 3 款）。

> **从作案到宣判历时 4 年半** [514]：
>
> 　　2003 年秋发生一起强奸案，大约 1 年后（2004 年）A 第 1 次被警方讯问，2 年后（2006 年）被批准提起公诉。又过了 1 年半（2007 年）才正式开庭审理。2008 年 A 最终一审被判刑。德国联邦高等法院认为：对持续 4 年多的刑事诉讼给 A 造成的压力，首先考虑在法律允许的范围从轻量刑。"如果确定司法机关要为过长的刑事诉讼承担责任，那

---

[511]　欧洲人权法院，库德拉起诉波兰，《新法学周刊》2001 年，第 2694 页。

[512]　参见格拉夫，《新经济、税务和企业刑事法律期刊》2012 年，第 121 页；关于该规定是否符合《欧洲人权公约》，参见欧洲人权法院，《新法学周刊》2014 年，第 3083 页。

[513]　执行方案，类推《德国刑法典》第 39 条；参见德国联邦高等法院，《德国联邦高等法院刑事判例选》第 52 卷，第 124 页；玛雅和格斯纳，《欧洲人权公约注释》第 6 条，页边码 9a。

[514]　德国联邦高等法院，《新法学周刊》2009 年，第 307 页。

么量刑时除考虑上述从轻处罚和因违反《欧洲人权公约》第 6 条第 1 款从速审理义务对被告单独赔偿外，还可以采取缩减执行期限的具体方案"[515]。

（2）政府机关钓鱼执法案件

44　　国家机关故意设置陷阱，引诱当事人违法犯罪的法律后果引发很大争议，例如在毒品刑事犯罪领域，卧底调查人员唆使一位了解毒品交易内情的当事人贩卖毒品。欧洲人权法院始终认为类似当事人的刑事诉讼案件总体上不公正，支持终止诉讼程序，并支付损害赔偿。[516] 相反，德国联邦高等法院出于刑事调查和起诉需要的考虑，否认这种做法在特定刑事犯罪领域构成诉讼障碍，减轻处罚就可针对违反公正审判原则的行为作出补偿。欧洲人权法院 2015 年在涉及德国"恐吓案"中撤销了德国联邦高等法院过去一直遵循的解决方案。"恐吓案"对德国刑事司法解释的影响存在争议[517]。

> **思考题：** 安博斯，《国际刑法案例》，第 3 个案例，页边码 3 等（国家设局）；黑克尔和策勒，第 18 题，第 208 页。

45　　**"恐吓案"**[518]：

> 警方怀疑 S 参与毒品交易。申诉人 F 是 S 的好友，之前从未参与贩毒活动，无任何犯罪记录。警方试图让 F 与 S 取得联系，便衣调查人设法消除 F 害怕受到刑事处罚和可能被警方线人利用的心理顾虑，最终说服 F 参与贩毒（260 公斤冰毒和 40 克海洛因）。亚琛州立法院以贩毒罪判处 F 有期徒刑 5 年。德国联邦高等法院维持该判决。德国联邦宪法法院没有作任何解释就驳回了 F 的宪法申诉。[519]
>
> 欧洲人权法院在审理 F 申诉的司法解释中指出：由于 F 不具备作案动机，警方的钓鱼执法涉嫌违法。如果当事人（F）没有犯罪前科，警方事前没有对她进行刑事调查，或者发现她曾主动参与刑事犯罪，

---

[515]　德国联邦高等法院，上述判决，页边码 6。

[516]　欧洲人权法院，Teixeira de Castro 起诉葡萄牙，《新刑法学期刊》1999 年，第 47 页；所谓"司法程序解决方案"。

[517]　下文页边码 45a。

[518]　欧洲人权法院，《新法学周刊》2015 年，第 3631 页。

[519]　德国联邦宪法法院刑二庭，2 BvR 1029/09。

就没有理由怀疑她。按照欧洲人权法院并不十分严格的判断标准，只要便衣调查人挑起事端或者用其他方式对被告施加影响，就违反了《欧洲人权公约》第6条第1款第1项。可以通过各种迹象判断调查人员是否曾对F施加影响，或教唆她从事一起原本不想干的刑事案件。此外，德国法院对钓鱼执法的当事人也未做出合理补偿，仅从轻处罚还不够。禁止采信非法证据可最终导致终止相关案件的诉讼程序。

德国联邦宪法法院根据欧洲人权法院"恐吓案"判决着手修改现行司法解释：[520]虽然不能强迫德国法律体系遵循欧洲人权法院奉行的教义，但德国钓鱼执法案中的量刑处罚还算是一种合理的解决方案，[521]法院禁止使用从钓鱼执法中获取的证据，情节严重甚至会终止诉讼程序，如诱导一个没有犯罪嫌疑的人作为国家调查机关的工具，实施他人事先安排的犯罪计划。[522]德国联邦高等法院刑二庭在另外一个与"恐吓案"类似的案件中承认存在诉讼障碍，[523]并放弃采用目前钓鱼执法中处罚量刑的解决方案。德国联邦高等法院刑一庭在最新司法解释中指出，如果犯罪行为人确实有作案嫌疑、作案倾向或参与刑事犯罪活动，那么按照欧洲人权法院的判断标准，钓鱼执法就不违法。[524]可以通过各种迹象判断行为人的作案动机。[525]德国联邦高等法院刑四庭也明显支持这种观点。[526] **45a**

4. 无罪推定，《欧洲人权公约》第6条第2款

《欧洲人权公约》第6条第2款和《欧盟基本权利宪章》第48条第1 **46** 款都有无罪推定制度，但德国宪法却没有详细规定。作为法治国家原则的具体表现（《德国基本法》第20条第3款），无罪推定具有宪法性地位。[527]

---

[520]　德国联邦宪法法院，《新法学周刊》2015年，第1083页。

[521]　参见迈尔–戈斯纳主编，《德国刑事诉讼法评注》，史密特撰写的《欧洲人权公约》第6条，页边码4b。

[522]　德国联邦宪法法院，《新刑法学期刊》2015年，第1083页。

[523]　德国联邦高等法院，《新法学周刊》2016年，第91页，相关点评参见耶格尔，《司法工作期刊》2016年，第308页。

[524]　《德国联邦高等法院刑事判例选》第60卷，第238页，页边码27。

[525]　参见德国联邦高等法院，《新刑法学期刊》2018年，第355页。

[526]　参见德国联邦高等法院，刑四庭，案卷编号：614/17；刑四庭，案卷编号：640/17。

[527]　屈尔，《无罪推定、宣告无罪和程序终止》，第9页等。

在法院没有作出最终结论之前，应视刑事被告人无罪。[528] 这对终止诉讼程序特别重要。[529] 德国联邦宪法法院认为，把嫌疑人 / 被告人同意依照《德国刑事诉讼法》第 153 条终止诉讼程序看作认罪表现，随后又把终止诉讼程序判定为法定有罪证据的做法，违反了《欧洲人权公约》第 6 条第 2 款。[530] 但从这些判决中依然可以推断出有犯罪嫌疑。[531] 法院或检察院的公开声明不应让人产生，未被依法判刑的嫌疑人还是有罪的感觉。[532] 另外，未经法院有效判决作出终止诉讼和分摊诉讼费用的裁定也不涉及责任认定。犯罪嫌疑人同时需要自己承担相应的诉讼费用。[533] 如果犯罪行为人因新的刑事犯罪被正式判刑或认罪，那么此时才能撤销对他的缓刑决定。[534]

"有犯罪嫌疑，但宣告无罪案"[535]：

　　宣告对 A 性侵害女儿的指控不成立。判决词："……法庭在结论中确认，女证人描述事件需要一个真实的核心背景，即刑事被告曾在汽车里性侵害自己的女儿。但具体时间和强度等对判决至关重要的犯罪事实表述得都很模糊。女证人的证词前后不一致，以至于法院根本无法确认案件事实……"——德国联邦宪法法院驳回了 A 的宪法申诉。但 A 的诉求获得欧洲人权法院支持：州立法院确认，被告 A 确实在自己的汽车里性侵害了女儿。如果将上述判决与对 A 的指控联系在一起，必然让读者感觉 A 曾性侵害过自己的女儿。这违反了《欧洲人权公约》第 6 条第 2 款。

5. 有效辩护权，《欧洲人权公约》第 6 条第 3 款

47　　告知指控刑事犯罪的性质和理由属于《欧洲人权公约》第 6 条第 3 款

---

[528]　格佩特，《法学教育期刊》1993 年，第 161 页。

[529]　《刑事诉讼法评注》，埃塞尔撰写的《欧洲人权公约》第 6 条，页边码 505。

[530]　德国联邦宪法法院，《德国联邦宪法法院判例选》第 82 卷，第 106 页，页边码 45，关于《德国刑事诉讼法》第 153 条；参见联邦宪法法院，《新法学周刊》1987 年，第 2427 页，关于《德国刑事诉讼法》第 383 条第 2 款。

[531]　《德国刑事诉讼法》第 153 条，《德国未成年人犯罪法》第 45 条；德国联邦宪法法院，《新法学周刊》2017 年，第 1539 页。

[532]　欧洲人权法院，A. L. 起诉联邦德国，《新法学周刊》2006 年，第 1113 页。

[533]　欧洲人权法院，Lutz 起诉联邦德国，《欧盟基本权利期刊》1987 年，第 399 页。

[534]　欧洲人权法院，Böhmer 起诉联邦德国，《新法学周刊》2004 年，第 43 页。

[535]　欧洲人权法院，A 起诉联邦德国，《新法学周刊》2016 年，第 3225 页。

所列刑事被告应有的辩护权；给予充裕准备辩护的时间；通过涉案人自己、指定或委托辩护人进行有效辩护，对证人行使提问权和质询权，有权聘请一位翻译。

（1）刑事被告的概念

"Öztürk 案" [536]：

土耳其公民 Öztürk（Ö）因违反《德国治安管理条例》被判罚金 60 马克。Ö 对该行政裁定提出异议，一位翻译参与了庭审。Ö 最后撤回申诉。法院裁定 Ö 应承担翻译费用。但根据《欧洲人权公约》第 6 条第 3 款第 5 目，任何被提起刑事诉讼，却不懂或不掌握法院工作语言的被告有权要求法院无偿提供翻译。欧洲人权法院判定，因违反交规开具的违章罚款有恐吓和处罚功能。Ö 因违规被提起公诉。"尤其在法规兼具预防与惩罚的一般特征时，很容易判断《欧洲人权公约》第 6 条意义上的违法行为具有刑法性质" [537]。

48

（2）提问权和质询权，总体判断

正如上面已经讲述的（页边码 41a），伤害刑事被告的权利并不等于诉讼程序不公正，按照欧洲人权法院的整体评判，可能违规的诉讼程序经过补正（例如采取程序措施或法院举证的过程十分详细），总体还是公正的。[538] 这种评判对提问权和抗辩权尤为重要：某些案件中的外国证人不能到德国出庭作证时，法院很难让刑事被告按照《欧洲人权公约》第 6 条第 3 款第 6 目行使自己的权利。

49

"返回立陶宛案"——证人缺席刑事诉讼情况下作出的判决 [539]：

2008 年，B 因两起严重团伙抢劫及敲诈勒索案被德国法院判处有

---

[536] 欧洲人权法院 1984 年 2 月 21 日，《新法学周刊》1985 年，第 1273 页。

[537] 欧洲人权法院，《新法学周刊》1985 年，第 1273 页，页边码 53。

[538] 对违反提问权和抗辩权的补正参见欧洲人权法院原始判决，莫妮卡·哈斯起诉联邦德国，《新法学周刊》2006 年，第 2753 页，点评：格德，《司法评论期刊》2006 年，第 292 页；埃塞尔，《新刑法学期刊》2007 年，第 106 页；《德国联邦高等法院刑事判例选》第 55 卷，第 70 页，批评性点评参见施拉姆，《刑法网络期刊》2011 年，第 156 页。

[539] 欧洲人权法院，夏茨夏希维利起诉联邦德国，《新司法网络期刊》2017 年，第 544 页，节选翻译为德文，参见《高院刑事案例网络期刊》2016 年，第 1 期，未删节英文版。

期徒刑 9 年零 6 个月。在其中的一起案件，法院主要依据两位女证人和受害人在调查程序中的陈述。两位来自立陶宛的受害人后来都回国了，哥廷根基层法院曾要求她们出庭作证，但她们最终拒绝返回德国。因此，州立法院对 B 庭审时未能询问这两位证人。B 向欧洲人权法院提起诉讼，声称伤害了《欧洲人权公约》第 6 条第 1 款和第 3 款第 4 目赋予他的权利：对他的审判不公正，因为他和律师都不能向唯一的直接刑事诉讼证人发问。

欧洲人权法院利用 "Al-Khawaja/Tahery 案" 判决提出三段论审查程序公平 [540]，但将三段论审查中的第 2 步与第 3 步对调。首先审查未出庭证人的证言是否是唯一或关键证据（最初第 2 步），随后审查证人有没有拒绝出庭的充分理由（最初第 1 步）。法院强调这三个步骤相互依存，互为补充，从总体上判断该刑事诉讼是否公平。

欧洲人权法院肯定了哥廷根州立法院认真仔细审查证据的工作态度，但指出该刑事诉讼程序整体不公正的问题，因为 B 在刑事诉讼中始终未能询问或提问两位女证人。欧洲人权法院解释道：两位女证人在刑事调查时还住在德国，假如刑事调查法官当时询问了她们，就可确保 B 和他的辩护人行使《欧洲人权公约》第 6 条第 3 款第 4 目赋予的权利。欧洲人权法院以 9 票同意、8 票反对通过了该判决，[541] 判定 B 获得赔偿。[542] 少数欧洲人权法院法官却认为没有违反《欧洲人权公约》第 6 条或者错误适用 "Al-Khawaja/Tahery" 案的检验公式。[543]

第三节　各成员国法院保障《欧洲人权公约》

一、各成员国和欧洲法律的保障体系

50　　各成员国法院首先审查是否履行了《欧洲人权公约》。随着《第 15 号附加议定书》的生效，这个辅助性原则被纳入《欧洲人权公约》序言。《德

---

[540]　欧洲人权法院，2011 年 12 月 15 日判决，案卷编号：26766/05，22228/06。

[541]　欧洲人权法院，相关案例页边码 172。

[542]　欧洲人权法院，相关案例页边码 166 等。

[543]　参见欧洲人权法院，相关案例页边码 173—243。

国基本法》第 20 条第 3 款规定，德国司法机关只受法律和公平正义的制约。《欧洲人权公约》作为《德国基本法》第 59 条第 2 款意义上的合同法享有联邦法的地位。行政部门和各级法院可以把公约视为德国法律的组成部分而直接适用。在法院作出终审判决后的 6 个月内（《第 15 号附加议定书》生效后 4 个月内），个体或国家均可向欧洲人权法院提出申诉（《欧洲人权公约》第 35 条第 1 款）。申请人向欧洲人权法院提交申诉前，应先穷尽《欧洲人权公约》第 35 条第 1 款意义上的各种法律救助途径，依照欧洲人权法院有争议的司法解释，它也包括德国的宪法申诉。[544] 假如德国联邦宪法法院已经对类似案件作出不同的判决，就不必让申请人再走一遍程序。[545]

二、《欧洲人权公约》的一般法律特征

《欧洲人权公约》在某些成员国中的法律地位高于宪法（如瑞典），在另外一些成员国则与宪法平级（如奥地利、瑞士）或处于宪法和普通法律之间。[546] 一部国际条约在德国的位阶取决于贯彻该条约法律的地位，[547] 即《欧洲人权公约》作为国际公约与实施的联邦法律属同一层级。《欧洲人权公约》形式上既不高于《德国基本法》，也不与《德国基本法》平级，更不是处于《德国基本法》与联邦法之间，而只是德国的一部普通联邦法。《德国基本法》第 25 条没把《欧洲人权公约》看作习惯法。人们可能抱怨《欧洲人权公约》在德国的法律地位太低，但《德国基本法》就是这样规定的。[548]

（一）从国际刑法精神的视角注释《德国基本法》，"法院间交流"

德国联邦宪法法院最新司法解释给人一种印象，好像《欧洲人权公约》利用欧洲人权法院判决获得了一种超越一般德国联邦法的地位。这让《欧

---

[544]　欧洲人权法院，《婚姻家庭法期刊》2009 年，第 1037 页，页边码 85。

[545]　《欧洲人权公约评注》，皮特斯撰写的第 35 条，页边码 12。

[546]　如法国，参见格拉比茨、希尔夫和内特斯海姆主编，朔尔科普夫撰写的《欧盟条约》第 6 条，页边码 18。

[547]　毛恩茨和迪里希主编，《德国基本法评注》，内特斯海姆撰写的《德国基本法》第 59 条，页边码 184。

[548]　参见毛恩茨和迪里希主编，《德国基本法评注》，内特斯海姆撰写的《德国基本法》第 59 条，页边码 184。

洲人权公约》事实上优先于德国法。[549] 与德国联邦宪法法院观点相反，《欧洲人权公约》在倾向国际法释义的外衣下实际上显得更像是一部宪法，甚至具有比宪法更高的地位。

53　　正如德国联邦宪法法院在关于预防性拘留的判决[550] 中特别强调的，要依照国际法或《欧洲人权公约》的精神释义国内的法律。公约文本和欧洲人权法院的判决影响着《德国基本法》，作为注释的辅助手段确定《德国基本法》的内涵和范围（考虑到最佳原则，《欧洲人权公约》第 53 条），以及《德国基本法》的法治国家原则和一般法律运用（如《德国刑事诉讼法》和《德国刑法典》）。为避免违反国际公约，德国联邦宪法法院在解释法条和"合理性审查"时引入《欧洲人权公约》和欧盟法院权衡利弊的侧重点作为指引方向的辅助手段。[551] 它不是简单地对比《欧洲人权公约》与《德国基本法》的"宪法概念"，[552] 也不是"机械地转换国际法概念"；[553] 而是"通盘考虑"《德国基本法》的上下文。[554] 上文页边码 34 已阐述了《欧洲人权公约》对德国预防性拘留案件的影响。

54　　欧洲人权法院司法解释的影响力超越了具体案件的范围，具有指导法律实际运用的作用。[555] 德国联邦宪法法院对《德国基本法》拥有"最终决策权"，然而这并不影响法院间在国际和欧洲层面的交流[556]。

（二）《欧洲人权公约》可以作为宪法申诉的依据吗

55　　申请人只能以违反《德国基本法》为理由提出违宪申诉，但德国联邦宪法法院（上文页边码 53）对《德国基本法》和一般法律的注释要符合《欧洲人权公约》精神。[557] 欧洲人权法院司法解释已成为各成员国宪法法院法律注释的指南，违宪申诉不以违反《欧洲人权公约》为依据，而以成员国

---

[549]　施特赖因兹，第 2 章，页边码 80。

[550]　德国联邦宪法法院，《新法学周刊》2011 年，第 1931 页。

[551]　德国联邦宪法法院，《新法学周刊》2011 年，第 1936 页，页边码 94。

[552]　德国联邦宪法法院，《新法学周刊》2011 年，第 1936 页，页边码 91。

[553]　德国联邦宪法法院，《新法学周刊》2011 年，第 1936 页，页边码 94。

[554]　德国联邦宪法法院，《新法学周刊》2011 年，第 1936 页，页边码 92。

[555]　德国联邦宪法法院，《新法学周刊》2011 年，页边码 89。

[556]　德国联邦宪法法院，上述判决，页边码 89。

[557]　德国联邦宪法法院"Görgülü 案"裁决，参见《德国联邦宪法法院判例选》第 111 卷，第 307 页。

法院司法判决违反国际法精神和违反法治国家原则为依据。[558]

可以依据《德国基本法》第 2 条第 2 款第 2 项结合第 20 条第 3 款（人身自由神圣不可侵犯；所谓宪法信赖保护义务）、第 104 条和第 103 条第 2 款（见前文所述）对事后安置预防性拘留或延长预防性拘留法律规定提出宪法申诉。德国联邦宪法法院对《德国基本法》的这些释义很大程度上参照了欧洲人权法院关于预防性拘留的判决。

（三）要废止《欧洲人权公约》吗

各成员国能通过颁布一部普通法律完全或部分废止普通法性质的《欧洲人权公约》（所谓新法替代旧法原则）吗？主流学术观点提出了许多确保《欧洲人权公约》存在的理论，如以符合国际法和国际公约精神作为释义标准之后颁布的联邦法律，或设想《欧洲人权公约》作为特殊法优先适用于本国法。人们目前还在探索这个问题，由于德国联邦宪法法院赋予《欧洲人权公约》的重要性，这些想法都显得不现实。[559]

人们不能忽视这个问题的重要性：[560] 例如 1998 年和 2002 年生效的预防性拘留修订法案就违反了《欧洲人权公约》精神，[561] 导致实际废止了公约。德国联邦宪法法院凭借裁量专断权（《德国基本法》第 100 条）容忍了这些违背公约精神的法规。[562]

第四节　欧洲人权法院

从 1953 年起，欧洲人权委员会保障《欧洲人权公约》的实施。《第 11号附加议定书》1998 年生效后，欧洲人权法院作为根据《欧洲人权公约》新成立的机构为公约提供司法保障。每个成员国可以向由 47 位法官组成的欧洲人权法院派遣一位法官（《欧洲人权公约》第 20 条）。法官由协商会议选举产生，保障法官独立行使司法权。任何公民和国家都可以对违反

56

57

58

59

---

[558]　德国联邦宪法法院，《德国联邦宪法法院判例选》第 111 卷，第 307 页；扎茨格，第 11 章，页边码 105—108。

[559]　扎茨格，第 11 章，页边码 13。

[560]　参见延克和施拉姆，第 2 章，页边码 31。

[561]　德国联邦宪法法院，《德国联邦宪法法院判例选》第 128 卷，第 326 页。

[562]　参见延克和施拉姆，第 2 章，页边码 31。

《欧洲人权公约》的行为提出个体申诉［个体申诉（IB）；《欧洲人权公约》第 34 条］或国家申诉［国家申诉（SB），《欧洲人权公约》第 33 条］。

一、审判机构

60　　《第 14 号附加议定书》生效后（见上文页边码 15），欧洲人权法院的四个审判机构分别是：独审法官、审判委员会、法庭和大法庭。独审法官审查个体申诉（新版《欧洲人权公约》第 27 条）。法院决定受理申诉后，涉及司法解释的经常性问题被转交到审判委员会，由它审查和作出决定（《欧洲人权公约》第 28 条第 1 目）；审判委员会没有作出最终决定和国家申诉案件（《欧洲人权公约》第 29 条）由法庭审理。法庭将案卷转到大法庭（《欧洲人权公约》第 30 条）或者作为法庭判决的上诉法律机构（上诉人需要提出申请，《欧洲人权公约》第 31 条第 1 款结合第 43 条）后，大法庭和上诉法律机构才作为一审法院主要审理意义重大的个体和国家申诉。

二、个人申诉，《欧洲人权公约》第 34 条：前提条件和辩解理由

61　　**审查规范之十八：允许个人申诉** [563]

1. 申诉人具备诉讼能力和辩护能力。

2. 申诉目标为行政、司法或立法行为。

3. 申诉对象是公约成员国。

4. 受害人地位：指控公约缔约国违反《欧洲人权公约》或《附加议定书》赋予的权利：

　　a）申诉者本人直接受到伤害；特定情况下也可以是间接伤害；

　　b）公约国承认违反《欧洲人权公约》的行为并进行赔偿，导致受害人不再具备受害者的身份。

5. 已经穷尽成员国司法救助渠道（《欧洲人权公约》第 35 条第 1 款），即经过所有审级，包括德国联邦宪法法院（宪法申诉）。

6. 申诉期限：现行 6 个月（《欧洲人权公约》第 35 条第 1 款），将来 4 个月（《第 15 号附加议定书》生效后）。

7. 以书面形式提出申诉；申诉语言为各成员国官方语言。

---

[563]　详情参见马普国际刑事法律研究所主编，《欧洲刑法学》，伯泽撰写的第 52 章，页边码 4 等。

█ **思考题：** 黑克尔和策勒，第 7 题，第 189 页。

具体人权的特征决定着个人申诉的辩护理由，例如绝对禁止刑讯逼供 **62**
（《欧洲人权公约》第 3 条第 1 目）。国家对个体的其他保护权（如《欧洲
人权公约》第 2 条，第 3 条第 2 目、第 3 目）适用规范审查宪法基本权利：

> **审查规范之十九：对辩护权的解释** **63**
>
> 1. 涉及法规保护的范围。
>
> 2. 侵害保护范围。
>
> 3. 对侵害的辩解理由：
>
> a）合法目标；
>
> b）合理性；
>
> c）尊重权利的核心部分；
>
> d）根据具体情况在本国范围内补偿。

审查其他的保障，尤其是司法和程序保障（《欧洲人权公约》第 5—7 **64**
条）只在个别情况按照侵害——辩解的步骤，一般要考虑规则的特殊性。
主要有下列审查步骤：

> **审查规范之二十：对程序的辩解理由** **65**
>
> 1. 涉及保护领域。
>
> 2. 成员国采取与《欧洲人权公约》相一致的措施。

三、国家申诉，《欧洲人权公约》第 33 条

国家申诉在现实生活中极为少见。[564] 它只需要另一个缔约国违反《欧 **66**
洲人权公约》，而不要求申诉国的个体提出申诉。

四、欧洲人权法院判决的效力

（一）判决效力仅限于诉讼双方当事人之间，不具有普遍效力

欧洲人权法院的判决不针对其他成员国，只在原告与被告之间具有法 **67**

---

[564]　扎茨格，第 11 章，页边码 103；详情参见格拉本瓦特，第 10 章。

律约束力。

（二）确认之诉和给付之诉的判决；欧洲人权法院判决不具备上诉法院的判决效力；指导性诉讼

68 　　欧洲人权法院仅确认成员国国家机构的具体行为是否违反《欧洲人权公约》（第 41 条）。随着进一步完善欧洲人权法院，它作出的具体或抽象确认之诉和给付之诉判决都具有法律效力[565]。与德国联邦宪法法院不同，欧洲人权法院不能撤销成员国法院违反公约的判决或宣布成员国法院判决所依据的法规无效。[566]

68a 　　发现公约成员国严重违反公约，欧洲人权法院可以依据《欧洲人权公约》第 46 条和《欧洲人权法院诉讼规则》第 61 条通过所谓"判决试点程序"快速有效地解决问题。这样有利于避免重复出现类似案件，节约司法资源。[567]欧洲人权法院在处理标准程序时，通常暂不受理相关类似申诉案件。

（三）遵守公约义务，再审程序

69 　　各成员国依据国际法有义务遵守欧洲人权法院已生效的判决（《欧洲人权公约》第 46 条第 1 款）。《欧洲人权公约》是各成员国法律体系的一部分，根据法治国家原则（《德国基本法》第 20 条第 3 款），公约各成员国有义务执行欧洲人权法院的判决。[568]德国法院可以依据《德国刑事诉讼法》第 359 条第 6 目中的再审程序对已生效的刑事判决予以纠正，但主流学术观点认为这只适用于向欧盟法院提交的上诉判决。[569]

---

[565] 《欧洲人权公约评注》，布鲁诺齐撰写的第 46 条，页边码 5。

[566] 马普国际刑事法律研究所主编，《欧盟刑法学》，伯泽撰写的第 52 章，页边码 13。

[567] 《欧洲人权公约评注》，布鲁诺齐撰写的第 46 条，页边码 8。

[568] 德国联邦宪法法院，《新法学周刊》2004 年，第 3407 页。

[569] 玛雅－戈斯纳主编，《德国刑事诉讼法注释》第 359 条，页边码 52；正确做法是将欧洲人权法院的审判结果扩大到类似案件，参见斯沃博达，《高等法院刑事判例期刊》2009 年，第 192 页。

（四）监督判决，违约程序，没有强制执行

部长委员会监督判决的执行（《欧洲人权公约》第 46 条第 2 款）。成员国未能执行欧洲人权法院判决时，部长委员会有权依据《欧洲人权公约》第 46 条第 4 款通过《第 14 号附加议定书》（上文页边码 15）新设立的违反条约程序，让欧洲人权法院发出警告，并审查条约成员国是否履行了国际条约义务。欧洲人权法院确认成员国未履行条约后，部长委员会启动审查其他制裁措施。[570]欧洲人权法院至今还不能强行要求成员国执行欧洲人权法院的判决。

（五）补偿

成员国没有制定相应的赔偿法规或不奢望相关方面实施赔偿时，国际法院会根据《欧洲人权公约》第 41 条以给付判决形式给予申诉人合理赔偿，包括实际造成的损失，精神损失以及申诉人的诉讼成本和交通、电话等杂费。[571]根据《欧洲人权公约》第 41 条的文义，欧洲人权法院确定合理赔偿金额。若只确认违反公约或存在一些特殊情况，[572]法院就不判给予赔偿。

（六）影响力超越具体案件的判决

欧洲人权法院判决对各成员国解释法律具有规范和指导作用。按照《欧洲人权公约》第 1 条，一方面成员国有义务避免今后再违反《欧洲人权公约》，并让欧洲人权法院确定违法性；另一方面德国宪法要求遵守法规（《德国基本法》第 20 条第 3 款），解释本国法律时也要考虑《欧洲人权公约》和欧洲人权法院的相关司法解释。[573]成员国法院依据具体案件事实可以作出偏离欧洲人权法院司法解释的判决。[574]

---

[570]　《欧洲人权公约》第 46 条第 5 款，关于其他制裁措施参见《欧洲人权公约评注》，布鲁诺齐撰写的第 45 条，页边码 54。

[571]　马普国际刑事法律研究所主编，《欧盟刑法学》，伯泽撰写的第 52 章，页边码 2。

[572]　如申诉人自身的行为，参见《欧洲人权公约评注》，布鲁诺齐撰写的第 41 条，页边码 29。

[573]　德国联邦宪法法院，《德国联邦宪法法院判例选》第 111 卷，第 323 页。

[574]　德国联邦宪法法院，《德国联邦宪法法院判例选》第 111 卷，第 203、210、212 页。

第三章　测试题

问题一：欧洲委员会的目标和工作方式是什么？页边码4、6。

问题二：欧盟加入《欧洲人权公约》会产生哪些后果？页边码16。

问题三：裁量空间和辅助性原则是什么？页边码18a、5。

问题四：《欧洲人权公约》对死刑的立场是什么？页边码23。

问题五：《欧洲人权公约》会限制德国正当防卫权吗？页边码26。

问题六：为什么欧洲人权法院认定事后延长的预防性拘留违反《欧洲人权公约》？页边码34。

问题七：欧洲人权法院根据哪四个标准判断一个诉讼持续过长？页边码42。

问题八：国家设置圈套的法律后果是什么？页边码44等。

问题九：整体判断对判断违反公平审判原则的重要性。页边码41a、49—50。

问题十：无罪推定的法律依据，它对哪些诉讼行为意义重大？页边码46。

问题十一：《欧洲人权公约》在德国法律体系中处于哪一个层级？页边码51—54。

问题十二：以违反《欧洲人权公约》为依据可以向德国宪法法院提起宪法申诉吗？页边码55。

问题十三：个体可以通过何种法律救助方式向欧洲人权法院提起申诉？页边码61。

问题十四：欧洲人权法院判决的效力。页边码67。

问题十五：什么是欧洲人权法院的示范程序？页边码68a。

第四章　欧盟刑法学

第一节　一般性规则

签订《马斯特里赫特条约》后，欧盟对各成员国刑法的影响越来越大。[575] 各成员国立法机构的决策空间却变得越来越小。欧盟法影响各成员国刑法的各种方式被统称为"欧盟刑法"。

一、狭义性和广义性欧盟刑法

本书开头已简述欧盟刑法概念，[576] 现在要澄清欧盟法规在何时被称为刑法。刑法这个概念不仅像欧洲人权法院里程碑式案例"Öztürk"所展现的，[577] 而且在欧盟法框架内经常被解读得十分宽泛。刑法最初只惩罚已发生的刑事犯罪，包括对特定严重侵犯法律权益的行为处以有期徒刑或罚金（《德国刑法典》第 38 条、第 40 条）的刑事法规（狭义刑法）；一些类似《德国治安管理条例》的国际惩罚构成要件也属于欧盟刑法。[578] 在实际生活中，欧盟对违反《反不正当竞争法》《反垄断法》《反补贴法》给予的罚款处罚特别重要。[579] 不正当竞争也被欧盟学术界称作"欧盟刑事犯罪"。[580] 欧盟法院没有明确宣布反不正当竞争法规属于刑法，但在许多方面用到《欧洲人权公约》。[581] 相反，具有预防性或对损害赔偿处以强制处罚和罚金不属

1

2

---

[575]　下文页边码 3。

[576]　引言页边码 5。

[577]　见上文第三章，页边码 48。

[578]　广义刑法，参见黑克尔，第 4 章，页边码 64。

[579]　参见马普国际刑事法律研究所主编，《欧盟刑法学》，福格尔撰写的第 6 章，页边码 1 等。

[580]　克利普，第 2、197 页。

[581]　上面第 3 章，页边码 17。

于刑法，[582] 在《农业法》和《渔业法》领域的行政核准消减补贴具有一种超国家性的行政处罚特征。[583]

二、欧盟刑法的最新动态

（一）《马斯特里赫特条约》和《阿姆斯特丹条约》

3　　　欧盟刑法的历史可以追溯到刑法起源。[584] 关注欧盟和它的先行者就会发现罚款和强制性罚金，即广义性刑法已被写入《欧洲煤钢共同体条约》（1953 年）、《欧洲原子能共同体条约》（1957 年）和《欧洲经济共同体条约》（1957 年），例如反垄断领域。《马斯特里赫特条约》（1993 年 11 月 1 日）生效后，欧盟开始制定适用于所有成员国的狭义性刑法。欧盟宣布新设立"第三支柱"——特定刑事犯罪领域（如打击非法移民和毒品交易）以及司法和警政间合作为"共同行动目标"。

4　　　《阿姆斯特丹条约》（1999 年 5 月 1 日生效）进一步突出和强化警政和司法机关作为欧盟第三支柱在刑事案件的合作（PJZS）。欧盟希望把各成员国建设成自由、安全和正义的区域，打击跨境刑事犯罪是其中的一个目标。旧版《欧盟条约》第 29 条确定打击和预防这类刑事案件的手段和措施，并协调各成员国警政和司法工作。此外，以框架决议形式对有组织犯罪、毒品交易和恐怖犯罪领域颁布的刑事处罚构成要件作出原则性规定。框架决议性国际协约已成为欧盟理事会各成员国政府间合作的法律形式。欧盟理事会采用协调一致原则，欧洲议会只有申辩权，却没有发言权，并且欧盟法院的监督权也很有限。

（二）《里斯本条约》中的"自由、安全和正义的区域"

5　　　2004 年,《里斯本条约》（2009 年 12 月 1 日生效）在欧盟宪法条约（失败）的基础上进一步深化司法和内政领域改革。"自由、安全和正义的区域"成为欧盟单独的一个工作目标（《欧盟条约》第 3 条第 2 款）。根据《欧盟运作条约》第 4 条第 2 款第 10 项，欧盟政策和立法重点是划清欧盟与成

---

[582]　黑克尔，第 4 章，页边码 66。

[583]　《欧盟刑法学》，福格尔和布罗多夫斯基撰写的第 5 章，页边码 18。

[584]　关于发展历史，参见马普国际刑事法律研究所主编，《欧盟刑法学导论》，页边码 13 等。

员国间的责任范围。在刑法方面，《欧盟运作条约》第 67 条第 3 款安全措施是以打击刑事犯罪、种族主义和排外，警政和司法之间合作，互相承认，协调法律规范为目标。欧盟刑法领域的司法合作是实现这个目标的手段（《欧盟运作条约》第 82—86 条），并成为《欧盟运作条约》第五编标题（除边境管控、政治避难、外来移民和民事领域司法合作外）。欧盟撤销第三支柱并对这个领域实行"共有化政策"，使欧盟机构在组织和程序上合作得更加紧密。在本章的相关位置讲述涉及刑法的重要变化。

"斯德哥尔摩计划"确定 2010 年至 2014 年欧盟刑事犯罪的政策和立法。[585]2014 年，欧盟理事会制定 2015 年至 2019 年的"后斯德哥尔摩计划"[586] 包括一个关于自由空间、安全和权力战略方针的总体规划清单。[587]欧盟已经为 2019 年至 2024 年制定出针对刑事犯罪的新战略规划。[588]　　　**5a**

三、法律渊源

（一）由两套法律体系并存（《马斯特里赫特条约》之后）变为一套法律体系（《里斯本条约》之后）

从形式上看，《马斯特里赫特条约》签订（1992 年）后，欧盟法和欧盟共同体法两套法律体系曾经同时存在。欧盟作为一个联合体包括欧共体（第一支柱）、共同外交和安全政策（第二支柱）、警政和司法机关在刑事案件合作（第三支柱）。欧盟这种借助欧共体机构开展工作的架构在《里斯本条约》后就失效了："这个欧盟神庙"就像一幢由三根柱子支撑、没有墙壁的房子。欧洲经济共同体被废止后（欧洲原子能机构除外），具有独立人格的统一欧盟取而代之（《欧盟条约》第 1 条第 3 款、第 47 条）。德国联邦宪法法院把欧盟看作一个由各成员国认同，同时又尊重各国主权的"欧洲国家联盟"。[589] 它作为人类历史的一种特殊产物：根据欧盟不同权限　　**6**

---

[585]　欧盟委员会档案，编号：17024/09，布罗多夫斯基，《国际刑事法律理论期刊》2010 年，第 377 页。

[586]　欧盟理事会档案，编号：1EUCO79/14。

[587]　详情参见布罗多夫斯基，《国际刑事法律理论期刊》2015 年，第 79 页；例如加强司法合作、打击严重和有组织刑事犯罪、真正建立一个"欧盟司法区域"。

[588]　《国际刑事法律理论期刊》2019 年，第 527 页。

[589]　《德国联邦宪法法院判例选》第 89 卷，第 155、181 页；施特赖因茨，页边码 137 等。

层级以及与各成员国间纷繁复杂的交叉，把欧盟理解为一个多层级的跨国联邦制体系显得更为可信，[590] 它的法律渊源被分为基础法和派生法。

▌ **思考题：** 安博斯，《国际刑法案例》，第 2 例，页边码 2、15 等（与之前的欧盟组织设置）。

（二）基础联盟法，欧盟刑事基本法

7   《欧洲经济共同体条约》及其附件、补充协定和加入协定构成欧盟的基础性法律渊源。[591]《里斯本条约》（2007 年）修订了现行《欧盟条约》（EUV），为欧盟的工作方式制定出一部新条约，即《欧盟运作条约》（AEUV）保留了原《欧洲经济共同体条约》的核心框架。欧盟没有属于自己的国家，只是组成一种国家联盟，无论从形式上还是从实体法上，属于欧盟宪法的《欧盟条约》和《欧盟运作条约》都包含欧盟政治制度的决策原则。[592]

7a   共 55 条的《欧盟条约》是欧盟及其机构关于民主价值观的核心内容。《欧盟运作条约》共有 358 条，涉及内容十分广泛，是对《欧盟条约》的补充，它详细规定《欧盟条约》的运作方式和欧盟在刑法领域的立法权限。除这些基础性成文法规外，欧盟法还有大量不成文的法律性规范，即共同体习惯法和一般法律原则。学界将涉及刑法内容的欧盟宪法（例如《欧盟运作条约》第 67 条第 3 款、第 82 条第 1 款）称为"宪法性刑法"。[593]

（三）派生性联盟法

8   欧盟机构颁布的派生性联盟法。

1. 欧盟《里斯本条约》后的立法形式

（1）法律立法

9   《欧盟运作条约》第 228 条列举"条例""指令""决议""建议""意见"作为派生性立法形式。其中普遍适用的"条例"对各成员国产生直接的法律效力（《欧盟运作条约》第 228 条第 2 款）。"指令"确定各成员国需达到的目标，同时具有直接约束力，各成员国立法机关可以自主选择实现目

---

[590]　详情参见赖因巴赫，第 107 页。

[591]　奥玻曼、克拉森和内特斯海姆主编，第 9 章，页边码 19。

[592]　施特赖因茨，页边码 142 等。

[593]　原则性文献参见布尔夏特，《相互承认宪法性构建》2018 年，第 1 章；蒂德曼和布尔夏特，第 27 页等；雅恩和布罗多夫斯基，《法学家期刊》2016 年，第 970 页。

标的形式和方法（《欧盟运作条约》第 228 条第 3 款）。只有对成员国公民有利的"指令"才对外直接有效，负面影响公民生活的"指令"对外不直接产生效力（扎费林，第 11 章，页边码 45）。虽然具有法律效力和普遍适用的"条例"和"指令"事实上都是法律，但我们在《欧盟条约》中始终找不到"欧盟法"这个概念。[594]

（2）正规和特别立法程序

《欧盟运作条约》将欧盟颁布法律文件的步骤明确划分为"正规"立　**10**法程序（《欧盟运作条约》第 294 条）和"特别"立法程序（《欧盟运作条约》第 289 条第 2 款）。其中正规立法程序是标准。[595] 刑事案件司法合作的决议需要经过正规立法程序（《欧盟运作条约》第 82 条第 1 款第 2 项，第 83 条第 1 款），而设立欧盟检察院决议则是一个特别立法程序。[596]

参与欧盟正规立法程序的四个机构是：

①欧盟委员会依据《欧盟运作条约》第 76 条第 1 目有立法提案权，　**11**与《欧盟条约》第 17 条第 2 款规定不同，这种提案权不是唯一的；根据《欧盟运作条约》第 76 条第 2 款，四分之一以上的成员国可联名提出刑事司法合作立法议案。[597]

②欧洲议会对欧盟委员会的立法建议提供咨询和具体修改意见，提案可能在立法程序被否决时，启动调解程序（《欧盟运作条约》第 294 条）。

③欧盟部长理事会（Ministerrat）批准法律文件时需要绝对多数的赞成票（《欧盟条约》第 16 条第 2 款，双重多数：百分之五十五的成员国代表至少百分之六十五的欧盟公民）。

④各成员国立法机关被告知立法程序（《欧盟条约》第 12 条），使之在有关司法合作法律文件（《欧盟运作条约》第 69 条）违反辅助原则时拥有诉讼权（源于《欧盟条约》第 5 条第 3 款）。

2.《刑事案件警政和司法机关合作框架决议》和持续有效性

在第一支柱框架内，"条例""指令""决议""建议""意见"是现行　**12**

---

[594]　关于"条例"参见奥玻曼、克拉森和内特斯海姆主编，第 9 章，页边码 72"欧盟法律"。

[595]　奥玻曼、克拉森和内特斯海姆主编，第 11 章，页边码 51。

[596]　下文页边码 166。

[597]　格拉比茨、希尔夫和内特斯海姆主编，勒本撰写的《欧盟运作条约》第 76 条，页边码 9。

欧盟法律的公文形式。在刑事案件警政和司法合作领域，旧版《欧盟条约》第34条第2款第2目列举的《框架决议》非常重要。[598] 它利用类似欧盟"指令"的文件形式协调成员国的法规，《框架决议》确定工作目标后，成员国可以自主决定采用何种方式实现这个目标。由于《框架决议》对外不产生直接的法律效力，各成员国需先将它转化为国内的法律文件。涉及欧盟政府间达成框架决议性法律文件都必须获得欧盟部长理事会的一致同意才有效。《框架决议》的法律效力源于旧版《欧盟条约》第34条第2款第2目，它规定了成员国间的国际协作。

13　　　除关于恐怖主义、[599] 种族主义和排外主义外，[600] 重要的欧盟刑法《框架决议》还涉及下列刑事犯罪领域：洗钱、[601] 私法领域行贿、有组织的刑事犯罪、伪造欧元、诈骗和伪造非现金支付手段、贩卖人口、对儿童性侵害、儿童色情物品、走私、贩卖毒品、电脑犯罪、环境犯罪和海洋污染。[602]

14　　　《里斯本条约》废止了《框架决议》这种法律形式，由"指令"取代刑事案件的警政和司法合作。正如《补充议定书》第9条第36目对过渡期的规定，《框架决议》与欧盟现行其他法律文件一样，在《里斯本条约》生效后依然有效。[603] 关于与《框架决议》释义相一致的重要性，请参见下文页边码94。

3. 立法理由的意义

14a　　　与国际条约类似，包括"条例"和"指令"的欧盟基础法和派生法在正式法律条文之前都先阐述立法动机。与德国法律草案的官方说明或法律委员会报告不同，这些由欧盟立法机关起草和表决的编号立法理由是"条例"或"指令"的组成部分，对解释欧盟法至关重要。[604]

---

[598]　《欧盟刑法》第4章，页边码53。

[599]　黑克尔，第11章，页边码11。

[600]　参见马普国际刑事法律研究所主编，《欧盟刑法学》，魏斯撰写的第25章。

[601]　参见贝克、布尔夏德和法特－莫哈麦姆主编，《作为问题和答案的比较刑法》，豪克撰写的第262页。

[602]　有关颁布《框架决议》的详细论述及附带参考文献，参见黑克尔，第11章，页边码10。

[603]　扎茨格，第9章，页边码33。

[604]　《欧盟刑法》第2章，页边码51；《德国联邦宪法法院判例选》第140卷，第317页，页边码106。

第二节 欧盟超越国家的立法权限

《里斯本条约》生效前，欧盟无权制定跨国性刑事法规。《欧盟运作 **15** 条约》现在允许欧盟直接颁布刑法性规定，具体涉及哪些刑事犯罪领域还存在争议。

一、反诈骗，《欧盟运作条约》第 325 条第 4 款

《欧盟运作条约》第 325 条第 4 款可以授权在正规立法程序框架内采取 **16** 必要措施，预防和打击危害欧盟财政利益的欺诈行为，它涉及收入（例如逃避缴纳增值税）和支出（例如骗取或不当使用欧盟补贴）两个方面。模板是 1995 年制定的《保护财政利益协议》和《佛罗伦萨欧盟经济刑法草案》。[605]《欧盟运作条约》第 325 条第 1 款规定涉及"恐吓式措施"即为刑法。旧版《欧共体条约》第 280 条第 4 款第 2 项保留各成员国刑事立法权的规定十分重要。欧盟成员国比照流产的欧盟宪法相关规定，有意识地在《里斯本条约》中删除了这个不受影响条款。[606]《欧盟运作条约》明确使用"措施"，而不是"指令"。《欧盟运作条约》第 325 条成为"真正超国家（刑事）法律的突破口"。[607]

从制定《欧盟运作条约》第 325 条的意义和目的看，把《欧盟运作条约》 **17** 第 325 条第 4 款的"欺诈"仅局限为《德国刑法典》第 263 条意义上的诈骗就会很不完整。除欺诈外，《欧盟运作条约》第 325 条第 1 款还提到"其他危害欧盟财政利益的违法行为"。同时，对超国家立法权限的理解一般比较宽泛，它不应仅涉及如伪造文件的欺诈犯罪行为，[608] 还应包括——借鉴《佛罗伦萨法典》[609]——如洗钱、违反岗位责任义务、贪污或行贿等刑事犯罪，当然这里应以危害欧盟财政利益为前提。[610]

---

[605] 《欧盟刑法》第 13 章，页边码 19、34。

[606] 安博斯，《国际刑法》第 9 章，页边码 22；马普国际刑事法律研究所主编，《欧盟刑法学》，福格尔撰写的第 5 章，页边码 5。

[607] 马普国际刑事法律研究所主编，《欧盟刑法学》，福格尔撰写的第 5 章，页边码 6b；安博斯，第 9 章，页边码 22；黑克尔，第 4 章，页边码 81；扎茨格，第 8 章，页边码 25。

[608] 齐默尔曼，《法学教育期刊》2009 年，第 845 页。

[609] 施拉姆，《司法教育期刊》2010 年，第 616 页。

[610] 参见扎茨格，第 8 章，页边码 25。

18　　虽然欧盟可以通过整合明确工作的目标和任务，但正式有效的"指令"只有通过成员国的立法程序转化为国内法后才能完成对该领域的立法（《欧盟运作条约》第 288 条第 3 款），"条例"是唯一适合超国家刑事立法的法律形式（《欧盟运作条约》第 288 条第 2 款），且对欧盟成员国公民直接产生法律效力，从而确定欧盟成员国公民是否构成刑事犯罪。[611]

18a　　正如 2012 年起草、2017 年生效的《打击侵害欧盟财政利益刑事诈骗指令》（2017/1371）展示的，用"指令"取代"条例"即可满足欧盟的立法需要。除传统的骗补贴、洗钱、贪污和贿赂（《打击侵害欧盟财政利益刑事诈骗指令》第 3 条第 2a—2c 款、第 4 条）等诈骗行为外，该指令还增加了跨境诈骗或造成超过 1000 万欧元经济损失的增值税诈骗。[612] 按照德国联邦律师协会的观点，德国刑法已经圆满完成了《打击侵害欧盟财政利益刑事诈骗指令》下达的任务。[613]

二、保护关税，《欧盟运作条约》第 33 条

19　　正规立法程序授权采取措施保护关税领域合作。与《欧盟运作条约》第 325 条第 1 款不同，《欧盟运作条约》第 33 条未写明具体采取的刑事惩罚，但根据对它较宽泛的理解，《里斯本条约》取消了原属于各成员国的立法权限。[614] 至今，欧盟仍依据《欧盟运作条约》第 83 条第 2 款以"指令"形式实施关税法的基本要求。

三、贩卖人口，《欧盟运作条约》第 79 条第 2 款第 4 目

20　　依据《欧盟运作条约》第 83 条第 1 款，欧盟有权颁布"指令"打击贩卖人口刑事犯罪。但《欧盟运作条约》第 79 条第 2 款第 3 目、第 4 目主要规定，具体惩治拐卖妇女和儿童等打击贩卖人口的措施需经正规立法程序批准。主流观点认为《欧盟运作条约》第 83 条第 1 款对《欧盟运作条约》第 79 条第 2 款第 4 目优先适用，或者说《欧盟运作条约》第 79 条

---

[611]　黑克尔，第 4 章，页边码 67。

[612]　延克和施拉姆，第 13 章，页边码 42，《打击侵害欧盟财政利益刑事诈骗指令》第 2 条第 2 款、第 3 条第 2 款。

[613]　德国联邦律师协会立场，编号：36/2017。

[614]　安博斯，第 9 章，页边码 23；扎茨格，第 8 章，页边码 25。

第 2 款根本不能作为授权依据。[615]《欧盟运作条约》第 79 条第 2 款与第 325 条第 4 款在文义上的表述非常接近：对"指令"没有任何限制。在刑事法律政策方面，欧洲人权法院强调《欧洲人权公约》第 4 条对打击贩卖人口的重要作用。[616]一些观点因此支持，欧盟对内部市场撤销边境检查后刑事犯罪特别猖獗的领域不仅可以颁布"指令"，而且可以规定超国家的"条例"。[617]由于贩卖人口并未触及欧盟核心利益，为保护各成员国主权必须类推《欧盟运作条约》第 83 条第 3 款的紧急制动程序[618]。欧盟目前依旧采取"指令"形式打击贩卖人口。[619]

第三节 《欧盟基本权利宪章》中的重要刑法规定

《里斯本条约》之后，《欧盟基本权利宪章》（GRC）对外具有法律效力。 21 它虽然在法律上保持独立性，没有并入《欧盟条约》，但基于参照作用，仍享有基础联盟法地位（《欧盟条约》第 6 条第 1 款）。欧盟法院依据司法权审查各成员国是否遵守《欧盟基本权利宪章》。只要内部市场的基本自由未纳入《欧盟条约》，《欧盟基本权利宪章》就与《欧洲人权公约》保障的人权享有同等法律地位，作为一般原则构成欧盟法的一部分（《欧盟条约》第 6 条第 3 款），同时结合实际情况协调解决具体权利和原则之间的矛盾。

一、约束力，欧盟法院的管辖范围

《欧盟基本权利宪章》第 51 条第 1 款第 1 项规定，欧盟的组织、机构 22 和各级部门，包括欧盟刑事警察署、欧盟司法和欧盟反诈骗局，都有遵守欧盟基本权利的义务。各成员国在执行基础欧盟法和派生欧盟法时（《欧

---

[615] 黑格尔，《国际刑事法律理论期刊》2010 年，第 416 页；格拉比茨、希尔夫和内特斯海姆主编，蒂姆撰写的《欧盟运作条约》第 79 条，页边码 35。

[616] 欧洲人权法院，Rantsev 和塞浦路斯起诉俄罗斯联邦，《新法学周刊》2010 年，第 3993 页。

[617] 施拉姆，《国际刑法学期刊》2010 年，第 615 页；托尼欧·瓦尔特，《大刑事法律科学期刊》第 117 卷，第 912、918 页等；马普国际刑事法律研究所主编，《欧盟刑法学》，福格尔撰写的第 5 章，页边码 6。

[618] 关于这个程序，参见下文页边码 52。

[619] 2011/36/EU，下文页边码 42a。

盟基本权利宪章》第 51 条第 1 款第 1 项第 2 种情况)，例如将 "条例" 或 "指令" 转化为本国法过程中，同样要遵守欧盟宪章。[620] 欧盟法院认为，为确保欧盟法的优先地位和统一适用法律，必须以欧盟基本法的标准衡量成员国在欧盟法范围内实施的法律，[621] 但对 "实施" 概念的理解比较宽泛 (《欧盟基本权利宪章》第 51 条)。

22a　　欧盟法院的司法解释认为，案件只需与欧盟法律有微弱或间接的联系即可。根据欧盟法院 "艾克贝格 – 弗兰森偷税案" 判决 [622]，因错误申报增值税造成偷税，从而导致税务制裁和刑事诉讼都属于欧盟法的适用范围。[623] 实施欧盟法律成为判断欧盟法院管辖的重要概念。[624]

22b　　德国联邦宪法法院在 "反恐信息案" [625] 中要求欧盟法院判决要慎重，标准要具体。对不涉及欧盟法规范的案件，仅要求抽象适用欧盟法规则或单纯对欧盟产生具体影响是不够的 (上面案例)。否则会出现成员国违宪，由于欧盟法院介入了原本属于德国联邦宪法法院的管辖范围，甚至威胁到受各成员国保护的基本权利，因此欧盟法院接受了这个批评意见，让案件的判决尽量具体，《欧盟基本权利宪章》只有在赋予各成员国的义务或欧盟法律受到威胁时，才具有效力。[626]

22c　　各成员国自主行使国家权力时，会依照本国法律保护自己的基本权利，德国则依据《德国基本法》和《欧洲人权公约》。

二、刑法方面的重要保障

(一)司法权

23　　确定司法基本权利的《欧盟基本权利宪章》第 47—49 条与《欧洲人权

---

[620]　详情参见延克和施拉姆，第 3 章，页边码 5。

[621]　格拉比茨、希尔夫和内特斯海姆主编，金格瑞撰写的《欧盟基本权利宪章》第 51 条，页边码 7。

[622]　《新法学周刊》2013 年，第 1415 页。

[623]　详情参见艾克贝格 – 弗兰森偷税案的判决，下文页边码 62a。

[624]　延克和施拉姆，第 3 章，页边码 14。

[625]　德国联邦宪法法院，《德国联邦宪法法院判例选》第 133 卷，第 277 页，页边码 91。

[626]　延克和施拉姆，第 3 章，页边码 13；奥玻曼、克拉森和内特斯海姆主编，第 17 章，页边码 14。

公约》在内容上大致相同，但与《欧洲人权公约》第 13 条不同，它向国际法院（《欧盟基本权利宪章》第 47 条第 1 款）真正行使上诉权；[627]《欧盟基本权利宪章》第 48 条第 2 款的辩护权比《欧洲人权公约》第 6 条第 3 款规定得更为广泛；《欧盟基本权利宪章》第 48 条第 1 款无罪推定与《欧洲人权公约》第 6 条第 2 款有所不同，但两者的本质是相同的。[628] 此外，遵循从轻处罚原则（《欧盟基本权利宪章》第 49 条第 1 款第 3 项）和明确提到合理性原则（《欧盟基本权利宪章》第 49 条第 3 款）也值得关注。

（二）实体法的保障

实体法中的基本权利同样要参照《欧洲人权公约》。与《欧洲人权公约》第 2 条不同（注意第 3 章，页边码 23），《欧盟基本权利宪章》第 2 条的基本生命权还包括禁止死刑，但《欧盟基本权利宪章》第 53 条第 1 款第 1 项确保内容与欧洲人权法院关于接纳《欧洲人权公约》第 2 条第 2 款和第 15 条第 1 款和第 2 款紧急状态条款的司法解释保持一致。[629]《欧盟基本权利宪章》第 4 条禁止酷刑与《欧洲人权公约》第 3 条相吻合。与《欧洲人权公约》第 5 条相同，《欧盟基本权利宪章》第 6 条也确定自由和人身安全的权利，还详细规定了剥夺人身自由必须具备的前提条件。[630]

三、禁止双重刑事处罚，《欧盟基本权利宪章》第 50 条

《欧盟基本权利宪章》第 50 条禁止双重刑罚的规定尤其重要。这个具有国际意义的欧盟基本权利涉及欧盟各成员国或成员国与欧盟间的双重刑罚。[631] 虽然《德国基本法》第 103 条第 3 款禁止对犯罪人因同一刑事犯罪给予多次刑事处罚，但仅禁止德国司法机关实施双重刑罚，针对其他欧盟成员国的审判，它不提供任何保护。如果某人因具体的刑事犯罪被一个欧盟成员国法院判刑，那么他可能在德国因同一个刑事犯罪再次被判刑。正如《德国刑法典》第 51 条第 3 款所规定的，一个在外国已经执行的刑事犯罪可能在德国被重新判刑。

24

25

---

[627] 玛雅主编，《欧盟基本权利宪章》，埃塞尔撰写的第 47 章，页边码 3。

[628] 安博斯，第 10 章，页边码 160。

[629] 安博斯，第 10 章，页边码 160。

[630] 上文第三章，页边码 39。

[631] 卡利斯、鲁贲特和布兰克，《欧盟基本权利宪章》第 50 条，页边码 1。

（一）《申根协议》第 54 条与《欧盟基本权利宪章》第 50 条

26   已获得所有欧盟成员国宪法承认的禁止双重刑事处罚，通过 1995 年的《申根协议》得到了更多国家的认可。《申根协议》第 54 条规定：某人被一个协议成员国判处有期徒刑后，另一个协议成员国不得再因同一刑事犯罪追究他的刑事责任，前提条件是这个刑事判决已经执行完毕、正在执行或按照作出判决国家的法律不能执行。这主要是考虑到，行使自由迁徙权的人不应因同一个行为受到多个协议成员国的起诉。[632] 判决已经执行完毕、正在执行中或不能执行是《申根协议》对禁止双重刑事处罚的一个重要限定。被告不应利用到别国的机会逃避已经宣判、还未执行的刑事处罚。[633]

27   相反，《欧盟基本权利宪章》第 50 条将放弃执行作为额外前提条件：在欧盟不会发生因同一个刑事犯罪被判刑或无罪释放后再次被起诉或处罚。除已经执行刑罚这个要素外，《欧盟基本权利宪章》第 50 条和《申根协议》第 54 条在适用范围上也有区别：《申根协议》对所有协议签字国都适用，而《欧盟基本权利宪章》第 50 条则对（除波兰和英国外）全体欧盟成员国具有效力。

（二）优先适用《欧盟基本权利宪章》第 50 条，还是《申根协议》第 54 条

28   就《欧盟基本权利宪章》第 50 条是否排斥《申根协议》第 54 条的问题目前正展开激烈讨论，它是欧盟刑法的一个十分重要的实际问题。少数学术观点认为，若禁止双重处罚的《欧盟基本权利宪章》第 50 条只适用在部分欧盟国家，刑罚已经执行这个要素就没有存在的必要。完全可以通过欧盟逮捕令抓捕判刑后逃往另一个成员国的刑事犯罪人，[634] 并且《欧盟基本权利宪章》第 50 条从文义上也不支持少数学术观点，法条自身并没有提到执行条款。《申根协议》第 54 条只适用于协议的成员国和因特殊规

---

[632]　"米拉利亚案"，欧盟法院，《新法学周刊》2005 年，第 1337、1338 页，页边码 32。

[633]　延克和施拉姆，第 9 章，页边码 60。

[634]　黑格尔，《国际刑事法律理论期刊》2009 年，第 408 页。

定不适用《欧盟基本权利宪章》的成员国。[635]

　　主流学术观点则认为，《申根协议》第 54 条具体限制了《欧盟基本权利宪章》第 50 条过于宽泛的基本权利。[636]欧盟内部始终遵循《申根协议》第 54 条的保障范围和相关司法解释，[637]禁止跨国的双重刑事处罚。只要欧盟未采取其他保障措施，就先按照上述观点处理。[638]德国联邦高等法院遵循上述主流观点。欧盟法院已经澄清了这个问题，宣布《欧盟基本权利宪章》第 50 条的执行要素不可或缺。[639]

"第二次世界大战中杀害抵抗运动成员案" [640]：

　　Josef Sch（Sch）在第二次世界大战中率领一个连的德国国防军驻守意大利托斯卡纳。修建桥梁时遭到当地抵抗运动成员偷袭，两名德国士兵被打死。Sch 发誓报复，下令抓捕这个地区所有男性平民。共有九位男性公民被抓，其中包括一位 67 岁的老人，两位未成年人分别是 15 岁和 16 岁。他们都没有参与袭击或被怀疑支持抵抗运动。他们被关进一幢房子后，Sch 当即命令炸毁这座房子，并用机关枪向废墟扫射，杀死可能的幸存者。德国以十起谋杀和谋杀未遂罪判处 Sch 无期徒刑。意大利曾在 2006 年缺席判处 Sch 无期徒刑。德国对他的判决是否违反禁止双重刑事处罚？德国联邦高等法院认为：《申根协议》第 54 条也适用缺席审判。意大利法院的刑事处罚判决当时还没有执行完，恰巧没有执行。意大利未申请引渡或执行刑罚并不是诉讼程序障碍，这与《欧盟基本权利宪章》第 50 条规定的一致。《申根协议》的少数特例对《欧盟基本权利宪章》第 50 条加以限定，因此，《欧盟基本权利宪章》也需要刑事执行要素。

---

[635]　赖希林，《刑事辩护期刊》2010 年，第 238 页。

[636]　布尔夏德和布罗多夫斯基，《刑事辩护人论坛杂志》2010 年，第 179 页。

[637]　安博斯，第 10 章，页边码 187；埃塞尔，第 7 章，页边码 43a；黑克尔，第 13 章，页边码 20。

[638]　扎费林，第 12 章，页边码 84。

[639]　《新法学周刊》2014 年，第 3007 页，Spasic 案，黑克尔点评，《法学教育期刊》2014 年，第 845 页；埃克施泰因，《法学纵览》2015 年，第 421 页。

[640]　德国联邦高等法院，《德国联邦高等法院刑事判例选》第 56 卷，第 11 页。

（三）禁止双重处罚的前提条件（依据《欧盟基本权利宪章》第50 条并结合《申根协议》第 54 条）

31

审查规范之二十一：禁止双重处罚的前提条件（依据《欧盟基本权利宪章》第 50 条）

1. 判决已经具有法律效力。

2. 同一犯罪行为。

3. 强制执行要素（存在争议）。

支持主流观点，在《欧盟基本权利宪章》第 50 条内就应审查《申根协议》第 54 条的下列前提条件：

> 思考题：安博斯，《国际刑法案例》，第 4 例，页边码 5 等；黑克尔和策勒，第 3 题，第 41 页和第 14 题，第 148 页；扎费林，第 12 章，页边码 108；施拉姆，《司法教育期刊》2010 年，第 615 页（关于《申根协议》第 54 条）；魏瑟尔和格勒，《法学教育期刊》2016 年，第 532 页。

1. 判决已经具有法律效力

32
假如刑事犯罪人已经被某个成员国判处刑罚，就可以排除其他成员国对他的刑事处罚，行动迅速的成员国的刑事司法判决从而最终"胜出"（俗称"优先原则"，学术上称之为优先适用原则）。根据德国联邦高等法院司法解释，禁止双重处罚只能基于法院作出的事实判决，即法院已判决，或宣告无罪，[641] 或因缺乏证据，[642] 再或者根据《德国刑事诉讼法》第 153 条第 2 款以终止诉讼的形式作出事实判断。[643] 相反，欧盟法院司法解释（参见下文案例 *Gözütok/Brügge*）和部分学术观点认为，不需要法院参与或"判决"，只需司法机关的决议，如检察院作出终止诉讼决定就可阻止双重处罚。决议要有一种类似惩罚的作用，同时按照成员国法律，在此之后不能再对刑事犯罪人提起刑事诉讼。实体法的有限效力也有一种禁止性作用，例如《德国刑事诉讼法》第 153a 条第 1 款的程序终止或根据《德国刑事诉讼法》第 204 条第 1 款、第 211 条诉讼在程序中作出不审理裁定。[644] 但该

---

[641]　由于超过诉讼时效，欧盟法院，《新法学周刊》2006 年，第 3403 页。

[642]　欧盟法院，《刑事辩护期刊》2007 年，第 57 页。

[643]　德国联邦高等法院，《德国联邦高等法院刑事判例选》第 46 卷，第 307 页。

[644]　黑克尔，《法学教育期刊》2015 年，第 1046 页关于比利时刑法类似的构建；欧盟法院，《新法学周刊》2014 年，第 3010 页。

规定不适用《德国刑事诉讼法》第 153 条第 1 款、第 154 条、第 170 条第 2 款终止诉讼的规定。[645] 欧盟法院依照《申根协议》第 54 条的目的和意义作出司法解释。[646]

"Gözütok/Brügge 案" [647]：

土耳其公民 Gözütok（G）在荷兰经营一家咖啡和茶快餐店。荷兰警方曾两次搜查这家茶餐厅，共计没收 1.1 公斤印度大麻、1.7 公斤大麻和 51 盒掺有印度大麻的香烟。G 接受检察院提出的交罚金就不再追究刑事责任的建议后，检察院终止了对 G 的刑事诉讼程序。但 G 在德国还可能因贩卖毒品（《德国刑法典》第 6 条第 5 目）被判处有期徒刑，同时缓期执行。

比利时检察院对德国公民 Brügge（B）提起公诉，因为他殴打女士 L，导致她不能正常工作。L 作为刑事附带民事的原告出席对 B 的庭审，向法院申请精神赔偿。（德国）波恩检察院在调查程序中向 B 建议，只要他支付给 L1000 马克，检察院就可以终止对他的刑事调查。B 支付这笔钱后，检察院根据《德国刑事诉讼法》第 153a 条终止了对他的刑事诉讼。

这两个案例的共同点：成员国检察院终止刑事诉讼能否阻止其他成员国对行为人再次提起刑事诉讼，即检察院终止程序的决定是否等同于法院的生效判决。欧盟法院认为两者的作用相同：只要该程序最终导致今后不因同一案件再提起公诉，就不能在其他地方对犯罪行为再次提起诉讼。然而检察院在没有法官参与的情况下终止诉讼只是一种程序形式，它并不影响今后可能对同一个犯罪行为再次提起诉讼。

行政机关在行政程序中作出的所谓行政处罚决定不是判决，它不能阻止被告在刑事诉讼中被判刑或处以罚金。这体现在欧盟法院对瑞典"艾克贝格－弗兰森偷税案" [648] 和欧盟法院新近对意大利类似案件的判决。[649]

[645] 黑克尔，《新刑法学期刊》2011 年，第 429 页。

[646] 黑克尔，第 13 章，页边码 33。

[647] 欧盟法院，《新法学周刊》2003 年，第 1173 页。

[648] 欧盟法院，《新法学周刊》2013 年，第 1415 页，参见上文页边码 22a 和下文页边码 62a。

[649] 欧盟法院，"门磁案"，案卷编号：C-524/15，2018 年 3 月 20 日；布罗多夫斯基，《国际刑事法律理论期刊》2018 年，第 494 页。

2. 同一犯罪行为

34　　《德国刑事诉讼法》把同一历史事件作为判断同一犯罪行为的标准，而欧盟法院则把"一个在时间、空间以及目标上相互连接的事实整体"认定为同一案件，它与德国刑事诉讼法中犯罪行为的概念很类似。[650] 同样，欧洲人权法院以案件实体是否相同作为判断标准。[651]

3. 强制执行要素

35　　"刑罚执行完毕"指结束刑罚，即已经在监狱服刑、缓期执行期结束或已支付罚金。只要开始执行的刑罚还没有结束，这个刑事处罚就还在执行中，缓期执行也可以视为正在执行。[652] 假如被告人只支付了罚金，还未执行判处的有期徒刑，那么就不具备这个正在执行的前提条件。[653] 如果强制执行已过时效，则不能执行刑罚，甚至都不必执行对犯罪行为的处罚，[654] 应排除对被大赦或特赦的刑事犯罪人重新追究刑事责任。相反的观点认为，大赦或特赦涉及一种政治行为，根本不适用相互承认原则。[655]

第四节　实体性刑法和派生性法律规范

36　　《里斯本条约》之后，"指令"替代了协调成员国间刑法的框架决议。刑事案件中的警政与司法合作被分拆为刑事案件警政合作（PZS）和刑事案件司法合作（JZS）。《欧盟运作条约》第 82 条等详细规定刑事案件的司法合作。《欧盟运作条约》第 83 条协调成员国的刑法，建立实体性派生法律的核心，《欧盟运作条约》第 82 条第 2 款协调成员国的刑事诉讼法。[656]

一、欧盟立法的基本原则；刑事犯罪政策

37　　下列六个核心原则在欧盟立法和法律适用中有不同侧重：

　　1. 核心原则是具体限制性授权（《欧盟条约》第 5 条第 1 款第 1 项，第

---

[650]　"凡艾斯布克案"，《新法学周刊》2006 年，第 1781 页。

[651]　延克和施拉姆，第 9 章，页边码 65。

[652]　"克雷卿案"，欧盟法院，《新法学周刊》2007 年，第 3412 页。

[653]　欧盟法院，《新法学周刊》2014 年，第 3007 页。

[654]　扎茨格，第 10 章，页边码 72。

[655]　相关讨论参见扎茨格，第 10 章，页边码 73。

[656]　详情参见下文页边码 115。

2 款;《欧盟运作条约》第 2 条): 共同体在成员国事先赋予的授权范围内行使职权 (不能 "自主授权")。《欧盟运作条约》列举一个详细的管辖权清单 (《欧盟运作条约》第 2 条等) 确定欧盟有单独管辖权的领域 (《欧盟运作条约》第 3 条); 在哪些领域与成员国共同管辖 (《欧盟运作条约》第 4 条); 在哪些领域只起协调或辅助作用 (《欧盟运作条约》第 5 条或第 6 条)。根据《欧盟运作条约》第 4 条第 2 款第 10 目, 涉及自由空间、安全和法律内容则属于共同管辖。

2.《欧盟运作条约》第 5 条第 3 款的辅助原则更像是一种解释: 在成员国层面无法完全实现目标时, 欧盟才采取行动, 从而实现欧盟的共同发展,[657] 这个原则从未限制欧盟一体化。

3.《欧盟运作条约》第 5 条第 4 款的合理性原则: 欧盟采取的措施在内容和形式上都不得超越适当性原则、给对方造成的伤害要相对轻微和合理原则。

4. 欧盟依据《欧盟条约》第 4 条第 2 款有义务尊重成员国 (在刑事法律文化方面) 的特殊性。[658]《欧盟运作条约》第 67 条第 1 款重申, 刑事案件司法合作应尊重各成员国的法律规则和法律传统。《欧盟运作条约》第 67 条第 1 款强调基本权利制约司法合作领域的刑事立法。

5. 欧盟法院的高效原则: 应在现实生活中很好地运用欧盟法 (effet utile)。优先适用最有利于实现欧盟目标的法律解释。

6. 忠诚原则 (《欧盟条约》第 4 条第 3 款): 欧盟和各成员国在履行条约时要互相尊重和支持。从忠于欧盟推导出吸纳义务[659]或从符合欧盟精神的角度解释法律 (下文页边码 83)。

2009 年, 十个国家的法律学者组成的专家小组建议制定欧洲刑事法律政策, "欧盟刑事犯罪政策宣言" 致力于欧盟刑事犯罪政策更好地遵循民主合法和法治国家原则。[660] 这份宣言引起多方的关注, 它提出建立实体刑事法律的基本原则,[661] 如强调动用刑法作为实现普遍承认的合法目标、最后手段原则、过错原则、合法性原则、辅助原则和连续性原则的必要性。

38

---

[657]　奥玻曼、克拉森和内特斯海姆主编, 第 11 章, 页边码 24。

[658]　关于德国联邦宪法法院对欧盟逮捕令要求身份审查参见下页边码 154。

[659]　下文页边码 62。

[660]　详情参见扎茨格, 第 9 章, 页边码 55 等。

[661]　《国际刑事法律理论期刊》2009 年, 第 382 页。

二、依照《欧盟运作条约》第 83 条实体刑法性指令

39

《欧盟运作条约》第 83 条系统地将欧盟立法权限分为两类：

（1）《欧盟运作条约》第 83 条第 1 款协调统一严重的跨境刑事犯罪构成要件（下文页边码 40）；

（2）附带权限（下文页边码 49）依据《欧盟运作条约》第 83 条第 2 款，协调欧盟其他政治领域的刑事法律规范。国际法将这类（大多数不成文）依据实际情况和性质专属欧盟的立法权和缔约权称为"隐含权力"。[662] 此外，《欧盟运作条约》第 83 条第 3 款还设计了一个"紧急制动权"（下文页边码 52）。

▌ **思考题：** 安博斯，《国际刑法案例》，第 2 例，页边码 21 等。

（一）跨境刑事犯罪，《欧盟运作条约》第 83 条第 1 款

40

《欧盟运作条约》第 83 条第 1 款第 1 句提出了欧盟刑事立法的两个核心前提：首先是严重刑事犯罪；其次是跨境犯罪。跨境特征可能源于刑事犯罪形式、犯罪行为的外部影响力或欧盟内部建立统一法规的必要性。可推断《欧盟运作条约》第 83 条第 1 款第 2 句列举的刑事犯罪已具备第 1 句规定的前提条件。《欧盟运作条约》第 83 条第 1 款第 1 句仅允许依据《欧盟运作条约》第 83 条第 1 款第 3 句在普通条约变更程序框架下和内容上遵守第 1 句的规定（跨境，严重刑事犯罪）时扩大法律权限。《欧盟运作条约》第 83 条对驱逐出境的裁定也十分重要：《欧盟运作条约》第 83 条第 1 款第 2 句列举的刑事犯罪为驱逐欧盟成员国公民出境提供了依据。[663]

1. 具体刑事犯罪领域

41

《欧盟运作条约》第 83 条第 1 款第 1 句列举出欧盟以"指令"形式制定相关法规的 10 种刑事犯罪。严格地讲，犯罪领域列举得不是十分清楚，这给刑事犯罪的分类留下了充分的解释空间（例如"有组织犯罪"），各成员国无法预先确定欧盟刑事立法的范围。目前，欧盟已经广泛地行使"指令"赋予的法律权限。下列概述涉及最大限度或最小范围被欧盟化的刑法领域，"指令"扩大了欧盟在刑法领域的权限：

---

[662]　黑克尔，第 4 章，页边码 73。

[663]　参见欧盟法院，《最高司法刑事判例网络期刊》2012 年，第 489 期。

——恐怖主义（第 1 种情况）：首先协调该领域的《反恐框架决议》**42**（2002/475/JI）于 2017 年被 2018 年 9 月前实施的"指令"（2017/541）所替代，该"指令"提出一系列刑事构成要件，其中的一些已经成为各成员国法律。

——贩卖人口（第 2 种情况）：欧盟于 2011 年颁布《关于预防和打击**42a**贩卖人口，以及保护受害人指令》（2011/36/EU）。该指令 2016 年在德国实施，[664] 使新《德国刑法典》第 232 条的适用扩展到以从事刑事犯罪、乞讨和器官移植为目的的贩卖人口案件。此外，《德国刑法典》第 232a 条、第 232b 条是增加的刑事构成要件，即"强迫卖淫"和"强迫劳动"依据旧法虽应受到刑事处罚，但新的规定更加严格。刑事处罚嫖娼者（《德国刑法典》第 232a 条第 6 款），即刑事处罚贩卖人口或强迫受害者卖淫的行为。前提是嫖客（故意）利用受害人的经济窘境或身处异国的无助。

——对妇女和儿童的性剥削（第 3 种情况）：2015 年，德国通过第 49**42b**部《刑法修正案》[665] 实施以欧盟为替代框架的决议（2004/68/JI），于 2011年颁布《关于性虐待，对儿童性侵害和儿童色情制品指令》（2011/93/EU），它主要强化对儿童色情制品的管制。[666]

——非法贩卖毒品（第 4 种情况）：《指令》2017/2013。**42c**

——非法贩卖武器（第 5 种情况）：《指令》2017/853。**42d**

——洗钱（第 6 种情况）：2018 年 6 月颁布《第 5 号反洗钱指令》，要**42e**求提高支付交易的透明度，从而预防利用中介和艺术品交易洗钱。

——反腐败（第 7 种情况）：对整个跨境反腐败刑事犯罪的处罚权已归**42f**欧盟。依据现有联合国和欧洲委员会的各项措施，欧盟放弃在该领域制定统一"指令"。[667]《欧盟反诈骗指令》第 4 条第 2 款，第 4 条（2017/1371）定义行贿和受贿行为，在类似贪污（滥用欧盟资金）的规定外，又增加"公职人员"这个概念。

——伪造货币（第 8 种情况）：《指令》2014/62/EU；"指令建议"COM**42g**2017/0489。

---

[664]　《德国联邦法律公报》第一部分，第 2226 页；伦奇可夫斯基和库德里希，《法律政策期刊》2015 年，第 45 页。

[665]　《德国联邦法律公报》第一部分，第 10 页。

[666]　艾泽勒和弗拉诺诗，《国际刑事法律理论期刊》2016 年，第 519 页。

[667]　格拉比茨、希尔夫和内特斯海姆主编，《欧盟运作条约》第 83 条，页边码 60。

42h　　——电脑犯罪（第9种情况）：德国立法机关在履行欧盟其他义务之前已经制定了相关规定，因此《攻击信息系统的指令》（2013/40/EU）只加强了《德国刑法典》第202c条的处罚力度。[668]

42i　　——有组织刑事犯罪（第10种情况）：还未颁布"指令"。现在继续适用《欧盟反有组织犯罪框架决议》。[669] 在"指令"和背景原因中已有相关有组织犯罪的内容，例如洗钱或危害欧盟财政利益的刑事犯罪。

2. 对构成要件和法律后果的基本要求及法律规定的详细程度问题

43　　《欧盟运作条约》第83条第1款第1句授权颁布基本刑法规则。"指令"详细地规定各种刑事犯罪应受到的最低处罚，各成员国立法机关可将其他犯罪行为置于刑事处罚中。欧盟同时对犯罪的法律后果定出最低量刑标准（例如有期徒刑不低于3年）。

44　　有关指导性法规的适用范围问题存在争议。[670] 德国联邦宪法法院和主流学术观点都认为，尽管有指导性法规，成员国在刑事政策方面仍有一定的自主决策空间，[671] 德国联邦宪法法院指出，"欧盟法院反对成员国采取的处罚方式，甚至按照自己的价值观宣布一个有期徒刑的处罚会触及各成员国特别敏感的民主自决权。尤其是社会价值观与历史经验、信仰、传统和其他影响个人和集体的自我感觉结合得越紧密，越要注意不触及民主自决"。[672]

45　　相反的学术观点则认为，欧盟有权制定具体刑事构成要件和处罚结果。[673] 欧盟这样做有超越现有立法授权的风险，[674] 同时背离了"指令"的法律特性；《欧盟运作条约》第288条希望成员国自主决定，为实现目标而采取的具体方式和手段。[675] 非主流观点正确地指出，欧盟法应遵守法律的确定性原则（《欧盟基本权利宪章》第49条第1款第1项），给予成员国充分"向

---

[668]　《联邦议会——印刷文件》，编号：18/4350，第14页。

[669]　2008/841/JI，格拉比茨、希尔夫和内特斯海姆主编，《欧盟运作条约》第83条，页边码63。

[670]　安博斯，第11章，页边码38："指导性法规的详细程度"。

[671]　安博斯，第11章，页边码38；克利普，第163页。

[672]　德国联邦宪法法院，《新法学周刊》2009年，第2267、2288页，页边码363。

[673]　例如艾泽勒，《法学家期刊》2008年，第254页；格拉比茨、希尔夫和内特斯海姆主编，福格尔撰写的《欧盟运作条约》第83条，页边码33。

[674]　安博斯，第11章，页边码38。

[675]　安博斯，第11章，页边码38。

上"或"向下"决策的空间又违反了欧盟法的要求。[676] 因此，最佳方案是选择一条中间路线，它既符合确定性原则，又让成员国拥有充分的决策空间。

　　利用"复制加粘贴"成为各成员国法律的"指令"违背了本应赋予各　**45a**
成员国一定自由实施空间的民主功能。[677] 可以设想，欧盟立法的重心并不是加重刑事处罚的力度，而是通过预防措施[678]更好地保护贩卖人口犯罪的受害人（指令 2011/36/EU）。此外，各成员国更倾向于利用执行"指令"之便自由修改法律。法律修改前，《德国刑法典》第 232 条第 1 款第 2 项意义上的剥削性雇佣是指支付的酬劳低于最低工资的 30%，修改后的判断标准则是低于最低工资的 50%。[679]

3. 欧盟委员会通过决议扩展这个领域

　　鉴于刑事犯罪的变化，欧盟委员会根据《欧盟运作条约》第 83 条第 1　**46**
款第 3 句颁布了一项决议，让其他刑事犯罪领域也可适用这项规则。欧洲议会表决通过后，欧盟部长理事会一致作出决议。这种激进的抽象授权可能会超越欧盟立法界限，从而变成一种隐蔽的合约变更。欧盟也承认可能超越具体授权的法律基础，从而违反《欧盟条约》第 5 条第 1 款第 2 项关于禁止自我授权的规定。德国联邦宪法法院在"里斯本案"中批评了这种现象，强调《德国基本法》第 23 条第 1 款第 2 项的任何法律规定都需经德国议会批准。[680] 该判决公布后出台的《民族融合责任法》第 7 条[681]规定，欧盟只能在德国法规基础上才可以根据《欧盟运作条约》第 83 条第 1 款第 2 句作出这类扩展性决议（需要议会多数票的支持[682]）。

4. 协调统一刑法总则部分

　　现行《框架决议》有关刑法总则的内容主要涉及处罚未遂和参与犯问　**47**
题。《欧盟运作条约》第 83 条第 1 款的"指令"和第 83 条第 2 款的附带权

---

　　[676]　格拉比茨、希尔夫和内特斯海姆主编，福格尔撰写的《欧盟运作条约》第 83 条，页边码 33。

　　[677]　安博斯，第 11 章，页边码 38。

　　[678]　参见法律草案，德国联邦议会文件，18/3256。

　　[679]　例如来自东欧的护理人员看护需照顾的亲属，联邦议会文件，编号：18/9095，第 18、28 页。

　　[680]　《新法学周刊》2009 年，第 2267、2288 页，页边码 359。

　　[681]　《民族融合责任法》，2009 年 9 月 22 日颁布，《德国联邦法律公报》第一部分，第 3022 页。

　　[682]　卡利斯和鲁费特，祖尔撰写的《欧盟运作条约》第 83 条，页边码 20 等。

限涉及相同内容。[683]《框架决议》未能协调和统一各成员国刑法总则的原因在于,《欧盟运作条约》没有授权创建"欧盟刑法总则"。[684] 欧盟委员会有关刑法总则模式的讨论稿还未给出一个明确概念,[685] 它更具有一种象征意义。[686]

47a　　　普通犯罪学理论对处罚具体刑事犯罪十分重要。欧盟不协调和统一各成员国的刑法总则,仅仅协调刑法分则的做法是否符合欧盟刑法分离原则的逻辑。欧盟协调完成刑法分则部分后,可以考虑在改革基础欧盟法框架时实行欧盟刑法总则的一体化。[687] 这恰恰与德国主流学术观点相反。在协调和统一欧盟刑法进程中有必要制定欧盟刑法总则的基本原则。

47b　　　没有总则为基础就先协调刑法分则如同"空中楼阁"。未澄清如主观故意、犯罪的一般客体、惩罚体系、量刑和执行等刑法学基本问题,就不可能全面协调和统一欧盟刑法分则。从方法论角度,可以根据现行法律协调欧盟刑法总则,[688]

　　　——各成员国以法律学者设计的刑法典为模板制定刑法典,类似于美国示范刑法典;

　　　——应在认真比较各成员国法律的基础上设计出一部《欧盟刑法典》(在修改后的基本法律基础上),如1532年颁布的首部《德意志刑法典》通过辅助性条款保留了各成员国的国家主权。

47c　　　欧盟法院反垄断司法解释开始设计的总则性判断标准有助于欧盟制定刑法典总则,[689] 它同时还可以被认为是为制定衍生法规做准备。在欧盟法院判决中可以找到,例如什么是故意、严重过失的定义,对禁止性规定和

---

　　[683]　格拉比茨、希尔夫和内特斯海姆主编,福格尔撰写的《欧盟运作条约》第83条,页边码36,详细分析和探究参见施图肯贝格,《欧盟法百科全书——刑法编》,第10章,页边码8等。

　　[684]　参见黑格尔,《国际刑事法律理论期刊》2009年,第412页;格拉比茨、希尔夫和内特斯海姆主编,福格尔撰写的《欧盟运作条约》第83条,页边码36:"没有贯彻实施的必要"和否则可能出现"紧急制动风险"。

　　[685]　冯·格勒本、施瓦策和哈特耶主编,《欧盟运作条约》第83条,页边码21。

　　[686]　扎茨格,第9章,页边码44。

　　[687]　冯·格勒本、施瓦策和哈特耶主编,《欧盟运作条约》第83条,页边码21:"内在风险和投机性"。

　　[688]　施图肯贝格,《欧盟法百科全书——刑法编》,第10章,页边码71等。

　　[689]　延克和施拉姆,第14章,页边码2。

推演的认知性错误，以及正当防卫和紧急避险等的痕迹。[690]

5. 无权宣布去刑事犯罪化

《欧盟条约》和《欧盟运作条约》都未规定，欧盟法规是否有权宣布受成员国刑法处罚的行为不再是刑事犯罪。这也不符合欧盟法和国际法确立的目标，[691] 即使《欧盟条约》第 3 条第 2 款把欧盟描述为一个自由、安全和正义的区域，自由永远是第一位，依据欧盟法和合理性原则需要限制对刑事犯罪的处罚。

（二）附带权限依据《欧盟运作条约》第 83 条第 2 款

《欧盟运作条约》第 83 条第 2 款为"可能未经授权协调刑法"敞开大门，因而引发很大争议。[692]《里斯本条约》继续遵循欧盟法院确认附带权限的两个司法判决，[693] 即《欧盟法院案例》2005 年，第一部分，第 876 页（"环境刑法"）和《欧盟法院案例》2007 年，第一部分，第 9097 页（"海洋污染"）。由此，欧盟对环保领域（欧共体指令 2008 年第 99 号），如船只造成的海洋污染（欧共体指令 2009 年第 123 号）和雇用非法劳工（欧共体指令 2009 年第 52 号）颁布的"指令"有重要刑罚内容。此外，需要协调统一去刑事犯罪化、道路交通、竞争、知识产权或者消费者保护等领域的刑事处罚。[694]

1. 前提条件

《欧盟运作条约》第 83 条第 2 款结合第 67 条第 3 款涉及：（1）一个法律规范的政策领域，不可能同时是一个协调非刑事处罚和刑法的规定；（2）对有效贯彻执行欧盟政策不可或缺。只有在监管机制失灵的情况下，才可根据"极限原则"制定刑事处罚规则。[695]

鉴于欧盟法院倾向支持联盟，这个"不可或缺性测试"[696] 事实上是否

48

49

50

---

[690]　延克和施拉姆，第 14 章，页边码 3 等。

[691]　格拉比茨、希尔夫和内特斯海姆主编，福格尔撰写的《欧盟运作条约》第 83 条，页边码 32：不可能"限定刑罚"。

[692]　安博斯和拉科，《国际刑事法律理论期刊》2009 年，第 403 页。

[693]　详情参见黑格尔，第 50 页等。

[694]　冯·格勒本、施瓦策和哈特耶主编，《欧盟运作条约》第 83 条，页边码 46。

[695]　赖因巴赫，第 480 页；施瓦策和伯泽，《欧盟运作条约》第 83 条，页边码 28。

[696]　玛雅，《欧盟法期刊》2011 年，第 188 页。

限制了欧盟立法还有待观察。

2. 限制性行为

51   德国联邦宪法法院要求限制《欧盟运作条约》第 83 条第 2 款。[697] 协调成员国相关法规必须以顺利贯彻欧盟政策不可或缺为前提（《欧盟运作条约》第 83 条第 2 款第 1 项）。法律执行中的严重瑕疵只能通过威胁要使用刑法手段来消除。[698]

三、《欧盟运作条约》第 83 条第 3 款的"紧急制动权"

52   《欧盟运作条约》第 8 3 条第 3 款第 1 项赋予各成员国一项"紧急制动权"，即成员国认为欧盟法规触及本国刑事司法规则的基本层面时，可对协调和统一的法规行使否决权，即刻暂停立法程序，欧盟理事会研究具体解决办法（《欧盟运作条约》第 83 条第 3 款第 1 句）。理事会达成一致意见后，可以继续立法程序（《欧盟运作条约》第 83 条第 3 款第 1 句第 3 项）。假如各方经过讨论仍未能达成一致意见，则宣告"指令"失败。而该"指令"在加强合作框架下对其他成员国依然生效（《欧盟运作条约》第 83 条第 3 款第 1 句第 1 项）。形象地讲，"指令"这节火车踩急刹车后停了下来，拒绝引入"指令"的成员国下车[699]，同意"指令"的成员国留在车上，火车松开制动后继续前进，"指令"只对这些留在火车上的国家适用。

53   德国有可能拒绝引入其他成员国对行业协会实行刑事处罚的规定。德国联邦宪法法院在"里斯本判决"中强调过错原则在德国刑法中的重要性，[700] 他们没有明确排除对企业的刑事处罚，但至少对该规定表示怀疑。主流学术观点则认为，德国可以根据包含大量欧盟"指令"的《德国治安管理条例》第 30 条制裁企业。[701] 对企业执行刑事处罚并不违法[702]。

---

[697]   德国联邦宪法法院，《新法学周刊》2009 年，第 2267、2288 页。

[698]   德国联邦宪法法院，《新法学周刊》2009 年，第 2267、2288 页；批评观点参见格拉比茨、希尔夫和内特斯海姆主编，《欧盟法》第 83 条，页边码 93：欧盟立法机关与德国联邦议会拥有相同的考量空间。

[699]   扎费林，第 10 章，页边码 63："退出机制"。

[700]   德国联邦宪法法院，《新法学周刊》2009 年，第 2267、2289 页。

[701]   参见伦瑙和韦格纳，《法律政策期刊》2014 年，第 158 页。

[702]   《德国联邦高等法院刑事判例选》第 5 卷，第 28 页；延克和施拉姆，第 4 章，页边码 52。

应该对程序要求的前提条件适用严格解释还是宽泛解释，存在争议。**54** 一方面要避免程序的滥用；尤其不能利用它来达到其他不切实际的目标。另一方面应给各成员国一定的裁量空间。[703]将欧盟法院对紧急制动程序的监督限定在滥用权力案件。

《欧盟运作条约》第 83 条第 3 款紧急制动程序能否用于欧盟超国家的 **55** 刑事立法还存在争议。由于它涉及两个独立的法律管辖规则（欧盟和成员国的立法规则），多数学术观点反对这种权力转让。[704]（通过"指令"）协调各成员国间的法规会影响各成员国刑法。他们支持类推《欧盟运作条约》第 83 条第 3 款，以《欧盟运作条约》第 33 条、第 325 条第 4 款为基础颁布协调刑法的"指令"。[705]

第五节　协调统一的其他法律形式

其他协调统一要素：第一，吸纳原则；第二，成员国法律参照欧盟的 **56** 相关规定；第三，优先适用欧盟法；第四，与欧盟法相一致的解释。

一、吸纳原则和忠诚义务

（一）概念

"吸纳"指将欧盟法保护的法律权益纳入成员国刑罚构成要件的适用 **57** 范围。[706]它的两种表现形式：首先，为让欧盟法律权益享有与各成员国相同的刑法保护，基础欧盟法和派生欧盟法可参照成员国的刑罚规定；其次，成员国有义务平等对待欧盟和其他成员国的刑事案件。各成员国的刑法和刑事诉讼法自下而上扩展到欧盟的刑事案件。

---

[703]　扎茨格，第 9 章，页边码 49。

[704]　安博斯，第 11 章，页边码 11。

[705]　扎茨格，第 9 章，页边码 54；反对这种区分的参见延克和施拉姆，第 4 章，页边码 27。

[706]　马普国际刑事法律研究所主编，《欧盟刑法学》，黑克尔撰写的第 7 章，页边码 1。

（二）成员国法律参照欧盟的相关规定

58   基础性参照处于重要位置。[707]《欧盟法院章程》第 30 条规定，各成员国要像对待本国民事案件中发生的刑事犯罪那样处理证人或专家鉴定人作伪证。德国法院对在国外作的伪证一般不判刑。因此，德国法院管辖权只能建立在《欧盟法院章程》第 30 条之上，[708] 另一个广为流传的观点把协调和统一视为忠诚原则的外在表现，进而利用《德国刑法典》第 6 条第 9 目达到适用德国刑法的目的。[709]《欧洲原子能共同体条约》第 194 条第 1 款第 2 句是基础性参照的第 2 个例子，成员国的刑法规则确保欧洲原子能领域的保密义务。[710]

59   从吸纳原则可以推导出下列结果：（1）成员国刑法被扩展到特定国际案件；（2）基础性吸纳法规可在各成员国直接适用，不需要成员国立法机关颁布相应的法规；（3）尽管欧盟在该领域没有立法权限，但可以通过这种方式创立跨国共同体法律规范。[711]

60   《德国刑法典》第 162 条把第 153 条等的适用范围扩展到在德国参与设立的国际法庭（包括欧盟法院）上作伪证。[712] 设立《国际刑事法院规约》引发了这种法律适用范围的扩展。

▌ **思考题：** 黑克尔和策勒，第 7 题，第 83 页。

> **"在欧盟法院作伪证案"：**
>
> 居住在德国巴登 - 巴登的德国公民 T 到卢森堡欧盟法院出庭作证，宣誓后，当庭作了伪证。巴登 - 巴登基层法院能依据《德国刑法典》第 154 条以作伪证对 T 判刑吗？——《德国刑法典》第 162 条将作伪证等刑事构成要件的适用范围扩展到属于国际法庭的欧盟法院。可以根据《欧盟法院章程》第 30 条 [713] 或《德国刑法典》第 6 条

---

[707]   马普国际刑事法律研究所主编，《欧盟刑法学》，扎茨格撰写的第 9 章，页边码 13。

[708]   详情参见黑克尔，第 7 章，页边码 116；安博斯现在持怀疑态度，第 11 章，页边码 22。

[709]   例如扎茨格，第 7 章，页边码 13；埃塞尔，第 2 章，页边码 41 等。

[710]   黑克尔，第 7 章，页边码 16。

[711]   安博斯，第 11 章，页边码 22；黑克尔，第 7 章，页边码 6。

[712]   请注意与本书第一章页边码 71 的陈述不同。

[713]   详情参见黑克尔，第 7 章，页边码 11。

第 9 目 [714] 区分德国刑法适用范围，德国基层法院可以由此判 T 作伪证有罪。

此外，《里斯本条约》生效后允许参照派生性法律。[715]   **61**

（三）吸纳原则

1. 基本规则

欧盟（在《里斯本条约》之前）没有独立的刑事立法权，从旧版《欧共体条约》第 10 条首先推导出成员国有权向欧共体和欧盟提供刑法服务。[716] 成员国刑法甚至有义务为跨国性的利益效力。以旧版《欧共体条约》第 280 条为法律依据的欧盟法院司法解释一直沿用至今，《欧盟运作条约》第 325 条保护欧盟的金融利益（上文页边码 16）。   **62**

"艾克贝格 – 弗兰森偷税案"：[717]   **62a**

瑞典渔民在市场贩卖自己捕到的鱼，但未向瑞典政府缴纳相应的所得税和增值税。瑞典斯科特维克地区税务部门因此向他开具税收罚单，瑞典检察院也因偷漏税对他提起刑事诉讼。欧盟法院在咨询程序中指出，瑞典税务部门先开具税收罚单，后又刑事处罚的做法并不违反《欧盟基本权利宪章》第 50 条禁止双重处罚的规定。税收罚单不具有刑法惩罚特征。为保护欧盟财政利益，《欧盟运作条约》第 325 条允许特定前提下实行税收和刑事双重处罚。

吸纳原则源于《欧盟运作条约》第 4 条第 3 款的忠诚义务：[718] 基础欧盟法通过向各成员国提出刑法基本要求，扩大自身在各成员国刑法中的适用范围。基础欧盟法确立了刑法底线。   **62b**

---

[714] 扎茨格，第 8 章，页边码 15。

[715] 参见马普国际刑事法律研究所主编，《欧盟刑法学》，扎茨格撰写的第 9 章，页边码 19。

[716] "阿姆斯特丹灯泡案"，《欧盟法院判例选》1977 年，第 137、150 页。

[717] 欧盟法院，《新法学周刊》2013 年，第 1415 页，点评参见埃克施泰因，《国际刑事法律理论期刊》2013 年，第 220 页；施特赖茨，《法学培训期刊》2013 年，第 568 页；扎费林，《新刑法学期刊》2014 年，第 545 页；扎茨格，第 514 页。

[718] 扎费林，第 11 章，页边码 30。

2. 基本要求

63   欧盟法院同时要求：（1）刑事处罚应该有效、适度和有震慑力（所谓基本三要素）；（2）具备平等原则：如果 a）刑事犯罪侵害到欧盟权益，b）并且需要采取相应的刑事调查，那么类似案件按照成员国刑法进行处罚。主流学术观点认为各成员国有责任和义务保护共同体利益，而不仅仅是欧盟的金融利益。欧盟的任务是"保护所有对共同体的存在、运转以及政策实施至关重要的合法权益和利益"。[719] 欧盟法院相关的重要判决是"希腊玉米案"。[720]

64
> **"希腊玉米案"：**[721]
>
> 为逃避缴纳欧盟农业税（欧盟对从第三国进口的农产品征收关税），1986 年希腊官员伪造希腊政府文件帮助从非欧盟国家生产的所谓"希腊玉米"经希腊出口到比利时。欧盟委员会发现该违法活动后，要求希腊政府追究相关责任人的刑事责任，但毫无结果。
>
> 欧盟委员会随即对希腊政府启动了违约程序。欧盟法院认为希腊政府违背了忠于共同体原则，没有采取有效措施执行欧盟法律。依据旧版《欧共体条约》第 10 条（现行《欧盟条约》第 4 条第 3 款）的忠于共同体义务，欧盟法院确定各成员国有义务动用本国刑事手段保障、贯彻、执行共同体制定的目标，维护共同体利益。违反欧盟法规与违反本国法一样都应被处罚（建立在吸纳原则基础上的平等原则）。成员国可以针对具体案件采取不同的有效、适度和具有震慑力的处罚方式，即能够执行的刑法规则（刑罚原则）。

3. 各成员国的时效规则

64a   一个很棘手的问题是危害欧盟利益的刑事犯罪因超过了成员国刑事诉讼的时效规定而不能提起刑事诉讼。办案的司法机关为保护欧盟利益就可以不遵守本国诉讼时效规定吗？

---

[719]　例如黑克尔，第 7 章，页边码 34；安博斯，第 11 章，页边码 34。

[720]　欧盟法院，《欧盟法院判例选》1989 年，第 2965 页。

[721]　欧盟法院，《欧盟法院判例选》1989 年，第 2965 页；安博斯，第 11 章，页边码 39；黑克尔，第 7 章，页边码 27；扎费林，第 10 章，页边码 27。

"塔瑞寇案之一": [722]

意大利刑事法院指控 T 组织刑事犯罪团伙，利用欺诈手段逃避缴纳增值税购买商品（例如香槟酒），以低于市场的价格销售商品，获取本应流入欧盟财政预算的增值税收入，T 因此损害了欧盟利益。整个案件错综复杂，刑事诉讼持续很长时间，对犯罪嫌疑人最终判刑时，该案按照意大利刑事法律规定已超过了诉讼时效。三年前，刑事诉讼时效还未到期时，意大利刑事法院根据《欧盟运作条约》第 267 条向欧盟法院申请审查，可否忽略意大利的诉讼时效规定？否则，意大利刑事司法无法全面保护欧盟的财政利益。

欧盟法院的回复：

各成员国法院有义务充分发挥《欧盟运作条约》第 325 条第 1 款和第 2 款的职能。假如时效规定阻碍制裁严重危害欧盟利益的诈骗案件，就允许不适用成员国的时效规定。如果意大利因本国时效规定而不能履行《欧盟运作条约》第 325 条第 1 款和第 2 款赋予的义务，应允许意大利不适用本国时效规定。这个决定同样适用危害本国财政利益的类似税收欺诈。

与德国法不同，既是程序法，又是实体法的意大利时效规则属于受意大利宪法保护的依法办案原则。之前曾在与"塔瑞寇案之一"相类似的案件中对时效问题作出判决的意大利宪法法院认为，欧盟法院的这个判决触及了意大利原则权益，呈请欧盟法院裁决。

欧盟法院的态度表现得也很合作，修改了"塔瑞寇案之一"的决策原则：[723] 刑事法院对严重增值税诈骗案继续适用本国时效规定，否则会违反合法性原则、可预见性原则、法律确定性和刑事禁止溯及既往原则。《反危害欧盟财税利益诈骗指令》第 12 条 [724] 协调了部分时效规则后，法院逐渐终止了对犯罪行为人有利的过短时效规则。

---

[722] 欧盟法院，《新经济刑法期刊》2015 年，第 390 页，评注参见霍赫玛雅，《国际刑事法律理论期刊》2016 年，第 239 页；库比茨，《刑事辩护期刊》2017 年，第 69 页。

[723] 欧盟法院，《新法学周刊》2018 年，第 217 页；点评参见鲁费特，《法学教育期刊》2018 年，第 469 页；迈尔，《欧盟经济法期刊》2018 年，第 304 页，所谓"塔瑞寇案之二"。

[724] 2017/1371/EU。

二、各成员国法律参照欧盟法

65   欧盟对许多政策领域（除刑法外）在事实和法律上拥有立法权，并可依据《欧盟运作条约》第 83 条协调跨国刑法领域中各成员国的刑法。成员国刑法中的具体规定取决于欧盟基础性和派生性法规的权利和义务，各成员国立法机关可以规定本国刑法构成要件参照欧盟基础性和派生性法律规定。

> **思考题**：科普夫勒，《法学教育期刊》2011 年，第 236 页（违反《德国治安管理条例》，参见《欧共体条约》）。

（一）通过"指令"

66   刑事构成要件中的非刑事犯罪与欧盟"指令"间的交会"掩盖了"这种互动。大多数不是给予公民权益，而是含有惩戒性内容的欧盟刑法"指令"对外不产生直接的法律效力。欧盟法院 1987 年在"Kolpinghuis Nijmegen 案"就是这样判的，2005 年的"意大利前总理贝卢斯科尼案"又重申了这个观点："脱离成员国配套法规的'指令'不产生任何效力……，因为无法对那些违反'指令'的刑事犯罪定刑或加重处罚。"[725]"指令"应先被转化成各成员国的法律，[726]"指令"的内容通常会一字不漏地复制为成员国刑事构成要件。按照"指令"精神解释这些刑事构成要件（如《访问服务监督保护法》第 4 条）。

（二）通过"条例"

67   欧盟为成员国的刑法规则确立了一种行为规范。成员国的立法机理论上可以像"指令"那样，首先将"条例"转化为成员国法律，然后在刑事构成要件中规定对刑事犯罪行为的处罚。但欧盟法院已禁止了这种工作方式：[727] 它会使欧盟法律规则的出处变得模糊不清，存在各成员国对条例的使用和解释各不相同的风险。[728] 成员国立法除直接参照欧盟规则外，别

---

[725] 欧盟法院，"意大利前总理贝卢斯科尼案"，《欧洲经济法期刊》2005 年，第 369 页，页边码 74，以欧盟法院"Kolpinghuis Nijmegen 案"为蓝本，《欧盟法院判例选》1987 年，第 3969 页，页边码 13。

[726] 扎费林，第 11 章，页边码 45。

[727] 扎费林，第 11 章，页边码 56。

[728] 欧盟法院，C–34/73，"Variola 案"。

无其他选择。[729] 例如《化学产品刑法和处罚条例》第 1 条、第 2a 条、第 2b 条（ChemStroWiV）。

1. 抽象刑事构成要件

互动的结果是产生一种从属于共同体法律的抽象刑事构成要件，它能惩戒故意或过失违反欧盟法律的行为。这涉及"双料"规则：[730] 一个构成要件涉及欧盟法，另一个则完全受各成员国法律影响。[731] 这种立法技术常见于附加刑事处罚和违反社会治安管理条例。安博斯（第 11 章，页边码 28，图表 26）列举了一个很好的事例：以营利为目的进口非洲象牙违反了《联邦德国自然保护法》第 71 条结合第 69 条第 4 款第 1 目以及《欧共体条例 338/97》第 4 条第 1 款第 1 项。

2. 动态参照和静态参照

参照可细分为动态参照和静态参照。参照一个现行的具体法律规范，比如《德国药品管理法》第 96 条第 20 目 [732] 是一种静态参照。相反，法规参照不同版本的欧共体条例对应变化的对象则是一种动态参照。隐蔽动态参照是指参考对象静止，但动态参照其他不同版本的规定，例如《德国外贸经济法》第 18 条第 5 款第 2 项结合欧共体的双重用途规章。

思考题：扎费林，第 11 章，页边码 57（静态参照）和第 11 章，页边码 58（动态参照）。

3. 参照的作用

"条例"作为参照对象成为各成员国法规的组成部分，并在各成员国统一适用，但注释法规时要注意欧盟法的基本原则和欧盟法院的司法解释。欧盟实体法参照的对象仍然是欧盟法。《欧盟条约》第 4 条第 3 款和优先适用欧盟法律原则主要为防止欧盟法律的四分五裂，即在解释欧盟条例时要顾及全部 23 种欧盟成员国的官方语言，并优先选择最有利于实现欧盟法律目标的解释。[733]

（三）转介条款

德国在适用这种共同体刑法时并不是直接参照欧盟规章，而是参照确

[729]　扎茨格，第 9 章，页边码 60。

[730]　安博斯，第 11 章，页边码 30。

[731]　黑克尔，第 7 章，页边码 80。

[732]　事例参见扎费林，第 11 章，页边码 57。

[733]　扎茨格，第 9 章，页边码 69。

定欧盟禁止性条款适用的德国行政规章。[734] 这种复杂结构，一方面避免了公民查找欧盟规章和相关刑事构成要件，以及德国适用规章的麻烦；[735] 另一方面，立法者不用在正规立法程序上耗费大量时间，而能快速适用新的欧盟法。[736]

（四）宪法性难题

72 抽象刑事构成要件和转介条款都涉及德国法律法规，它们要符合德国宪法要求。这个规定也适用欧盟法中已经转化为德国联邦法律的抽象法律构成要件。[737]《德国基本法》第 103 条第 2 款和第 104 条要求遵守下列 3 条原则：

1. 合法性原则：不是德国联邦政府或州司法部，而是德国联邦议会规定刑事处罚。

2. 确定性原则：刑事构成要件结合欧盟法明确规定，哪些行为应受到刑事处罚；同时也要考虑这些刑事处罚规定应针对具有相应刑事法律专业的人士。[738]

3. 民主原则：由欧盟和各成员国议会决定是否刑事处罚以及处罚范围。德国联邦高等法院却未对这种通过参照技术向外扩展抽象刑事构成要件的做法提出异议。

73 **"联邦自然保护法案"** [739]：

结合《欧盟条例》（EWG Nr 3626/82）或现行《联邦德国物种保护规章》，贩卖和供养受《德国自然保护法》保护的濒临灭绝物种的抽象刑事构成要件既不违反民主原则，也符合确定性原则。另外，单单一个长的、汇集许多具体法律规范的参照链条还不违反《德国基本法》第 103 条第 2 款要求的法规确定性原则。这种立法技术在辅助性刑法

---

[734] 例如《德国食品和饲料法》第 58 条，扎茨格，第 9 章，页边码 72；或者《德国联邦商标保护法》第 144 条第 2 款。

[735] 扎费林，第 11 章，页边码 59、60。

[736] 黑克尔，第 7 章，页边码 92。

[737] 黑克尔，第 7 章，页边码 80。

[738] 延克和施拉姆，第 5 章，页边码 7："专家刑法"。

[739] 德国联邦高等法院，《德国联邦高等法院刑事判例选》第 42 卷，219 页；黑克尔，第 7 章，页边码 87。

> 中很常见，其目的在于，尽可能详细的规定才能避免在法律实践中出现意想不到的问题。

（五）适用处罚最轻微原则（lex mitior）

《德国基本法》第 2 条第 3 款要求对刑事犯罪人适用从轻处罚原则，即若在法院作出司法裁定前，法律被修改，判决就应适用处罚力度最轻的法律。虽然这个最优惠待遇原则[740] 不具有宪法性地位，但按照欧盟法院司法解释，这个普遍适用的法律原则依据《欧盟条约》第 6 条第 2 款构成欧盟法的组成部分，[741] 并作为基本司法权利被写入《欧盟基本权利宪章》第 49 条第 1 款第 3 项。如果法规在实施犯罪后和法院宣判前减轻了处罚力度，那么以新的规定为判刑依据。在法规生效前发生的行为不受刑事处罚的案件，也适用这个规则，这种无罪影响一直回溯到犯罪发生时。不受刑事处罚的最轻微法律规定主要指援引的欧盟 / 欧共体法律规定已改变，但德国立法机关还未及时调整本国的刑法规则，甚至在发生刑事犯罪时欧盟已经修改了相关规定，致使该行为不受刑事处罚，[742] 无法发挥法规的效力。[743]

74

三、优先适用欧盟法

（一）一般规定

联盟法优先适用于各成员国的刑法。出乎意料的是，这个 1964 年已经被欧盟法院司法解释承认的重要原则并没有作为基础性法律写入《里斯本条约》。[744] 德国刑法与欧盟法相抵触（如欧盟商品、人员、服务和资本自由流通的基本原则）涉及所谓真正的法律冲突时，就不适用德国刑法。[745] 但欧盟法只在适用上，而不在效力上享有优先权。[746] 这种冲突可能发生在刑事构成要件和法律后果层面。

75

---

[740]　拉克纳和屈尔主编，《德国刑法典评注》第 2 条，页边码 3。

[741]　欧盟法院，《欧洲经济法期刊》2005 年，第 369 页，页边码 68。

[742]　扎茨格，第 9 章，页边码 74。

[743]　埃塞尔，第 2 章，页边码 108a。

[744]　延克和施拉姆，第 2 章，页边码 16：考虑到"成员国对这个问题比较敏感"。

[745]　详情参见下文页边码 78。

[746]　安博斯，第 11 章，页边码 44。

76　　从与食品安全相关的刑法规定中，可以找到许多让各成员国刑法保持中立的内容。成员国根据商品自由流通原则把合法生产的食品出口到其他成员国，即使这些商品不符合销售地的食品卫生法规，生产商也不必担心受到刑事处罚。例如作出相应说明后，不符合德国啤酒纯度要求的外国啤酒也能出口到德国。[747]

77　　欧盟法院在1964年7月15日Costa诉E.N.E.L案中确认，成员国优先适用欧共体法律的判决对现行欧盟法规依然有效。[748]《欧共体条约》设立的一个单独融入成员国法律的法律规则也适用于各成员国法院。这种根据条约设立的权利是独立、优先适用于各成员国的法律规则。"假如欧盟条约对各成员国法律不具有优先适用权，它就失去了作为欧盟法的特征，失去了任何存在的意义"。

（二）真正的法律冲突

1. 构成要件层面

78　　当一种德国法禁止的法律行为按照欧盟法的标准却是合法时，应优先适用欧盟法规定。上文讲到的基础性欧盟法如《欧盟条约》的基本自由权等属于优先适用的欧盟法。[749] 这种基本自由权并不是没有界限，而是受到公共秩序（如《欧盟运作条约》第45条第3款）和（未成文的）公众利益的制约。[750]

79　　**"德国禁止赌博案"：**

　　未经德国主管部门批准，企业因经营和宣传彩票遭受刑事处罚引发了很大争议。依据《欧盟运作条约》第56条（旧版《欧共体条约》第49条），跨国企业在德国宣传或销售国外彩票需要行政部门的审批，这是一种对服务自由的限制。欧盟法院曾经多次强调，受保护的公众利益包括给涉案人和社会造成财产损害、参与赌博的人有被骗的风险，成员国有权禁止经营博彩和福彩。而"Gambelli判决"之后，欧盟法

---

[747]　《欧盟法院判例选》1987年，第1227、1262页。

[748]　《欧盟法院判例选》1964年，第1251页。

[749]　上文页边码73。

[750]　扎茨格，第9章，页边码82。

院放宽了对赌博的判定标准。[751] 在 "C42/07案" 中，[752] 欧盟法院把网络赌博限定在成员国范围。

　　欧盟法院判定，德国国营彩票企业对赌博业的垄断违反了欧盟法律。[753] 这种垄断违反欧盟自由居住和商业服务原则（《欧盟运作条约》第 49 条、第 56 条）。正像国营垄断企业大量宣传彩票一样，各种对博彩业的限制性规定也是不可取。德国在出台一部符合欧盟法律精神的相关规定前，不能根据《德国刑法典》第 284 条处罚在德国发行这类彩票的私营企业。德国刑事构成要件被中性化。[754] 欧盟法院 2016 年确认，德国垄断体育博彩的规定违反欧盟法，[755] 但德国不会像英国那样以发放营业许可的方式管理私人体育博彩业。修订彩票合同中的 "实验条款" 仍不能消除国家垄断不符合服务自由的现实。

■　思考题：扎费林和舒尔茨，《司法工作期刊》2009 年，第 353 页（博彩垄断）。

2. 法律后果层面

　　欧盟法与成员国法规相抵触。正如 "多娜塔拉·卡尔法案" 显示的，基础性共同体法规构成刑事法律的上限。　　　　　　　　　　　80

"多娜塔拉·卡尔法案"[756]：　　　　　　　　　　　　　　　81

　　意大利公民多娜塔拉·卡尔法在希腊旅游时因携带和吸食麻醉品被希腊法院判处 3 个月有期徒刑，永远不许再踏上希腊领土。《希腊麻醉品管理法》规定，在不违反《希腊婚姻家庭法》相关规定的情况下，法院可以禁止违反《希腊麻醉品管理法》的外国人再踏上希腊领土。三年后，希腊司法部部长可以撤销这个判决。相反，法院不得判处希腊国民驱逐出境且终生限制再入境。负责审理该上诉案件的希腊高等

---

[751]　《欧盟法院案例选编》2003 年，第一部分，第 13031 页。

[752]　BWin 和葡萄牙足球协会起诉 Departamento de Jogos da Santa Casa da Misericórdia de Lisboa，《新法学周刊》2009 年，第 3221 页。

[753]　欧盟法院 2010 年 9 月 8 日作出判决，C-409/06，参见《德国行政法期刊》2010 年，第 1298 页。

[754]　扎费林，第 11 章，页边码 33。

[755]　施特赖茨，《法学教育期刊》2016 年，第 568 页。

[756]　欧盟法院，案卷编号：C-348/96，《法学家期刊》1999 年，第 784 页，汉弗点评；施特赖茨，《法学教育期刊》1999 年，第 1120 页；黑克尔，第 9 章，页边码 49；扎费林，第 11 章，页边码 24。

法院曾咨询欧盟法院,《希腊麻醉品管理法》是否符合欧共体条约中有
关服务自由的规定。

　　欧盟法院认为,自由交往原则(现行《欧盟运作条约》第 56 条)
包括不受限制地到另一个成员国自由旅游。虽然成员国原则上负责刑
事案件,但它不能限制共同体法律保障的基本自由权。希腊法律中有
关外国人终生不得再踏上希腊土地的规定阻碍了服务自由和其他受欧
共体条约保障的自由权。本案的被告只是自己吸食麻醉品,并没有销
售,不能以维护公共秩序作为终生驱逐的理由(现行《欧盟运作条约》
第 52 条结合第 56 条、第 62 条)。

(三)非真实的法律冲突

82　　共同体法规不能直接适用,需要先转化为各成员国的法律,因为它不
能削弱成员国的现行法律,除非一个还未执行的共同体"指令"与现行的
成员国刑法规定相抵触。[757] 在符合联盟法精神的解释框架下考虑欧盟法
规定。[758]

四、符合欧盟法精神的解释

(一)任务、说明和界限

83　　解释法律条文要符合欧盟法精神。[759] 出现不同的解释结果时,应选
择最符合欧盟法精神的解释。这一方面涉及成员国执行"指令"或"条例"
时制定的法律,另一方面也包括"指令"或"条例"颁布前就存在或成
员国单独设立的法规。[760] 这种解释方法有两项功能:[761](1)它防止成员
国与共同体发生法律冲突,让德国法中立化;(2)客观上保障各成员国

---

　　[757]　黑克尔,第 9 章,页边码 16;关于"贝卢斯科尼案"中区分真实和不真实的
法律抵触问题参见《欧盟法院判案例选》2005 年,第 3565 页和黑克尔,第 9 章,页边
码 16。

　　[758]　扎茨格,第 9 章,页边码 80。

　　[759]　现在也称作按照欧盟指令或共同体法律精神解释法律条文。

　　[760]　黑克尔,第 10 章,页边码 10。

　　[761]　马普国际刑事法律研究所主编,《欧盟刑法学》,扎茨格撰写的第 9 章,页边
码 51。

整齐划一地适用欧盟法。[762]

1. 法律依据

根据《欧盟条约》第 4 条第 3 款，各成员国及其政府要确保本国统一 **84**
适用欧盟法。[763]成员国的立法者有义务，根据本国法律的解释原则按照欧
盟法的精神解释相关法律条文，执行欧盟"指令"。一般认为，各成员国
的立法者都希望正确执行欧盟"指令"。因此他们在执行时要考虑如何正
确理解法规。[764]

2. 界限

在各成员国现行法律的许可范围内，依照欧盟法精神解释法律条文。
同时要考虑立法者的初衷和相关规定的上下文义；尤其不能为适用欧盟法
而脱离本国刑法规则的文义，[765]欧盟法只是一种相对优先。[766]

《德国基本法》第 102 条第 2 款中的合法性原则又对解释刑法条文进行 **86**
了限制。只有在法规条文字面允许的范围，欧盟法规本身又很具体时，才
可以对成员国刑罚的构成要件进一步解释。

原则上，不排除符合欧盟法精神的解释会扩展刑事处罚的范围，[767]即 **87**
一个原来不受刑事处罚的行为根据欧盟的新法规（主要依据新颁布的"指
令"），现在要受到刑事处罚。[768]这样做并不违反刑法禁止类推原则，因为
它只涉及解释成员国法规，由成员国法院依据刑法典规定刑罚的范围。如
果把欧盟基础性法律的变化也包含在内，那么它仅涉及变更司法解释，公
民不要盲目地相信法律规定一成不变，这种变化并不违反刑法禁止溯及既
往原则，除非刑事处罚完全依据"指令"的规定。

---

[762]　延克和施拉姆，第 5 章，页边码 34。

[763]　埃塞尔，第 2 章，页边码 88；扎茨格，第 9 章，页边码 89。

[764]　参见欧盟法院，1984 年 4 月 10 日作出判决，案卷编号：Rs. 14/83，《欧盟法
院判例选》1984 年，第 1891 页，Colson 和 Kamann 诉德国北莱茵－威斯特法伦州。

[765]　黑克尔，第 10 章，页边码 34。

[766]　安博斯，第 11 章，页边码 54。

[767]　扎费林，第 11 章，页边码 18。

[768]　安博斯，第 11 章，页边码 53；黑克尔，第 10 章，页边码 63；扎茨格，第 9 章，
页边码 94。

（二）按照欧盟法精神解释德国刑法的案例

1. 高温分解判决

88　　德国联邦高等法院在"高温分解案"[769]中没有很明确，但事实上规定了法规解释要符合欧盟法律精神。[770]

> **"高温分解案"**[771]：
>
> 　　SPG 公司利用高温分解装置转化有害废物，经营者想把高温分解后产生的有害油卖给第三方，再经过相应技术处理可以当作汽油使用。但这宗生意没有谈成。高温分解出的汽油被装入 6 辆油罐车，政府部门几周后下令把汽油重新装回 SPG 公司的储油库。初审法院判定，依据《德国刑法典》第 326 条对 SPG 公司总经理储存危险垃圾的刑事指控不成立，但德国联邦高等法院撤销了这个无罪判决。《德国刑法典》第 326 条意义上的废料指占有者想丢弃（所谓主观废料概念）和为公共利益需要妥善清除的物品（所谓客观废料概念）。高温分离出的汽油虽然经济上还有利用价值，但客观上是废料，这与想废物利用的目标无关。德国联邦高等法院依据《德国废料处理法》得出这个结论时援引了欧盟的相关"指令"和欧盟法院的司法解释：
>
> 　　"这个脱离主观使用目的的垃圾定义符合案发时的欧盟指令……"。"欧盟法院宣布，凡是成员国法律认为经济上可以重新被利用的材料都不属于垃圾的规定违反欧盟指令。欧盟法院在同一日的另一个判决中阐明，适用这两个指令取决于得到材料的第三人想在经济上如何重新利用这些材料，但它违背了这两个以保护公民健康和环境为目标的指令。各国行政机关和法院在执行时也要遵守这个司法解释"。

2. E101 判决

89　　另一个符合欧盟法律精神的解释涉及《德国刑法典》第 266a 条框架内的派遣"指令"E101 对德国法院的效力。

---

[769]　德国联邦高等法院，《德国联邦高等法院刑事判例选》第 37 卷，第 333 页。

[770]　黑克尔，第 10 章，页边码 59。

[771]　德国联邦高等法院，《德国联邦高等法院刑事判例选》第 37 卷，第 333 页；黑格尔，第 39 页等。

"派遣指令案"^[772]：

F 担任总经理的有限公司 A 作为分包商派遣两名葡萄牙籍工人到德国建筑工地工作。这两名工人表面上受雇于葡萄牙建筑公司 B，他们的名字却被写在有限公司 A 的建筑委托书中。公司 B 与德国没有任何商业往来，两名工人实际上被有限公司 A 雇佣，但假借公司 B 支付他们的工资。因 F 未在德国社保机构登记两名工人的信息，逃避缴纳社会保险金共计 11 万欧元，慕尼黑州立法院根据《德国刑法典》第 226a 条判处 F 有期徒刑 1 年半。

《德国刑法典》第 226a 条要求雇员按照《德国社会保障法》缴纳社会保险，这种义务虽然存在，但葡萄牙社保机构依据 1971 年《欧共体流动雇员条例》开具的派遣证明免除了这种义务，致使德国联邦高等法院"被迫"宣布 F 无罪。欧盟法院认为，各成员国社保机构开具社保的证明对雇员所在成员国的社保机构有效；其他的理解违反《欧共体条约》第 249 条第 2 款和《欧盟条约》第 10 条真诚合作原则，它对通过欺骗手段获取的证明文件同样适用。只能让开具证明的社保机构审查这种情况；而不能怀疑 E101 证明的有效性。

德国联邦高等法院依照欧盟法律精神对其他案件作出的司法判决有：《德国联邦高等法院刑事判例选》第 48 卷，第 347 页（Scalping）；《德国联邦高等法院刑事判例选》第 50 卷，第 347 页；施拉姆撰写相关评论，《经济、税务和刑法期刊》2008 年，第 245 页^[773]；德国联邦高等法院，《经济、税务和刑法期刊》2010 年，第 268 页，施拉姆和欣德厄撰写相关评论，《国际刑事法律理论期刊》2010 年，第 494 页^[774]；德国联邦高等法院，《新法学周刊》2014 年，第 2595 页^[775]；德国联邦高等法院，《新法学周刊》2018 年，第 480 页^[776]；《德国联邦高等法院刑事判例选》第 62 卷，第 13 页^[777]。

90

---

[772] 德国联邦高等法院，《德国联邦高等法院刑事判例选》第 51 卷，第 124 页，豪克撰写相关评论，《新刑法学期刊》2007 年，第 221 页。

[773] 缺乏窝藏赃物的故意和严重过失。

[774] 贪污给有限责任公司造成的损害。

[775] 德国联邦高等法院认购陷阱骗局的判决；施拉姆，《德国刑法分论一》第 7 章，页边码 64；黑克尔和策勒，第 9 题，第 101 页。

[776] 排放证书作为《税法》第 470 条意义上的其他权利。

[777] 根据新《德国证券交易法》内幕交易和操纵股市。

（三）保护欧盟的法律权益

91　　德国刑法条文未明确是否保护欧盟法律权益时（《德国刑法典》第108e条、第264条第7款第2目），德国刑法对欧盟个体权益的保护（例如所有权，财产）源于一般法律原则，且需要具备适用德国刑法的其他前提。[778] 刑法保护个体权益不取决于权益主体是外国人还是德国人。[779]

92　　只维护德国法律权益的德国刑法对外国权益不具备保护功能。[780] 只要法规保护公共权益，并且没有明确针对德国人，[781] 学术界就有理由依据忠诚义务原则（《欧盟运作条约》第4条第3款）把德国刑法保护的范围扩展到欧盟公共权益，[782] 例如《德国刑法典》第132条"非法从事公务罪"、第133条"侵害保管物罪"、第136条"损坏封印罪"、第267条和第271条"伪造文书罪"，以及以违反行政法义务为前提的"环境刑事犯罪"（如《德国刑法典》第324a条、第325条第1款），而《欧盟环境法》统一确定了这些义务。

▌　**思考题:** 扎费林，第11章，页边码19（关于《德国刑法典》第132条）。

（四）裁量处罚，过失

93　　判断符合欧盟法精神的关键是看法官在《德国刑法典》第46条的裁量权限内是否考虑欧盟的基本自由权（扎茨格，第9章，页边码111）。欧盟谨慎义务的定义对《德国刑法典》第222条、第229条的过失标准同样重要。[783]

（五）符合框架决议精神的解释

94　　《里斯本条约》生效后，欧盟在第三支柱范畴内颁布的《框架决议》

---

[778]　例如根据《德国刑法典》第3条案发地点在德国或者根据《德国刑法典》第7条德国公民在国外作案；参见扎茨格，第6章，页边码1。

[779]　详见第1章，页边码69。

[780]　参见上文第1章，页边码71。

[781]　参见上文第1章，页边码72。

[782]　黑克尔，第10章，页边码63；扎茨格，第9章，页边码99。

[783]　黑克尔，第10章，页边码76，以《保障儿童玩具安全指令》为例。

继续有效。[784] 与"指令"不同,《框架决议》本身没有直接的法律效力（旧版《欧盟条约》第 34 条第 3 款第 3 目）,也不保持中立。欧盟法院在"玛利亚·普皮诺案"[785] 中确认《框架决议》与"指令"基本相同。欧盟法院解释《框架决议》时具有更广泛的权限:[786] 个体从《框架决议》可以推导出主观权利,并按照《框架决议》精神解释成员国的法律。这种符合《框架决议》精神对解释"欧盟逮捕令"至关重要。[787] 第三支柱原来也适用忠诚合作原则。在执行和解释《框架决议》时,还要充分考虑各成员国法律规范的特殊性。

95

"玛利亚·普皮诺案"[788]:

　　意大利幼稚园老师玛利亚·普皮诺多次虐待照管的孩子（用胶条粘住嘴、不让去卫生间等）。检察院申请对这些孩子采用特殊证人保护程序（如不当庭询问孩子）,被驳回,因为意大利刑事诉讼法只对性侵害的受害人,而不向受虐待的未成年人提供保护措施。欧盟理事会在 2001 年 3 月 15 日通过的《关于受害人在刑事诉讼中法律地位的框架决议》中指出,保护儿童不需要以性侵害为前提。意大利法院因此对其刑事诉讼法的这项规定持很大怀疑态度。

　　欧盟法院在回复意大利法院的呈请中指出,要求各成员国以欧盟法精神解释法律对欧盟判决具有指导性意义。欧盟法院首次将这种符合欧盟法精神的解释方式从超国家领域扩展到政府间的工作,同时强调警政和司法机关合作在刑事案件中的重要作用:对《关于受害人在刑事诉讼中法律地位的框架决议》可以理解为,成员国法院应尽量为可能遭受虐待的儿童提供合理保护措施,例如未成年人在法庭陈述时审理不对外公开或放在庭审之前。各成员国法院要充分考虑本国已有的法律规定,尽可能按照《框架决议》精神解释法律条文。《框架决议》强制各成员国法院按照欧盟法精神解释本国法律。

---

[784]　扎费林,第 11 章,页边码 51:对欧盟"指令"没有"突变"。

[785]　下文页边码 95。

[786]　延克和施拉姆,第 4 章,页边码 58 等。

[787]　参见下文页边码 137 等;延克和施拉姆,第 4 章,页边码 58。

[788]　欧盟法院,《新法学周刊》2005 年,第 2839 页。

第六节　欧盟法院作为欧盟一体化的发动机

一、一般规则

96　　1952 年成立的欧盟法院（EUGH）设在卢森堡，它的主要任务是适用和解释共同体法律（《欧盟条约》第 19 条第 1 款第 2 项）。概括地讲，共同体法律正受到来自两方面的威胁：一是欧盟机构没有正确执行共同体法规，二是各成员国没有或错误地执行欧盟法。欧盟法院审查欧盟机构（欧盟委员会、欧盟理事会和欧洲议会）的工作是否符合欧盟法规，并检查各成员国履行条约义务的情况。此外，欧盟法院可以依据成员国法院的申请预先解释欧盟法，以便成员国法院作出符合欧盟法精神的判决。

（一）欧盟法院的三个层面（《欧盟条约》第 19 条第 1 款第 1 项）

97　　——（欧盟）法院作为基层法院（在《欧盟运作条约》和《欧盟条约》中被称为"法院"，《欧盟运作条约》第 19 条第 1 款）主要受理自然人或法人起诉欧盟颁布的各项措施（《欧盟运作条约》第 256 条）。

　　——高等法院负责审理"大诉讼"，即先期裁定程序和违约诉讼。欧盟法院由来自 28 个成员国的 28 位法官（《欧盟条约》第 19 条第 2 款）和 11 位总检察官（《欧盟运作条约》第 252 条）组成。总检察官基于专业独立性对终审判决至关重要。[789]

　　——专业法院实际上变得无足轻重（过去负责公共服务的法院）。

（二）《里斯本条约》之后的变化

98　　《里斯本条约》签订后，欧盟法院主要发生了以下变化：欧盟法院（EuGH）更名为欧盟法院（EUGH，《欧盟条约》第 13 条第 1 款）。按照新规选任法官（《欧盟运作条约》第 253、255 条）。欧盟法院现在无需经各成员国的认可，即可负责国家安全、自由和法律领域的先期判决。[790]《欧盟基本权利宪章》和欧盟法院的司法解释享有与条约相同的法律地位（《欧盟条约》第 6 条第 1 款）。

---

[789]　延克和施拉姆，第 3 章，页边码 3。

[790]　旧版《欧盟条约》第 35 条"选择加入条款"对未作修改的《框架决议》十分重要，参见黑克尔，第 4 章，页边码 37。

（三）诉讼类型

欧盟法院的违约司法程序审查成员国是否履行了合约规定的义务（《欧盟运作条约》第 257 条、第 258 条）。欧盟法院的其他诉讼类型为：无效之诉（《欧盟运作条约》第 263 条）、不作为之诉（《欧盟运作条约》第 265 条）、损害赔偿之诉（《欧盟运作条约》第 268 条）和临时性法律保护（《欧盟运作条约》第 279 条）。欧盟法院审理针对（欧盟）法院判决和裁定的上诉，先行裁定程序是其中最重要的一种诉讼形式。 **99**

二、先期裁定程序

先期裁定程序（《欧盟运作条约》第 267 条）对欧洲一体化进程始终具有实质性意义。几乎所有欧盟法院的重要判决，包括刑事判决都曾作出先期裁定。特定案件出现关于欧盟法的疑问时，成员国法院有义务提请欧盟法院。[791] **100**

审查规范之二十二：先期裁定程序（VE） **101**

1. 法官呈请的合法性，《欧盟运作条约》第 267 条

a）属于欧盟法院的管辖范围（《欧盟运作条约》第 267 条第 1 句第 1 目和第 2 目）。

b）呈请

（1）选择性呈请（呈请资格，《欧盟运作条约》第 267 条第 2 句）；

（2）强制性呈请（呈请义务，《欧盟运作条约》第 267 条第 3 句，在没有正常法律救助的情况下）。

c）呈请对象：对基础联盟法的解释（《欧盟运作条约》第 267 条第 1 句第 1 目）或者派生联盟法有效性的解释（《欧盟运作条约》第 267 条第 1 句第 2 目）。

d）呈请对具体案件的判决结果至关重要（《欧盟运作条约》第 267 条第 2 句）：如果呈请对象与案件无关，仅是单纯的假设性问题，正确答案一目了然（所谓"一目了然"），或者欧盟法院已经对案件作出判

---

[791] 《欧盟运作条约》第 267 条第 3 款；《欧盟法院法》第 1 条第 2 款；参见黑格尔，《德国联邦刑事判例网络期刊》2014 年，第 471 页；德国联邦高等法院，《新法学周刊》2014 年，第 2595 页。

决，呈请就不重要。

e）呈请的问题（必要时，欧盟法院可以自己表述）。

2.欧盟法院对呈请问题的回复

a）关于解释法条问题（《欧盟运作条约》第267条第1句第1目）：对法律问题的抽象性答复以及具体案件判决不属于欧盟法院，而是呈请法院的责任范围。

b）关于有效性问题（《欧盟运作条约》第267条第1句第2目）：从形式（管辖、程序）和实体法方面对立法进行审查。

3.先期裁定的作用

先期裁定的结果对呈请法院具有法律效力；欧盟法律被判无效的决定同时也具有普遍效力。

具体参见奥玻曼、克拉森和内特斯海姆主编，《欧盟法》第13章，页边码71等；施特赖茨，页边码693等。

（一）目标

102　　先期裁定程序客观上确保各成员国步调一致地适用欧盟法；主观上保护个体权利，并体现出各成员国法院与欧盟法院间的一种协作关系。欧盟法院利用先行解释联盟的法律规定，协助成员国法院作出合理的判决。[792]

103　　事实上，大多数呈请法院都希望欧盟法院预先审查成员国制定的具体法规是否符合欧盟法精神。这种审查原本并不属于欧盟法院的管辖范围，因此，成员国法院呈请欧盟法院，对成员国法规与欧盟法之间的争议问题给出一个答复。欧盟法院为先期裁定程序中的刑事案件设置了一个临时性程序。[793]

> **思考题**：扎费林和肖尔茨，《法律研究期刊》2009年，第353、354页。

（二）诉讼对象及管辖权

104　　根据《欧盟运作条约》第267条第1句，先期裁定主要对条约、[794]欧盟机构和组织的工作及有效性（主要派生法是否与基础法一致）进行解释。

---

[792]　奥玻曼、克拉森和内特斯海姆主编，第13章，页边码68。

[793]　延克和施拉姆，第3章，页边码28。

[794]　包括《欧盟基本权利宪章》。

依照《欧盟运作条约》第 267 条第 1 句规定，并非欧盟法院，而是呈请法院有权审查本国警察和检察院的工作，该规定只是起到一种"说明作用"。[795] 此外，欧盟法院根据《欧盟运作条约》第 276 条第 2 项无权监督成员国法院的审判工作，《欧盟运作条约》第 72 条把保障社会安定的权利留给了各成员国。

欧盟法院只负责《里斯本条约》颁布前及之后还未修改的原来警政和司法在刑事案件合作的呈请，过渡期为 5 年，前提是成员国已经认可了这些规定。[796]

"Felix Kapper 案" [797]：

因 Kapper（K）违反交通规则，法院 1998 年吊销了他的机动车驾驶执照，并通知行政管理部门，9 个月内不许给 K 签发新的驾照。1999 年 8 月（不到 9 个月），K 又获得了荷兰的驾照。1999 年 11 月和 12 月他再次被警察检查，不久因两次无照驾驶机动车，被弗兰肯塔尔基层法院判处罚金，他对此提起上诉。

弗兰肯塔尔基层法院希望通过呈请程序澄清，能否根据《驾照指令》（FRL）91/439/EWG 把一本外国驾照视为无效，持有人在获得新驾照时根本未在国外定居（所谓欧盟驾照旅游）。《驾照指令》第 1 条第 2 款规定，欧盟各成员国应相互承认对方国家的驾照。根据《驾照指令》第 7 条第 1 款，驾照应由申请人常住地所在国签发（所谓居住地原则）。

欧盟法院进一步深化了呈请问题，并作出如下回复："1.……一个成员国不得根据掌握的信息拒绝承认由另一个成员国签发的驾照，因为签发驾照时驾照持有人的常住地点并不在签发驾照的成员国；2. 如果在其他成员国签发驾驶许可前已过了禁止签发新驾驶许可的期限，那么这个成员国不得因曾收回或撤销持有人的驾驶许可而拒绝承认由其他成员国签发驾驶执照的有效性。"

在此之后，欧盟法院的司法判决加大了欧盟公民在其他成员国获得汽

---

[795]　马普国际刑事法律研究所主编，《欧盟刑法学》，伯泽撰写的第 54 章，页边码 17。

[796]　参见马普国际刑事法律研究所主编，《欧盟刑法学》，伯泽撰写的第 54 章，页边码 6、7。

[797]　欧盟法院，《新法学周刊》2004 年，第 1725 页。

车驾驶执照的难度（欧盟法院有关驾照旅游的最新判例参见格拉比茨、希尔夫和内特斯海姆主编的《欧盟法》第 63 版补充版本，《欧盟运作条约》第 91 条，页边码 51 等）。

三、对欧盟法院的批评意见

108a　　欧盟法院与欧洲人权法院和德国联邦宪法法院不同，它不是一个宪法法院或人权法院。在现实生活中，欧盟法院借助《欧盟基本权利宪章》框架，宽泛地解释"执行联盟法"概念，介入原本属于欧洲人权法院和各成员国宪法法院的领域。[798]"里斯本案"后，德国联邦宪法法院把"身份"审查（下文页边码 145a）看作，司法权移交欧盟法院后，各成员国对失去如颁布欧盟逮捕令的法律权限的回应。德国联邦宪法法院对执行联盟法的概念的要求明显比欧盟法院在"艾克贝格－弗兰森偷税案"规定得严。[799]意大利和捷克等国的宪法法院现在都认同德国联邦宪法法院的观点。[800]欧盟法院试图通过法官自律回击外部的批评意见。[801]

第七节　欧盟司法协助：刑事案件的司法合作

一、一般规则

109　　为实现区域内的自由、安全和正义（《欧盟运作条约》第 67 条第 1 款），欧盟致力于加强"警政和司法之间的协调与合作"（《欧盟运作条约》第 67 条第 3 款）。《欧盟运作条约》第 82—86 条规制司法合作（JZS），《欧盟运作条约》第 87—89 条协调成员国警察间合作。[802]《里斯本条约》签订后，协调不再是《框架决议》中一种单纯国家间的合作特性（旧版《欧盟条约》第 29 条等），而是将"联盟化"引入正规立法程序，成为欧盟法不可分割

---

[798]　参见上文页边码 22；努斯贝格尔，《政治和当代历史期刊》2017 年，第 27 期。

[799]　上文页边码 22a、22b、62a。

[800]　德国联邦宪法法院，《新法学周刊》2016 年，第 1149 页，页边码 45；文德尔，《外国法和国际法期刊》第 74 卷，第 615、666 页："面对欧盟法院，各成员国宪法法院更要紧密团结"。

[801]　延克和施拉姆，第 3 章，页边码 30。

[802]　参见下文页边码 154。

的组成部分。[803]

司法和警政合作中的两大支柱：（1）相互承认原则和相关"指令" **110**
（《欧盟运作条约》第 82 条第 1 款），（2）统一刑事诉讼规则（《欧盟运
作条约》第 82 条第 1 款）。《欧盟运作条约》第 82 条第 1 款第 1 目事
实上把统一实体刑法视为司法和警政机关合作组成部分是一种误解（参
阅《欧盟运作条约》第 83 条）。正如具体案件中不存在司法与警政的
合作一样，这种合作不是刑事司法合作行为，而是为欧盟立法确定基
本要求。[804]

二、相互承认原则

相互承认原则构成欧盟司法合作的基础。为了支持和保障欧盟内部市 **111**
场商品的流通，欧盟委员会先将这个原则运用在民事诉讼领域。1999 年，
在芬兰召开的欧盟委员会特别会议上，该原则成为民事和刑事案件合作的
基础。[805]

（一）原则性概念和目标

应用在刑法和刑事诉讼法意味着：一个成员国依法作出的司法判决对 **112**
其他成员国也同样有效，对案件不需要再进行任何事实性审查。[806] 该原则
希望由此消除司法援助中耗时巨大的诉讼障碍，从而有效打击跨境刑事犯
罪。"正如迁徙自由让刑事犯罪人不费吹灰之力越过边境一样，相互承认
原则弥补了检察机关原则上只能在本国活动的不足，为真正实现欧盟的司
法统一开辟了道路"[807]。欧盟逮捕令（下文页边码 130），欧盟举证规则（下
文页边码 148），规划中的欧盟刑事案件移交（下文页边码 148j）和成员国
间相互承认对方的判决和刑事处罚，如罚金和罚款（下文页边码 149），都
属于相互承认原则的重要表现形式。

---

[803] 安博斯，第 12 章，页边码 2；黑克尔，第 12 章，页边码 1。

[804] 格拉比茨、希尔夫和内特斯海姆主编，福格尔撰写的《欧盟运作条约》第 82
条，页边码 46。

[805] 欧盟法院，《欧盟基本权利期刊》2013 年，第 417 页"基石"。

[806] 扎费林，第 12 章，页边码 43。

[807] 扎茨格，第 10 章，页边码 24。

（二）以基础法为依据及公共秩序的限制

113　　签订《里斯本条约》后，《欧盟运作条约》第 82 条第 1 款第 1 项承认了成员国间相互承认原则。《欧盟运作条约》第 82 条第 1 款第 2 项第 2 句第 1 目为确保遵守这个原则而授权颁布相应"条例"和"指令"。该原则通过生效的《框架决议》此前已经出现在刑事诉讼法中，并于 5 年后并入超国家的欧盟法。[808]

113a　　确定保护个体和人权原则具体界限的欧盟法（例如《欧盟逮捕令框架决议》第 1 条第 3 款，编号：2002/584/JI）允许依据基本权利和一般法律原则不承认成员国法院的具体判决。[809]此外，欧盟法院司法解释则倾向于从法律上限制这条原则，考量标准是符合各成员国和欧盟的公共利益，[810]这主要涉及"欧盟逮捕令"案件。[811]

（三）司法救助（《欧盟基本权利宪章》第 47 条）

114　　相互承认是一种"平淡"却具有重大宪法意义的基本法律原则。[812]它为调查跨境刑事犯罪提供完整的司法救助（《欧盟基本权利宪章》第 47 条）。管辖权被分为作出判决成员国的管辖权（申请下令执行罚金的成员国）和执行判决成员国的管辖权（执行罚金的成员国）。涉案人可以针对执行命令（申请）或所依据的法院判决向作出执行决定的成员国申请司法救助。相反，涉案人在执行罚金的成员国只能要求审查承认判决的前提条件和具体司法执行的合法性。[813]

三、协调统一刑事诉讼领域的权限，《欧盟运作条约》第 82 条第 2 款

115　　根据《欧盟运作条约》第 83 条，欧盟有权在特定刑事犯罪领域中协

---

[808]　扎茨格，第 10 章，页边码 31。

[809]　格拉比茨、希尔夫和内特斯海姆主编，福格尔撰写的《欧盟运作条约》第 82 条，页边码 19。

[810]　欧盟法院，《法学家期刊》2018 年，第 300 页；欧盟法院，《新法学周刊》2013 年，第 1145 页；布罗多夫斯基，《德国最高司法刑事判例网络期刊》2013 年，第 54 页；详见扎茨格，第 10 章，页边码 26a—26c。

[811]　详见下文页边码 145b。

[812]　施特赖茨、奥勒和哈特曼，第 21 章，页边码 1。

[813]　格拉比茨、希尔夫和内特斯海姆主编，福格尔撰写的《欧盟运作条约》第 82 条，页边码 33：申请执行国和执行国"针锋相对辩护"。

调各成员国的实体刑法；而对刑事诉讼法的协调只限于以《欧盟运作条约》第 82 条第 2 款为依据，在正式立法程序框架下颁布的 "指令"。它涉及从刑事调查到强制执行的各个刑事诉讼环节。[814]协调对象包括下面五个领域。

（一）准许采用的证明手段（第 1 目）

以第 1 目的 "指令" 形式规定，从其他成员国获取的证据能否在本国刑事诉讼中被采信。[815]相反，取证协助规定了如何依据《欧盟运作条约》第 82 条第 1 款第 2 句向另一个成员国申请取证。[816]《欧盟刑事调查法》的法律依据是《欧盟运作条约》第 82 条第 1 款第 2 句。[817]

116

（二）具体权利（第 2 目）

各成员国对被告的基本法律权利的规定并不一致。[818]为让犯罪嫌疑人 / 被告人在欧盟获得相同的司法保护，欧盟理事会于 2009 年制定出下列流程表（EU–ABl. 2009 C 295）：

117

——《有关刑事案件中告知权和通报权指令》（编号：2012/13/EU，如聘请律师、告知对方有权保持沉默）和《关于有权要求在刑事诉讼中提供口头和书面翻译的指令》（2010/64/EU），德国颁布《加强刑事案件被告人权利法》贯彻执行了这两个欧盟指令（2013 年 7 月 2 日，《德国联邦法律公报》第一部分，第 1938 页）；

——德国颁布《第二部加强刑事案件被告权利法》，[819]贯彻执行《关于在刑事案件中被捕和执行欧盟逮捕令后有权寻求法律顾问指令》（编号：2013/48/EU）；

——德国还未执行《有关加强刑事案件中无罪推定和出庭权指令》（2016/343/EU），2018 年 4 月 4 日联邦司法部曾制定一部草案。

---

[814]　冯·格勒本、施瓦策和哈特耶主编，《欧盟运作条约》第 82 条，页边码 37。

[815]　施特赖茨和扎茨格，《欧盟运作条约》第 82 条，页边码 58。

[816]　冯·格勒本、施瓦策和哈特耶主编，《欧盟运作条约》第 82 条，页边码 43。

[817]　下文页边码 148 等，格拉比茨、希尔夫和内特斯海姆主编，《欧盟运作条约》第 82 条，页边码 97。

[818]　格拉比茨、希尔夫和内特斯海姆主编，《欧盟运作条约》第 82 条，页边码 101。

[819]　《德国联邦法律公报》第一部分，第 3295 页。

（三）受害人的权利（第 3 目）

118　　《里斯本条约》签署之前，欧盟曾制定多项保护受害人的措施。[820]2012 年颁布《有关保护刑事受害人最低标准指令》，帮助和保护刑事犯罪的受害人。[821]2015 年 12 月 21 日，德国颁布《第三部受害人权利改革法》[822]，将这个国际法规则转化成德国法规。重点增加了受害人刑事举报后的信息权（《德国刑事诉讼法》第 158 条），明确刑事诉讼中获得心理专家的照料（《德国刑事诉讼法》第 406f 条、第 406g 条）。

119　　为避免受害人再次受到暴力行为的伤害，欧盟理事会颁布《有关相互承认对方民法保护措施条例》（档案号：606/2013）取代相应的《指令》（档案号：2011/99/EU）。"条例"和"指令"保障受害人（如家暴）搬到另一个欧盟国家后依然能得到法律保护，免受对方骚扰。《欧盟暴力保护程序法》将该"条例"转化为德国法。[823]

（四）权限扩大条款（第 4 目）

120　　第 4 目虽然是一个扩大权限的条款，即理论上协调各成员国的刑事诉讼规则。[824]但它除了要取得欧洲委员会一致同意外，还需经欧洲议会批准。根据《德国国际条约法》第 7 条第 1 款，它需要德国立法机关的批准。[825]

（五）紧急制动程序依据《欧盟运作条约》第 82 条第 3 款

121　　与协调统一成员国的实体性刑法相同，欧盟对刑事诉讼法也设置了一个紧急制动程序。《欧盟运作条约》第 82 条第 3 款与第 83 条第 3 款的规定完全一致（详细内容请看上文页边码 52）。它可以指示欧盟理事会中的德方代表依照《欧盟运作条约》第 82 条第 3 款提出申请。[826]

---

[820]　冯·格勒本、施瓦策和哈特耶主编，《欧盟运作条约》第 82 条，页边码 47。

[821]　博克，《国际刑事法律理论期刊》2013 年，第 201 页；布罗多夫斯基，《国际刑事法律理论期刊》2012 年，第 558 页。

[822]　《德国联邦法律公报》第一部分，第 2525 页。

[823]　2014 年 12 月 5 日，《德国联邦法律公报》第一部分，第 1964 页。

[824]　施特赖因茨和扎茨格，《欧盟运作条约》第 82 条，页边码 65。

[825]　冯·格勒本、施瓦策和哈特耶主编，《欧盟运作条约》第 82 条，页边码 48。

[826]　德国联邦宪法法院，《德国联邦宪法法院判例选》第 123 卷，第 267、436 页。

四、司法协助概述

（一）司法协助概念

"司法协助"一般指法院审理案件时得到其他法院或司法机关的协助。[827] "国际刑事司法协助"指刑事诉讼中得到外国法院或外国司法机关的帮助。[827] 它的作用在于，刑事犯罪调查超越了领土的界限。[828]

122

（二）大的司法协助和小的司法协助

司法协助可进一步划分为大的司法协助和小的司法协助。[829] 大的司法协助涉及引渡个体，而小的司法协助则指如取证（询问证人、出示证据）、送达传票或判决书等不同的协助形式。[830]

123

成员国间在刑事案件中的合作一般以司法协助为基础，传统的司法协助适用一些特殊原则。引渡框架内一般禁止引渡本国公民到外国，除非犯罪行为在引渡申请国和被申请国都受到刑事处罚（所谓双重犯罪原则）。欧盟内部为提高司法协助效率，大大降低了这些要求。依照条约的司法协助现在已经成为一种"行政移交程序"：[831] 原来的"申请国"变为"指令的发出国"，而原来"受理国"成为"执行国"。

124

（三）司法协助的法律依据

——各成员国的刑事案件司法协助法只概述相关的权限和程序，并没有相应的说明和解释义务。《刑事案件国际司法协助法》是德国最重要的司法协助法律文件。

125

——有义务在双边和多边协议范围内提供特定法律协助。联合国推荐给各成员国示范性合同文本。欧洲委员会已制定出相应的法律协助协议，例如《欧盟引渡公约》（1957 年；ETS 第 24 号）或《关于回复欧盟法律的公约》（1959 年；ETS 第 30 号）。

126

---

[827]　格勒塞，页边码 214。

[828]　格勒塞，页边码 215。

[829]　格勒塞，页边码 251。

[830]　安博斯，第 12 章，页边码 9；阿尔布雷希特、伯姆、埃塞尔和埃克尔曼斯，页边码 699。

[831]　安博斯，第 12 章，页边码 14。

127　　　——在欧盟层面，大量欧盟法律补充到欧盟理事会制定公约的模式中。《申根协议》（Sü）和《申根实施协议》（SDü）对所有欧盟成员国和瑞士申根区[832]的司法协助都具有重大意义。[833]除2005年签订的《普吕默尔条约》外，还有其他协定[834]和《框架决议》（旧版《欧盟条约》），以及《里斯本条约》生效后依据《欧盟调查规则指令》制定的司法协助规定（例如《欧盟关于刑事调查规则指令》，《欧盟关于交付和保全刑事案件电子证据指令》，见下文页边码148及以下）。相互承认原则是简化和加快司法协助程序的关键。

128　　　——此外，还有一些保障司法协助的特殊协议，如《欧盟反腐败公约》和《国际反腐败公约》也涉及引渡问题。欧盟与美国的司法协助协定对美国执行死刑问题意义重大。

129　　　——国际组织司法协助指，例如为海牙国际刑事法院提供司法协助，在《国际刑事法院规约》和《德国国际刑法典》中都有相关引渡规定。

▍　**思考题：** 安博斯，《国际刑法案例》，案例一，页边码10等（根据《欧盟引渡条约》引渡一位土耳其公民）。

五、欧盟逮捕令（EHB）

（一）背景

130　　2002年，《关于欧盟逮捕令和成员国间移交程序框架决议》（RbEuHb，即《欧盟逮捕令框架决议》）取代国家之间交换司法判决的司法协助方式。《欧盟逮捕令框架决议》首次在刑法领域实现相互承认原则，并在欧盟所有28个 *成员国执行《欧盟逮捕令框架决议》。

（二）传统引渡程序及辅助刑事执行

131　　《欧盟逮捕令框架决议》取代曾经一度混乱不堪，经常导致漫长而复杂引渡程序的《引渡法》（"规则丛林"），它是一种新的、简易引渡程序（下文页边码137），且适用《欧盟逮捕令规则》。有关引渡的传统司法协助程

---

[832]　延克和施拉姆，第4章，页边码4。

[833]　针对双重刑事处罚参见上文页边码25。

[834]　例如《欧盟引渡协议》；福格尔，《法学家期刊》2001年，第938页。

*　这一数据包括现在已经脱欧的英国。——译者注

序至今还以双重原则和刑事犯罪在两国都应受刑事处罚为标志，这个按照欧盟理事会公约制定的程序（上文页边码126）只适用于"欧盟逮捕令"之外各成员国的引渡程序。

法院首先审查引渡的可行性（所谓许可程序，见《刑事案件国际司法协助法》第12条等）。政府代表在权衡外交政策后会做出一个权宜之策（所谓审批程序，《刑事案件国际司法协助法》第74条）。刑事犯罪人在引渡申请国（《刑事案件国际司法协助法》第2条第1款）和引渡执行国都要受到刑事处罚（《刑事案件国际司法协助法》第3条第1款）是申请引渡的法律基础。 **131a**

《刑事案件国际司法协助法》第48条等适用于传统协助刑事执行和刑事调查（欧盟层面适用《刑事案件国际司法协助法》第84条等，下文页边码143）。根据《刑事案件国际司法协助法》第49条第1款第3a目，刑事犯罪在两国都应受到刑事处罚是德国执行外国判决的前提条件。如果一个刑事犯罪在外国被判刑事处罚，在德国只会被判处违反《治安管理条例》或罚金，那么德国还是可以直接执行外国法庭宣判的有期徒刑。 **131b**

"瑞士飙车案" [835]: **131c**

2014年，在斯图加特居住的V驾驶Z4型宝马汽车以时速135公里驶入瑞士戈特哈德隧道，远远超过限速每小时80公里，最高时速甚至达到140公里。10次超车，在用简易隔离带分开的皮鸥提诺隧道5次超车，多次险些与逆向行驶和被超的汽车发生碰撞。V因严重违反《瑞士刑法典》第129条，《瑞士道路交通法》第90条第2、3、4款和其他道路交通犯罪于2017年2月被瑞士州法院的刑事合议庭缺席判处有期徒刑18个月，而相同行为在德国当时只会被判违反《德国治安管理条例》。瑞士依据《刑事案件国际司法协助法》第48条向德国申请执行对V的刑事判决。

斯图加特法院2018年3月驳回瑞士的引渡申请，认为执行上述判决会违反德国重要的法律原则：依照案发时的德国法，V的行为只是违反了《德国治安管理条例》，对他判处1年有期徒刑显然不合理，检察院随即提起申诉，但州立高等法院宣布执行12个月的有期徒刑合理。

---

[835]　斯图加特高等法院，《新法学周刊》2018年，第2213页。

根据《刑事案件国际司法协助法》第 49 条第 1 款第 3a 目，问题的关键是，该行为按照两国的法律都应受到处罚，并不需要都受到刑事处罚。对他判处有期徒刑虽然有些重，但合理。2017 年后，飙车在德国也会被判处刑事处罚（《德国刑法典》第 315d 条第 1 款第 3 目，外国法院判决的时间是 2018 年 4 月）。

（三）框架决议的具体规定

132　　《欧盟逮捕令框架决议》第 1 条定义 "欧盟逮捕令" 和执行义务："欧盟逮捕令" 要求欧盟成员国执行逮捕令和移交在另一个成员国居住的被通缉人，目的是调查他的刑事责任或对他执行刑事处罚。"欧盟逮捕令" 不需要获得成员国外交部的政治批准，可由司法机关自行决定是否引渡。

133　　《欧盟逮捕令框架决议》继续遵循 "双重刑事犯罪原则"，但列举出 32 种不需要具备双重刑事处罚的刑事犯罪，前提是这些刑事犯罪最少被判处 3 年有期徒刑。但这份逐一列举式的刑事犯罪目录缺乏系统性，[836]《欧盟逮捕令框架决议》第 2 条第 2 款第 2 项则特别列举了参与组织刑事犯罪、恐怖主义、贩卖人口、对儿童性剥削，儿童色情物品，非法贩卖毒品和神经性药物和非法贩卖军火等。申请国只能以申请引渡时的指控罪名调查被引渡人的刑事责任。

134　　被申请引渡的刑事犯罪人在执行国获得赦免、已经被判刑（ne bis in idem）或由于年龄原因不再被追究刑事责任时，《欧盟逮捕令框架决议》第 3 条第 1—3 目严禁颁发 "欧盟逮捕令"。此外，该决议还列举了一系列拒绝引渡的理由（《欧盟逮捕令框架决议》第 4 条第 1—7 目）。依据欧盟逮捕令被逮捕的人要在 60 天内移交给引渡申请国；如果本人同意引渡，那么 10 日内就可完成移交。

（四）第一部《欧盟逮捕令法》违宪

135　　2004 年，德国颁布《欧盟逮捕令法》，贯彻执行《有关欧盟逮捕令的框架决议》，但联邦宪法法院 2005 年宣布该法案违反《德国基本法》。

---

[836]　黑克尔，第 12 章，页边码 25。

"《欧盟逮捕令法》无效案"[837]：

136

　　同时拥有德国和叙利亚国籍的"基地组织"重要成员 D 被引渡关押。他被指控曾经充当本·拉登在德国的联络人和助手，绝大多数被指控的刑事犯罪活动都发生在德国。德国联邦总检察长以涉嫌参加恐怖组织（《德国刑法典》第 129a 条）对 D 展开刑事调查。2004 年，西班牙马德里法院对 D 发出一份欧盟逮捕令。汉堡州立高等法院宣布，引渡 D 符合法律规定，汉堡司法机关随即批准了引渡申请。D 对该行政决定提出宪法申诉后，德国联邦宪法法院第二审判庭不仅撤销了汉堡高等法院的裁决和汉堡司法机关的审批决定，还宣布《欧盟逮捕令法》无效。他们认为，把在德国从事刑事犯罪的德国公民 D 引渡到外国违反《德国基本法》，对 D 的侵害超越了《德国基本法》第 16 条第 2 款的许可范围。实际上，法院无法审查司法机关作出的行政决定，这也不符合《德国基本法》第 19 条第 4 款的规定。联邦宪法法院认为"立法者应充分利用《框架决议》赋予成员国的执行空间，这样才符合《德国基本法》的方式履行义务"。由于欧盟第三支柱的措施缺乏必要的民主授权，在执行过程中才更要考虑《德国基本法》的规定。

　　（五）《刑事案件国际司法协助法》第 79 条等内容的新规定

　　《欧盟逮捕令法》修改后被重新颁布。[838] 重要规定作为单独一个章节　137
融入《刑事案件国际司法协助法》第 80 条至第 83e 条。复杂的审批程序因经过三个步骤（预审、适法性审查和审批决定）被称为"三级程序"，[839] 还因两个参与机构（审批机关和州立高等法院）被称为"两部制"。[840]

审查规范之二十三：德国对"欧盟逮捕令"的三级审批程序　138

　　1. 审批机关初步审查（《刑事案件国际司法协助法》第 79 条第 2款第 1 项）是否存在审批障碍（《刑事案件国际司法协助法》第 80b 条）。

　　2. 当地的州立高等法院审查是否依法允许引渡（《刑事案件国际司

---

[837]　德国联邦宪法法院，《德国联邦宪法法院判例选》第 113 卷，第 273 页。

[838]　2006 年 7 月 20 日公布，《德国联邦法律公报》第一部分，第 1721 页。

[839]　安博斯，第 12 章，页边码 56。

[840]　扎费林，第 12 章，页边码 58；扎茨格，第 10 章，页边码 36。

法协助法》第 13、14、29 条)。

3. 行政审批程序：审批机关作出最终决定（德国联邦司法部可把审批权转给联邦州司法部，《刑事案件国际司法协助法》第 74 条)。

> 思考题：安博斯和博克，《法律教育期刊》2012 年，第 437 页（阿桑奇案)。

1. 放弃双重刑罚

138a　　根据《刑事案件国际司法协助法》第 81 条第 4 目结合《欧盟逮捕令框架决议》第 2 条第 2 款，不需要审查目录中所列举刑事案件（上文页边码 13) 的双重刑罚性。签发欧盟逮捕令的国家需保证刑事犯罪人只涉及目录中的刑事案件，申请的执行国就放弃审查双重刑罚。反之，只要指控未涉及《刑事案件国际司法协助法》第 81 条第 4 目中的刑事犯罪，[841] 审批机关就需要审查欧盟逮捕令案件的双重刑罚。"普伊格蒙特案"很具有代表性。[842]

2. 把德国人引渡到外国

139　　根据德国联邦宪法法院的判决标准，向欧盟成员国引渡德国公民要严格按照《刑事案件国际司法协助法》第 80 条结合《德国基本法》第 16 条第 2 款第 2 项的规定。《刑事案件国际司法协助法》第 80 条十分复杂，区分如下：

（1）为调查刑事犯罪的引渡

140　　法律上分为涉外和国内刑事案件：

——单纯涉外刑事案件，《刑事案件国际司法协助法》第 80 条第 1 款第 1 目：允许引渡，第一，确定被调查人愿意在德国服刑（返回德国服刑条款)；第二，刑事犯罪确实与引渡申请国有密切联系（真正的联系；《刑事案件国际司法协助法》第 80 条第 1 款第 2 项具体化)。欧盟成员国一般都同意被引渡人返回本国服刑，因此只要被告同意返回本国服刑，就可以引渡。[843]

141　　——一起单纯或主要在国内发生的刑事案件：仅涉及国内案件不能引渡，《刑事案件国际司法协助法》第 80 条第 2 款第 1 项第 2 目、第 2 项。

---

[841]　阿尔布雷希特、伯姆、埃塞尔和埃克尔曼斯，页边码 954。

[842]　下文页边码 145e。

[843]　卡尔斯鲁尔州立高等法院，《新法学周刊》2007 年，第 2567 页。

——混合型：对涉及国内外的混合型案件，假如可以返回服刑，则存在双重刑事处罚，被调查对象在权衡具体利益时没提出拒绝引渡的理由，就可以根据《刑事案件国际司法协助法》第 80 条第 2 款第 1 项第 3 目及第 3 项予以引渡。

142

> 思考题：安博斯，《国际刑法案例》，案例一，页边码 19（一位德国公民被引渡到尼德兰）；扎费林，第 12 章，页边码 62（引渡一位德国公民到英国）。

（2）为执行刑罚的引渡

禁止违背德国公民的意愿将他引渡到其他国家服刑；同意被引渡到国外服刑需要有一位德国法官作笔录（《刑事案件国际司法协助法》第 80 条第 3 款）。刑事犯罪人拒绝被引渡，德国可以代替外国执行对他的刑事处罚时，就不要求两国都要处罚刑事犯罪（《刑事案件国际司法协助法》第 80 条第 4 款第 1 项、第 49 条第 1 款第 3 目）。

143

3. 引渡一位外国人到国外

只要具备《刑事案件国际司法协助法》第 83b 条第 2 款的前提条件，就可以拒绝引渡在德国生活的外国人。

144

4. 期限、管辖范围、法院审核

应根据《刑事案件国际司法协助法》第 83c 条规定相应的期限。地方州立高等法院根据《刑事案件国际司法协助法》第 13 条和第 79 条第 2 款第 3 项审查检察院事先批准引渡的决定是否合法。审批部门（联邦或州司法部，参见《刑事案件国际司法协助法》第 74 条）随后颁布同意决定。

145

（六）引渡障碍，身份审查，普伊格蒙特案

一系列可以阻止执行"欧盟逮捕令"的引渡障碍主要指欧盟法律规范（《刑事案件国际司法协助法》第 73 条第 2 项），即《刑事案件国际司法协助法》第 83 条第 1 款列举的理由、缺席审判（《刑事案件国际司法协助法》第 83 条第 1 款第 3 目，但注意第 83 条第 2—4 款）和受理申请国的诉讼时效以及政治刑事案件对诉讼的障碍（《刑事案件国际司法协助法》第 6 条第 2 款）。服刑期间的生活条件不符合欧盟标准会阻止引渡的执行，如引渡到罗马尼亚，其监狱的牢房包括家具总共只有 3 平方米。[844]

145a

---

[844]　参见德国联邦宪法法院第二审判庭，案卷编号：424/17。

1. 德国联邦宪法法院审查身份

145b　欧盟法院对欧盟法律拥有最终解读权，但德国联邦宪法法院要求审查欧盟法院定义的国家行为是否符合《德国基本法》精神，[845] 在与欧盟法有关的《里斯本条约》判决中，德国联邦宪法法院提出保留身份审查权，[846] 并且在 2015 年的欧盟逮捕令案中就是这样判的（下文页边码 145e）。身份审查权由两部分组成：

145c　——"越权"：德国联邦宪法法院详细审查欧盟法规是否超越成员国赋予的权限（越权理论，《德国基本法》第 23 条第 1 款第 2 项结合《欧盟条约》第 5 条第 2 款）。

145d　——核心内容：德国联邦宪法法院对身份的监督主要审查，《德国基本法》第 1 条和第 20 条的核心内容是否遭到侵害（结合《德国基本法》第 23 条第 1 款第 3 项、第 79 条第 3 款）。国家把主权移交给欧盟并不意味着《德国基本法》失去了宪法地位。这特别涉及对国家主权敏感的刑法领域。除《德国基本法》第 20 条的民主原则外，《德国基本法》第 1 条的人格尊严也属于身份特征。如果没有充分确定个体责任的"欧盟逮捕令"侵害人格尊严，那么德国禁止执行这种违反本国法律的"欧盟逮捕令"。德国国家权力不应成为别国侵害人格尊严的帮凶。[847] 尽管与欧盟法院的司法解释相对立，[848] 但缺席判决是人权的"天敌"，德国联邦宪法法院需要对其进行身份审查。

145e　**一位在德国生活的美国人（身份审查之一）**[849]：

　　1992 年，意大利法院缺席审判一位美国人 A 有期徒刑 30 年，他被指控加入刑事犯罪组织和拥有毒品，但 A 对该判决并不知情。意大利签署一份"欧盟逮捕令"。A 于 2004 年在德国被拘留。杜塞尔多夫高等法院宣布准许引渡 A。

　　相反，德国联邦宪法法院同意了 A 的宪法申诉，认为州高等法院没有充分考虑过错原则，判决违反《德国基本法》第 1 条第 1 款结合第 23 条第 1 款第 3 项和第 79 条第 3 款中的公正审判原则。刑事处罚

---

[845]　德国联邦宪法法院，《德国联邦宪法法院判例选》第 73 卷，第 339 页。

[846]　德国联邦宪法法院，《德国联邦宪法法院判例选》第 123 卷，第 267、353 页。

[847]　德国联邦宪法法院，《德国联邦宪法法院判例选》第 140 卷，第 317 页。

[848]　欧盟法院，《新法学周刊》2013 年，第 1215 页，评论参见施特赖因茨，《法学教育期刊》2013 年，第 661 页，"梅洛尼案"。

[849]　《德国联邦宪法法院判例选》第 140 卷，第 317 页。

应以确认个体的过错为前提，因此 A 必须出庭。A 当年缺席庭审，无法为自己申辩。假如引渡涉案人的国家缺乏相应的法律救助手段核查案情和新证据，就可以根据《欧盟逮捕令框架决议》拒绝引渡申请。意大利诉讼法恰恰没有给予申诉人重新审查证据的机会。

2. 针对卡莱斯·普伊格德蒙特的"欧盟逮捕令"

针对西班牙加泰罗尼亚政治家卡莱斯·普伊格德蒙特（P）签发的"欧盟逮捕令"在欧盟范围引起了极大关注。他被选为加泰罗尼亚地区自治政府主席。西班牙政府认为之前举行的"独立公投"违宪，并以"叛乱罪"和"贪污公款罪"起诉 P。P 于是逃离西班牙，在国外逗留数月。2018 年 3 月，德国依据西班牙政府签发的"欧盟逮捕令"在石勒苏益格 – 荷尔斯泰因州的舒毕市暂时拘留了 P。 **145f**

石勒苏益格州立高等法院最初在"普伊格德蒙特案"中（2018 年 4 月 5 日决议）认为，引渡 P 不能依据"叛乱罪"，其不属于《刑事案件国际司法协助法》第 81 条第 4 目列举的刑事犯罪，需要双重刑事处罚。《德国刑法典》第 81 条明显比西班牙的相关刑法规定严谨（《刑事案件国际司法协助法》第 3 条第 1 款），P 的行为没有达到德国刑法要求的暴力程度。因此，指控贪污公款可以作为引渡的理由，在德国贪污也应受到刑事处罚（《德国刑法典》第 266 条），该刑事犯罪属于《刑事案件国际司法协助法》第 81 条第 4 目并结合《欧盟逮捕令框架决议》第 2 条第 2 款目录中的刑事犯罪。首先石勒苏益格州立高等法院根据《德国刑事诉讼法》第 25 条第 1 款并结合 116 条第 1 款附带条件地终止为预防逃跑采取的临时性拘留（《刑事案件国际司法协助法》第 15 条第 1 款第 1 目）。2018 年 7 月法院批准只依据指控"贪污公款罪"移交 P。只要德国引渡时坚持这个原则（《刑事案件国际司法协助法》第 83h 条第 2 款第 5 目），P 在西班牙是否会基于法律援助的特殊原则（《刑事案件国际司法协助法》第 83h 条第 1 款第 1 目）仅以"贪污公款罪"，而不是以"暴乱罪"被判刑就成为争议焦点。西班牙已经撤回发出的欧盟逮捕令。[850] **145g**

---

[850]　对该案意见参见安博斯，2018 年 4 月 18 日《法律论坛网》；曼多，2018 年 4 月 16 日《西班牙世界报》；黑格尔，《国际刑事法律理论期刊》2018 年，第 184 页；库比茨勒，2018 年 4 月 6 日《法律论坛网》；扎贲林，2018 年 3 月 26 日《南德意志报》。

六、欧盟内部的"小型司法协助"

(一)《欧盟监管规则》中的调查程序

146　　《欧盟监管规则》(EüA)以相互承认对方监管措施为依据。[851] 它希望尽量避免刑事逮捕,是一种替代刑事拘留的方案。犯罪嫌疑人只需定期向相关机构报到或禁止离开特定区域。根据《德国刑事诉讼法》第 112条第 2 款第 2 目,根据外国犯罪嫌疑人所在国家可以判断,他是否有潜逃的嫌疑。[852]2009 年 10 月 23 日《欧盟框架决议》[853] 规定的《欧盟监管规则》与这个做法相反。该决议在欧盟内部贯彻执行得很缓慢,不统一,[854] 德国没有执行这个《欧盟框架决议》。由于对某些不需要审查是否符合双重刑事处罚标准的刑事犯罪规定得很笼统,德国对该决议持怀疑态度。

(二)《欧盟举证规则》

147　　2008 年,欧盟通过《有关刑事案件中如何使用物证、书证和电子信息的举证规则框架决议》。[855] 发出指令的机关可以要求执行国按照本国诉讼法收集现存和可支配证据的材料,并将其转交发出指令的机关。[856] 但《欧盟调查规则》现在取代了该框架决议,它已经没有实际意义。[857]

(三)《欧盟调查规则》(EEA)

148　　作为《欧盟调查规则》法律依据的《欧盟运作条约》第 82 条第 1款第 1 目只规定了取证的方式,没有说明成员国在诉讼中如何使用这些

---

[851]　参见莫根施特因,《国际刑事法律理论期刊》2014 年,第 216 页;安博斯,《国际刑法》第 12 章,页边码 102;西贝尔和伯泽主编,《欧盟刑法学》,埃塞尔撰写的第53 章,页边码 83 等;扎茨格,第 10 章,页边码 40。

[852]　莫根施特因,《国际刑事法律理论期刊》2014 年,第 217 页。

[853]　编号:2009/829/JL,ABlEU 2009 Nr. L 294/20。

[854]　安博斯,《国际刑法》第 12 章,页边码 102。

[855]　EBA,即《欧盟举证规则》,框架决议编号:2008/978/JI,安博斯,《国际刑法》第 12 章,页边码 84。

[856]　埃塞尔,《罗克辛纪念文集》第 2 卷,2011 年,第 1497 页等。

[857]　伯泽,《国际刑事法律理论期刊》2014 年,第 152 页。

证据。[858]

1.《欧盟调查规则指令》

《斯德哥尔摩计划》建议制定《欧盟调查规则指令》，以替代当时所有　**148a**
跨境搜集证据的手段。2014年该指令[859]获得批准。[860]《欧盟调查规则指令》
的主旨是简化和加快跨境采集证据。具体方式是统一法律协助程序、设定
期限和使用表格。

《欧盟调查规则指令》主要规定下列跨境调查措施：在国外讯问同案犯　**148b**
罪嫌疑人；[861]电讯监听；整理往来信息数据；移交在押人员；通过电视或电
话会议询问，包括闭路电视询问证人（《刑事案件国际司法协助法》第 91c
条第 1 款结合第 61c 条）；首次搜查和查抄未采集的证据；查抄和整理已采
集的证据。

基本程序构架：（1）发出国的法官或检察官下达"欧盟调查令"，（2）传　**148c**
递到执行国后，受理国原则上不需要任何手续直接认可，就像本国相关部
门下达的指令一样展开调查。

2. 贯彻执行《刑事案件国际司法协助法》

已经转化为德国法的《欧盟调查规则指令》[862]被归在刑事案件的其他　**148d**
法律协助部分。具体内容是《刑事案件国际司法协助法》第 91a 条、第
91j 条、第 92d 条。[863]《刑事案件国际司法协助法》的新规定让人困惑，
感觉复杂和支离破碎，有时不得不重新参考《欧盟调查规则指令》的相关
规定。

3. 申请国发布调查令

各国司法部门原则上掌控"欧盟调查令"，[864]确定欧盟新的司法协助基　**148e**
本标准。[865]它由申请国的司法机关，法院、调查法官或检察官发布（《刑

---

[858]　延克和施拉姆，第 6 章，页边码 37；有关使用问题参见伯姆，《新法学周刊》
2017 年，第 1514 页。

[859]　简称 RL EEA，编号：2014/41/EU。

[860]　齐默尔曼，《综合刑事法律科学期刊》第 127 卷，第 143 页。

[861]　德国联邦高等法院，《新法学周刊——专题》2017 年，第 633 页。

[862]　《德国联邦法律公报》第一部分，2017 年，第 31 页。

[863]　详照伯姆，《新法学周刊》2017 年，第 1512 页；布拉姆斯和古特，《新刑法
学期刊》2017 年，第 388 页；拉科，《犯罪政策期刊》2017 年，第 79 页。

[864]　安博斯，第 12 章，页边码 88。

[865]　伯泽，《国际刑事法律理论期刊》2014 年，第 158 页。

事案件国际司法协助法》第91d条第1款第1、2目,《欧盟调查规则指令》提到的司法机关)。如果警察或行政机关颁布"欧盟调查令",法官或检察官就需要确认它的有效性(《欧盟调查规则指令》第2c条)。"欧盟调查令"形式上是一种定制表格(参见《欧盟调查规则指令》附件A),颁布调查令的机关要在表格中陈述犯罪行为及申请国适用的刑事法律规定。刑事被告人和他的辩护人也可以申请颁布"欧盟调查令"(《欧盟调查规则指令》第1条第3款)。调查要遵循申请国的法律规定,这是为了防止出现"选择诉讼方式"风险(《欧盟调查规则指令》第6条第1款第2目)。

4. 执行国实施(完成)

148f 受理国要在收到"欧盟调查令"后的30天内作出审批决定,90天内执行申请。[866] 与"欧盟逮捕令"不同,《刑事案件国际司法协助法》未规定德国具体负责审批和执行申请的行政部门。[867] 联邦政府根据与各州达成的管辖协定和《与国外交往刑事案件指令》决定调查申请由哪个部门负责。[868]

执行机关有义务像调查本国行动那样执行转交的"欧盟调查令",它没有规定受理国要审查犯罪嫌疑,但从真实性审查的意义上讲,这样做是必要的。[869] 应按照执行国的法律判断行为的违法性,如在德国就按照德国法(《刑事案件国际司法协助法》第91h条第1款结合《欧盟调查规则指令》第9条第1款)。如果执行国的调查行动有程序或形式要求,如需要法官批准(电讯监听根据《德国刑事诉讼法》第100a—100c条、第100e条),就必须符合(《刑事案件国际司法协助法》第91h条第1款结合《欧盟调查规则指令》第9条第4目)的规定;特殊情况时可以采取替代措施(《刑事案件国际司法协助法》第91f条第2款)。与"欧盟逮捕令"相同,没有任何外交政策理由可以拒绝执行"欧盟调查令"。[870]

5. 批准欧盟调查的理由和障碍

148g 执行"欧盟调查令"必备的前提条件(《刑事案件国际司法协助法》

---

[866] 《刑事案件国际司法协助法》第91g条第1款和第2款,安博斯,第12章,页边码89,"严格的时间限定"。

[867] 延克和施拉姆,第6章,页边码41:对读者是一个严重瑕疵。

[868] 延克和施拉姆,第6章,页边码41;《联邦议会印刷文件》第18/9757号,第52页。

[869] 舒斯特,《德国刑事辩护期刊》2015年,第396页。

[870] 伯姆,《新法学周刊》2017年,第1512页。

第 91b 条、第 91c 条、第 91d 条第 1 款、第 91f 条），批准欧盟调查令的障碍和延迟批准之间的区别。

不符合《刑事案件国际司法协助法》第 91b 条、第 91c 条必备的前提条件时，德国可以拒绝执行欧盟调查令。《刑事案件国际司法协助法》第 91b 条确保，复杂的调查行动和跨境取证也要符合《德国刑事诉讼法》规定。[871] 不得违反特定法律规定，特别是对证人的拒绝作证权或拒绝回复权不能置若罔闻（《刑事案件国际司法协助法》第 91b 条第 1 款第 1 目、第 2a 目）。《刑事案件国际司法协助法》第 91 条第 3 款明确规定了遵守《欧洲基本权利宪章》义务，尤其是合理性原则（《欧盟基本权利宪章》第 52 条第 1 款第 2 项）。如果按照申请国法律，申请的调查属于《欧盟调查规则指令》附件 D 提到的刑事案件（所谓"目录规定刑事犯罪"），或者可能被判处 3 年以上有期徒刑（《刑事案件国际司法协助法》第 91b 条第 4 款），那么可以不审查双重刑事处罚。"欧盟调查令"不涉及属于目录中的刑事犯罪案件，但需要搜查、查抄和退还物品时，必须先确定双重处罚性（《刑事案件国际司法协助法》第 66 条、第 67 条）。对特定形式的司法协助适用允许调查前提条件的补充规定（《刑事案件国际司法协助法》第 91c 条），例如，未经被询问人许可，禁止询问时对他录音和录像（《刑事案件国际司法协助法》第 91c 条第 1 款）。

出现《刑事案件国际司法协助法》第 91e 条列举的情况，例如威胁国 **148h** 家安全利益（《刑事案件国际司法协助法》第 91e 条第 1 款第 1 目）或者违反禁止双重刑事处罚（《刑事案件国际司法协助法》第 91e 条第 1 款第 2 目），可以拒绝提供司法协助或根据《刑事案件国际司法协助法》第 91e 条第 2 款推迟审批。同意司法协助的决定则需要更加详细地说明理由（《刑事案件国际司法协助法》第 91e 条第 3 款），这样可让涉案人和法院相对简便地审查行政审批决定。[872]

6. 法律救助

《欧盟调查规则指令》规定一种"双重法律保护体系"，[873] 即执行国审 **148i** 查承认和执行欧盟调查令（《欧盟调查规则指令》第 14 条第 1 款）及申请

---

[871]　布拉姆斯，《新刑法学期刊》第 2017 年，第 391 页。

[872]　《联邦议会印刷文件》，编号：18/9757，第 52 页。

[873]　安博斯，第 12 章，页边码 92。

国审查颁布欧盟调查令的事实依据(《欧盟调查规则指令》第 14 条第 2 款)。任何国家都要认真对待被另一个成员国撤销的"欧盟调查令"(《欧盟调查规则指令》第 14 条第 7 款)。各成员国的法律救助也适用于欧盟调查令。[874]

德国作为"欧盟调查令"的执行国,其立法机关对法院审查没有特殊规定。[875] 这种"司法拼图"的核心要素在刑事诉讼中适用《刑事案件国际司法协助法》第 77 条;[876] 作为法律救助,欧盟调查令的相关人可以依照《德国刑事诉讼法》第 98 条第 2 款第 2 项(类推,对已执行欧盟调查令)申请法院判决和申诉,也可以依照《德国刑事诉讼法》第 304 条。同时,"欧盟调查令"相关人可在刑事诉讼中对司法协助提出异议。[877] 德国联邦总检察长也可以让州立高等法院审查获批的司法协助。[878]

相反,案件相关人应向"欧盟调查令"申请国提出反对理由(《欧盟调查规则指令》第 14 条第 2 款)。犯罪嫌疑人这时要在多个国家提出司法诉讼——这在司法协助交往中是一种普遍现象。[879]

(四)《欧盟移交和保全电子证据规则》(e-vidence)

148j　　《欧盟调查规则》中涉及电子证据的规定不是很详细。欧盟委员会2018 年 4 月曾建议制定有关移交欧盟刑事案件(所谓 EPOC)和保全证据(所谓 EPOC–RR)条例(COM〔 2018 〕225)。"条例"的目标是,在成员国司法部门下达指令后,调查人员能很容易获得电子证据,特别是云盘数据。这个指令让为欧盟提供服务的运营商(德国电信,沃达丰)负责保存和移交电子证据,而不需要执行国的审查(批评意见参见布尔夏特,《国际刑事法律理论期刊》2018 年,第 263 页:"刑事案件司法协助中实体私有化")。运营商所在地和数据实际被保存地变得都不重要,关键是运营商为欧盟成员国提供的服务(所谓市场所在地原则)。不设在欧盟区域的运营商(如

---

[874]　延克和施拉姆,第 6 章,页边码 42;"等效原理"。

[875]　布拉姆斯和古特,《新刑法学期刊》2017 年,第 388 页。

[876]　伯姆,《新法学周刊》2017 年,第 1513 页。

[877]　所谓德国联邦宪法法院的合并方案,德累斯顿州立高等法院,《新刑法学期刊——司法解释报道》2011 年,第 146 页;《德国联邦议会印刷文件》,编号:18/9757,第 30 页;注意特例执行的授权依据是《欧盟调查规则指令》第 61 条第 1 款第 2 项。

[878]　《刑事案件国际司法协助法》第 61 条第 1 款第 1 项;延克和施拉姆,第 6 章,页边码 42。

[879]　延克和施拉姆,第 6 章,页边码 42、44。

美国云盘运营商投寄箱）只要在欧盟运营，就要承担这种义务。

鉴于《欧盟运作条约》第 82 条第 1 款，"欧盟调查令"与"欧盟逮捕令"不同（《框架决议》），欧盟移交电子证据不是通过保留各成员国主权的"指令"形式，而是采用严格的"条例"，这很出乎意料。[880] 从法治国家原则和保护基本权利的角度看，执行国已经变得不重要，申请国只需与网络运营商直接联系，但这种做法违反《德国基本法》。[881] 司法协助的非属地化管理很成问题，即脱离领土（数据保存地），只认运营商的经营市场。（其他批评观点见布罗多夫斯基的《国际刑事法律理论期刊》2018 年，第 494 页；布尔夏特，《国际刑事法律理论期刊》2018 年，第 190、249 页："它动摇了国际刑法合作的基本原则"。）

148k

（五）相互承认罚金和行政罚款

2010 年，德国颁布《欧盟罚金处罚法》，贯彻执行《欧盟相互承认罚金和行政罚款框架决议》（编号：2005/214/JI）。[882] 与"欧盟逮捕令"相同，执行跨国罚金处罚也被融入《刑事案件国际司法协助法》。如果涉及罚金（基于一个刑事犯罪）或高于 70 欧元（《刑事案件国际司法协助法》第 87 条第 3 款第 2 目）的罚款（因违反治安条例），德国作为欧盟成员国申请的受理国（执行国），根据《刑事案件国际司法协助法》第 87 条第 2 款和第 3 款协助执行工作。

149

执行的前提条件同样是该行为在两国都受到刑事处罚，除非出现《框架决议》第 5 条第 1 款所指刑事犯罪或违反治安条例（《刑事案件国际司法协助法》第 87b 条）的情形。德国联邦司法部负责审批申请（《刑事案件国际司法协助法》第 87 f 条），法院可审批特定案件（《刑事案件国际司法协助法》第 87i 条）。法院审查审批决定是否正确（《刑事案件国际司法协助法》第 87g 条）。审批部门也负责司法协助。不能用有期徒刑替代罚金，

149a

---

[880] 德国联邦参议院的批评意见很正确，《德国联邦参议院印刷文件》，编号：215/18，第 3 页。

[881] 支持执行国参与，《德国联邦参议院印刷文件》，编号：215/18，第 4 页等；德国法官联盟表态，编号：6/2018。

[882] 安博斯，第 12 章，页边码 100，约翰逊和普勒茨根－卡姆拉特，《欧盟犯罪学期刊》2011 年，第 33 页；批评意见如许内曼和罗格，《国际刑法学期刊》2010 年，第 515 页和反对意见，伯泽，《国际刑法学期刊》2010 年，第 607 页。

但《框架决议》第 10 条规定了这种可能性（《联邦议会印刷文件》，编号：17/1288，第 17 页）。收缴所得一般不归入申请国的国库，而是受理国，即联邦德国国库（《刑事案件国际司法协助法》第 87 条第 5 款第 1 项）。

七、欧盟刑事起诉机构

150　　欧盟刑事起诉机构协调《欧盟运作条约》第 67 条第 4 款的刑事起诉，包括：（1）欧盟反诈骗局；（2）欧盟刑事警察署；（3）欧盟刑事司法合作机构；（4）欧盟司法网；（5）规划中的欧盟检察院。

（一）欧盟反诈骗局（OLAF）

151　　总部设在布鲁塞尔的欧盟反诈骗局（office de lutte anti-fraude）保护欧盟的金融利益（《欧盟运作条约》第 325 条），即对金融诈骗、行贿和其他危害欧盟的行为发挥积极作用。该机构不具有法人资格，是欧盟委员会的下属行政部门，同时具有独立性和无党派性。[883] 欧盟委员会 1999 年决定 [884] 设立欧盟反诈骗局。[885]

152　　欧盟委员会、欧洲议会和欧盟理事会共同任命欧盟反诈骗局总局长。监督委员会保障欧盟反诈骗局的独立性。如果总局长认为自己的独立性受到威胁，他可以向欧盟法院提起诉讼。

153　　欧盟反诈骗局不是刑事公诉机关，而是一个管理机构，它前期的调查不具有刑事诉讼性质。由于它的双重特性和与刑法的密切关系，完全可以将它称为欧盟刑事起诉机构。[886] 正如欧盟反诈骗局年度统计显示的，它跨境保护欧盟财政利益的能力很有限。[887] 欧盟反诈骗局可以进行外部调查，[888] 其工作人员在成员国警察或检察院陪同下现场调查经济企业，成员国行政机关负责宣布和执行强制措施。[889] 内部调查对象是欧盟机构、组

---

[883]　所谓双重功能；参见安博斯，第 13 章，页边码 1。

[884]　决议编号：1999/352/EG，以两个"条例"为基础（条例编号：EG 1073/99 和 Euratom 1074/99）。

[885]　克雷奇默，《法学教育期刊》2007 年，第 174 页。

[886]　埃塞尔，第 3 章，页边码 11。

[887]　米特希里伽斯，第 42 页。

[888]　安博斯，第 13 章，页边码 2。

[889]　关于改革规划请注意下文页边码 153a。

织、欧盟中央银行和欧盟投资银行。与面对成员国刑事调查机构不同，涉案欧盟官员在欧盟反诈骗局不享有豁免权：调查出具最终审查结果，包括对下一步行动提出建议。这涉及成员国采取进一步法律行动（例如刑事诉讼的强制措施）的一个准备阶段。司法机关可以审查欧盟反诈骗局的行政决定。[890]

尽管设立了欧盟检察院，欧盟委员会仍希望保留欧盟反诈骗局。根据两个"条例"建议稿（COM［2018］338），欧盟反诈骗局应进一步加强与欧盟检察院的协作，深化相互间的信息交流。欧盟检察院负责调查刑事案件，欧盟反诈骗局的调查具有行政法性质，并补充欧盟检察院的刑事调查。今后只由欧盟反诈骗局依照欧盟法进行外部调查。[891] 此外，欧盟反诈骗局还负责对欧盟财政的非诈骗性侵害和未加入欧洲检察院成员国的反诈骗调查。新的条例致力于完善欧盟反诈骗局的调查成效。这涉及如欧盟反诈骗局在调查报告中总结的成员国刑事诉讼对证据的评判或者控制银行账户数据。 **153a**

（二）欧盟刑事警察署（Europol）

1. 一般规则，法律基础

欧盟刑事警察署负责欧盟警察领域的合作。1998 年，根据欧盟各成员国达成的《关于建立欧盟刑事警察公约》（1995 年）设立了欧盟刑事警察署。前联邦德国总理赫尔穆特·科尔首先提出这个建议。[892] 该机构从 1999 年正式开始工作，总部设在荷兰海牙。欧盟刑事警察署有两个组织机构，即总署和管理委员会，在每个成员国设有联络处，如德国联邦刑侦总署是欧盟刑事警察组织与各成员国警察机关间的枢纽。联络处也向欧盟刑事警察组织派遣警察，即所谓欧盟刑事组织联络主任（Europol Liaison Officers）。 **154**

随着 2009 年 4 月 6 日通过了设立欧盟刑事警察署的《欧盟刑事警察框架决议》[893] 和《欧盟运作条约》的相关规定（《欧盟运作条约》第 88 条），欧盟刑事警察署的法律地位发生了变化，它已成为基于欧盟派生法的一个 **155**

---

[890]　延克和施拉姆，第 12 章，页边码 29 等。

[891]　布罗多夫斯基，《国际刑事法律理论期刊》2018 年，第 494 页。

[892]　延克和施拉姆，第 12 章，页边码 1。

[893]　决议编号：2009/371/JI。

欧盟机构，是独立法人。请不要将欧盟刑事警察署与 1956 年依据国际条约成立，拥有 188 个成员国的国际警察组织相混淆，与欧盟刑事警察署的数据库相比，国际警察组织有关刑事案件的信息较少。2017 年 5 月 1 日生效的《欧盟警察条例》（2016/794/EU）让欧盟刑事警察署获得一个衍生性法律依据。

2. 欧盟刑事警察署的任务

156　　欧盟刑事警察署负责处理下列案件：（1）至少涉及两个成员国；（2）恐怖组织性质或伤害共同利益的重大刑事案件（《欧盟警察条例》第 3 条第 1 款）。欧盟刑事警察署除负责调查有组织刑事犯罪和恐怖组织外，还包括如《欧盟运作条约》第 88 条第 1 款和《欧盟警察条例》附件提到的其他跨境的刑事犯罪（例如贩卖人口和非法贩卖武器、种族主义或性虐待）以及相关的刑事案件（《欧盟警察条例》第 3 条第 2 款）。欧盟刑事警察署根据《欧盟警察条例》第 4 条主要通过提供情报和采取行动辅助各成员国警察部门间的合作。

（1）信息系统

157　　欧盟刑事警察署最初只是欧盟的一个大数据库，[894]拥有自动更新的信息系统，汇总由各成员国警察部门搜集到的信息，补充来自第三国的情报。收录涉及欧盟刑事警察署负责的所有刑事案件信息（《欧盟警察条例》第 18 条）。欧盟刑事警察署搜集和分析的数据最终供各成员国享用（《欧盟警察条例》第 20 条）。

（2）调查和具体行动

158　　欧盟刑事警察署并不像原时任联邦德国总理科尔当初期盼的那样发展成类似于美国联邦调查局。根据《欧盟运作条约》第 88 条第 2 款第 1 目和《欧盟警察条例》第 4 条第 1 款第 3 目和第 4 目，欧盟刑事警察署开展调查，其官员也可以参与调查小组的活动，特殊情况下甚至可以直接采取行动。[895]欧盟刑事警察署在反走私香烟、洗钱、毒品交易、盗窃机动车和打击网上传播儿童色情方面取得了显著成果。不过，欧盟刑事警察禁止采用国家专属性质的行为，调查必须与各成员国执法机关紧密合作，只有

---

[894]　克里普，第 490 页。

[895]　《欧盟警察条例》第 4 条第 1 款第 4 目和第 8 目；延克和施拉姆，第 12 章，页边码 8。

各成员国的警察有权采取强制性措施（关键词："欧盟刑事警察署没有配发手枪"）。

（3）监督，法律保护

新生效的《欧盟警察条例》重新规定了欧盟刑事警察署对数据的保护。 **159**
欧盟刑事警察署的信息专员负责保护内部数据（《欧盟警察条例》第 41 条），
在成员国层面是各国监管部门（《欧盟警察条例》第 42 条，德国是联邦数
据保护专员），欧盟层面额外还有欧盟数据保护专员（ESDB，《欧盟警察条
例》第 43 条）。利益相关人可以向欧盟数据保护专员提出申诉（《欧盟警
察条例》第 47 条）、要求答复（《欧盟警察条例》第 36 条）和撤销或更正
（《欧盟警察条例》第 37 条）。

与欧盟其他机构一样，欧盟刑事警察署的工作人员享有外交豁免权， **160**
他们的行为免受刑事或民事处罚（《欧盟警察条例》第 63 条），只受行政
法监督机制的监督（《欧盟条约和《欧盟运作条约》第 7 号备忘录关于欧
盟优先权和豁免权）。

现在，欧盟法院司法监督欧盟刑事警察署的所有行动（特别关于撤销 **161**
诉讼，《欧盟运作条约》第 263 条第 1 款第 2 项，关于《欧盟运作条约》第
36 号备忘录的第 10 条第 1 款）。

（三）欧盟刑事司法合作机构（Eurojust）

1. 法律基础

欧盟刑事司法合作机构是一个与欧盟警察署对应的机构，总部设在荷 **162**
兰海牙。[896] 与欧盟刑事警察署相同，它是一个具有独立法人资格，不受任
何指令支配的欧盟机构。欧盟刑事司法合作机构 2002 年根据至今依然有
效的《框架决议》成立。[897] 根据《欧盟运作条约》第 85 条第 1 款第 2 下款
第 1 项，欧盟曾建议制定一个《刑事司法合作条例》（COM［2013］535）。
但目前还不清楚，在何时、以哪种修改文本生效。德国 2003 年颁布的《欧
盟刑事司法合作法》贯彻执行这个框架决议。[898] 每个成员国向欧盟司法机

---

[896]　扎茨格，第 1 章，页边码 11。

[897]　编号：2002/187/Jl；《欧盟刑事司法合作框架决议》，卡利斯和鲁费特，《欧盟
运作条约》第 85 条，页边码 12。

[898]　克雷奇默，《法学教育期刊》2007 年，第 173 页。

构选派一名代表（关于德国代表，见《欧盟司法合作机构法》第 1 条第 2
款第 2 项）。

162a   设立欧盟检察院后，继续保留欧洲刑事司法合作机构：欧盟检察院与
欧盟刑事司法合作机构除在管理层面的合作外，还应特别加强具体案件的
合作（《欧盟检察院条例》第 3 条第 3 款、第 100 条第 2 款）。但这样会存
在欧盟检察院与欧盟刑事司法合作机构在管辖范围方面相重叠的风险。

2. 任务

163   欧盟刑事司法合作机构是一个信息咨询、文件管理和调查机构。[899] 根
据《欧盟条约》第 85 条第 1 款，它的任务是调查和起诉涉及两个成员国
或需要采取共同行动的严重刑事犯罪，涉及欧盟警察署负责预防和欧盟司
法共同惩处的相同犯罪形式（《欧盟刑事司法合作框架决议》第 4 条）。核
心是由欧盟刑事司法合作机构协调预防性追诉。欧盟刑事司法合作机构应
快速回复问询，促进各国间信息的交流，尤其是简化和加快司法协助的申
请或执行"欧盟逮捕令"。申请国因担心伤害人格尊严，取消执行"欧盟
逮捕令"时，需要欧盟刑事司法合作机构的介入。[900] 欧盟刑事司法合作机
构还拥有一个庞大的，只有一部分人可以进入的信息系统（《欧盟刑事司
法合作框架决议》第 14 条），它受数据保护专员（《欧盟刑事司法合作框
架决议》第 17 条）和共同的上级领导（《欧盟刑事司法合作框架决议》第
23 条）的监督。与欧盟反诈骗局类似，欧盟刑事司法合作机构接受欧盟法
院撤销诉讼形式的司法监督。[901]

3. 发布指令的权限

164   根据《里斯本条约》，欧洲议会和欧盟理事会不仅赋予欧盟刑事司法
合作机构建议采取刑事司法调查的权限，还允许其亲自调查（《欧盟运作
条约》第 85 条第 1 款第 2 下款第 2 项第 1 目）。这种区分的意义在于，欧
盟刑事司法合作机构可以直接命令成员国的调查机关启动调查程序，包括
采取必要的调查措施。[902] 是否提起公诉的决定权则完全掌握在各成员国的
刑事诉讼机关手中。

---

[899]　埃塞尔，第 3 章，页边码 61。

[900]　延克和施拉姆，第 12 章，页边码 14。

[901]　埃塞尔，第 3 章，页边码 78。

[902]　格拉比茨、希尔夫和内特斯海姆主编，福格尔撰写的《欧盟运作条约》第 85
条，页边码 20。

（四）欧盟司法网（EJN）

与欧盟刑事司法合作机构不同，1998 年成立的欧盟司法网通过 2008 年 **165**
相关框架决议[903]获得一个新的法律依据。被视为欧盟刑事司法合作机构长臂
管辖的欧盟司法网[904]由一个设在欧盟司法机构的秘书处和成员国中的几百个
联络处组成。德国联络处是联邦司法部、联邦总检察院和各州指定的机
构。[905]尤其在执行"欧盟逮捕令"时，欧盟司法网则通过提供相应的司法专
业知识，"巧妙"地简化成员国间不同刑事公诉机构的直接联系。[906]欧盟
司法网设立了不断更新内容的网页（www.ejn-crimjust.europa.eu，最后访问日
期 2022 年 5 月 17 日）。欧盟司法网的主要工具，例如描绘成员国各司法机
构管辖范围的欧盟司法地图[907]或所谓显示各成员国具体的调查措施。[908]

（五）欧盟检察院（EUStA）

1. 法律依据

经过漫长而复杂的立法程序，设立欧盟检察院的《欧盟检察院条例》 **166**
（EUStA-VO，2017 年 10 月 12 日，编号：2017/1939/EU）终于通过。由于
欧盟理事会未能取得一致意见，一些成员国对表决设立欧盟检察院提出异
议，[909]但通过特殊立法程序加强了 20 个成员国（比利时、保加利亚、德国、
爱沙尼亚、芬兰、法国、希腊、意大利、克罗地亚、拉脱维亚、立陶宛、
卢森堡、奥地利、葡萄牙、罗马尼亚、斯洛伐克、斯洛文尼亚、西班牙、
捷克共和国和塞浦路斯）的合作（《欧盟运作条约》第 86 条第 1 款第 2 句）。
丹麦、英国、荷兰、爱尔兰、波兰、瑞典和匈牙利反对设立欧盟检察院。
但荷兰现在也希望加入欧盟检察院。[910]欧盟检察院预计 2020 年年底 * 开始

---

[903] 编号：2008/976/JHA。

[904] 安博斯，第 13 章，页边码 18。

[905] 延克和施拉姆，第 7 章，页边码 22。

[906] 扎费林，第 12 章，页边码 36。

[907] 马普国际刑事法律研究所主编，《欧盟刑法学》，施蒂格尔撰写的第 46 章，
页边码 24 等。

[908] 埃塞尔，第 3 章，页边码 92。

[909] 延克和施拉姆，第 12 章，页边码 37。

[910] 《欧盟理事会文件》，编号：9023/18。

* 欧盟检察院已于 2021 年 6 月开始运作。——译者注

运作。[911] 德国可能将欧盟检察院联络处设置在几个联邦州。

随着欧盟检察院的设立，原来由各成员国刑事诉讼机关保护的欧盟财政领域划归欧盟管辖。国家失去自主权符合衍生法的辅助原则（《欧盟条约》第 5 条第 1 款），至今各成员国惩治这类刑事犯罪的成果却不理想，欧盟检察院极大地简化跨国惩处刑事犯罪，这与类推损害成员国财产的刑事犯罪由各乡镇负责惩处是一样的[912]。要积极评价《欧盟检察院条例》;[913]《欧盟检察院条例》是否可行还需经受时间的考验。[914]（有关欧盟检察院参见安博斯，第 13 章，页边码 23；布罗多夫斯基，《刑事辩护期刊》2017 年，第 684 页；埃塞尔，第 3 章，页边码 81；格吕内瓦尔德，《联邦刑事判决网络期刊》2013 年，第 508 页；扎茨格，第 10 章，页边码 21。）

2. 构建

168　欧盟检察院是一个统一机构，由设在卢森堡的核心起诉部和委派在各成员国的欧盟检察官组成。

（1）核心层面

由欧盟总检察官（EUGenStA）、检察官委员会、常务监察厅、欧盟检察官和行政管理局组成核心层面。[915] 欧盟总检察官领导和协调欧洲检察院工作，并担任检查委员会和常务监察厅的主席。欧盟检察院检查委员会负责规划和协调欧盟检察院的调查和起诉工作，以及解释《欧盟检察院条例》的一般性问题。常务监察厅监督和指导派驻各成员国欧洲检察官（EUDelStA）的调查和起诉工作。欧盟检察官把各成员国诉讼权限运用到欧盟检察院工作中。他们受常务监察厅的委托，监督派驻各成员国欧盟检察官的工作。每个成员国可任命一名欧盟检察官。

（2）地方层面，双重领导模式

受欧盟检察院委托，派驻各成员国的欧盟检察官实施调查、追寻和起

---

[911]　杜思贝格，《新法学周刊》2021 年，第 1207 页；布罗多夫斯基，《国际刑事法律理论期刊》2018 年，第 494 页；马格努斯，《联邦刑事判决网络期刊》2018 年，第 143 页。

[912]　《欧盟检察院条例》第 12 号背景原因；延克和施拉姆，第 12 章，页边码 34、38。

[913]　延克和施拉姆，第 12 章，页边码 67。

[914]　马格努斯，《联邦刑事判决网络期刊》2018 年，第 155 页。

[915]　布罗多夫斯基，《德国刑事辩护人期刊》2017 年，第 685 页；马格努斯，《德国联邦刑事判决网络期刊》2018 年，第 144 页。

诉工作（EuDelStA）。其工作接受相同成员国派驻卢森堡工作的另一位欧盟检察官和一位在常务监察厅工作的检察官监督，并服从前面两位欧盟检察官的指令。欧盟检察院任命派驻各成员国的欧盟检察官。

此外，派驻各成员国的欧盟检察官可以继续作为检察官从事他们的"日常"工作，这主要是专门调查经济刑事案件的检察官。出于合理利用资源的考虑，危害欧盟财政的刑事案件不是很多，派驻德国各联邦州的欧盟检察官（例如 16 个联邦州）大概就够了。如果一位同时担任州检察官的欧盟检察官在办案中注意到，这是一起涉及危害欧盟财政的刑事案件，那么他象征性地摘下德国检察官的帽子，戴上欧盟检察官的帽子。[916] 他有调案权，即可以直接介入正在调查的刑事案件。

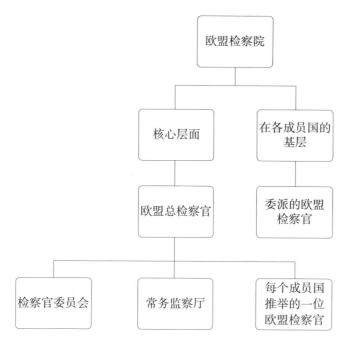

欧盟检察院组织结构图

---

[916] 所谓双重领导模式；施拉姆，《法学家期刊》2014 年，第 749、754 页；批评意见参见伯泽，《法学家期刊》2017 年，第 82、87 页："帽子变戏法"。

3. 案件管辖权

169　　《欧盟检察院条例》第 4 条和第 22 条确定欧盟检察院的管辖范围。[917]
《欧盟检察院条例》第 25 条第 2 款、第 3 款重点限制追踪刑事案件的权限。

（1）危害欧盟财政利益的刑事案件

欧盟检察院管辖范围首先依据《欧盟检察院条例》第 4 条参照《关于打击危害欧盟财政利益的欺诈刑事犯罪指令》（2017/1371/EU）。管辖权被限定在故意危害欧盟财政利益，其主要涉及以下五个领域：

——危害欧盟整体收入或支出预算的欺诈行为（《关于打击危害欧盟财政利益的欺诈刑事犯罪指令》第 3 条）。此外，在德国还包括传统骗取欧盟财政补贴（《德国刑法典》第 264 条第 1 款、第 7 款第 2 目）。

——针对欧盟增值税体系的严重刑事案件。其中包括旋转木马诈骗，所谓"虚假交易增值税欺诈"，有组织增值税欺诈。该犯罪行为必须具备如下 3 个前提条件（《关于打击危害欧盟财政利益的欺诈刑事犯罪指令》第 2 条第 2 款）：①涉及 2 个或 2 个以上成员国的领土主权；②蓄意获利的欺诈体系；③至少造成 1000 万欧元损失。

——欧盟检察院同样追究与诈骗和逃税相关的洗钱活动的刑事责任（《关于打击危害欧盟财政利益的欺诈刑事犯罪指令》第 4 条第 1 款）。派驻德国的欧盟检察官对从职业骗补* 中获得收益的洗钱行为追究刑事责任（《德国刑法典》第 261 条第 1 款第 2 项第 4a 目）。

——影响欧盟财政利益的反腐也属于欧盟检察院管辖范畴（《关于打击危害欧盟财政利益的欺诈刑事犯罪指令》第 4 条第 2 款）。它主要指欧盟公职人员行贿和受贿。《德国刑法典》第 331 条等的腐败构成要件扩展适用到欧盟公职人员。

——最后，欧盟、成员国或第三国的行政管理公职人员挥霍欧盟财政资源也属于欧盟检察院管辖范围（《关于打击危害欧盟财政利益的欺诈刑事犯罪指令》第 4 条第 3 款）。在德国刑法中适用相关的刑事犯罪。

（2）团伙刑事犯罪，密不可分的伴随性刑事犯罪

此外，欧盟检察院依据《欧盟检察院条例》第 22 条第 2 款、第 3 款

---

[917]　布罗多夫斯基，《刑事辩护期刊》2017 年，第 689 页；["符合性管辖制度"]；马格努斯，《德国联邦刑事判决网络期刊》2018 年，第 147 页等。

*　指以骗取欧盟财政补贴为职业。——译者注

负责追究参与危害欧盟财政利益的犯罪团伙（2008/841/JI 号《框架决议》意义上），以及与上述刑事犯罪密切相关的刑事犯罪（如《德国刑法典》第 348 条）。

（3）恐怖主义犯罪

欧盟理事会考虑把欧盟检察院管辖领域扩展到国际反恐，但何时出台具体规定"还是一个未知数"。[918]

4. 地域和地区管辖范围

欧盟检察院最初管辖在一个（或多个）成员国发生的刑事案件（《欧盟检察院条例》第 23 条第 2 目，注意第 2 目和第 3 目）。由派驻案发地的欧盟检察官启动程序，调查可能危害欧盟财政利益的刑事案件（《欧盟检察院条例》第 26 条第 4 款），成员国发生多起刑事案件时，以主要刑事案件发生地为案发地。也可以根据其他判断标准（如常住地，国籍）在另一个成员国展开调查。

5. 适用的刑事诉讼法规

《欧盟检察院条例》的少量相关的刑事诉讼规则和大量各成员国的刑事诉讼规则（"工作要符合条例和各成员国法规"，《欧盟检察院条例》第 28 条第 1 款）相互交织组成的法规制约派驻各成员国的欧盟检察官的工作。派驻的欧盟检察官依据《德国刑事诉讼法》可以采取各项与德国检察官相同的措施（《欧盟检察院条例》第 28 条第 2 款）。各成员国必须确保（《欧盟检察院条例》第 30 条），派驻的欧盟检察官对最少可判 4 年有期徒刑的刑事案件下达调查任务和申请采取必要的调查手段（如搜查、交出电脑数据、保全作案工具或电信监听），同时还要遵守各成员国的法律限制（如法官决定权、刑事案件目录），不得利用《欧盟检察院条例》规避成员国的法律规定。派驻检察官决定是否展开跨境调查，如果按照派驻国的法律调查（《欧盟检察院条例》第 31 条），就不需要正式国际法律的协助。[919]

6. 司法审查

各成员国法院可以审查欧盟检察官针对第三人采取的诉讼行动。假如成员国刑事诉讼法未规定，如何监督检察官在调查程序中的工作，那么派

---

[918]　布罗多夫斯基，《国际刑事法律理论期刊》2018 年，第 494 页。

[919]　延克和施拉姆，第 12 章，页边码 61。

驻欧盟检察官的行动也不受司法监督。德国没有任何针对欧盟检察官启动保护财政利益调查程序的法律救助，德国刑事诉讼法根本未规定相应司法审查。但可以采取其他德国刑事诉讼法规定的救助方式，如依据《德国刑事诉讼法》第 98 条第 2 款第 2 项的法律判决（类推）和依据第 304 条的申诉。根据欧盟理事会的设想，欧盟法院没有接管欧盟刑事法院的职能。[920]《欧盟检察院条例》第 42 条第 2 款规定的程序有效性存在争议，如欧盟检察院与成员国机构就管辖权发生争议时，[921] 欧盟法院是否依据欧盟法有权作出《欧盟运作条约》第 267 条意义上的预审判决。

第四章　测试题

问题一：欧共体 / 欧盟从哪些基本条约开始，遵循何种目标不断对各成员国的刑法施加影响？页边码 3。

问题二：如何理解《欧盟框架决议》？页边码 12。

问题三：哪部法律在《里斯本条约》生效后取代框架决议？页边码 14。

问题四：欧盟具有跨国立法权限吗？页边码 15。

问题五：欧盟有哪些禁止双重处罚规定？页边码 25。

问题六：禁止双重处罚的前提条件是什么？页边码 31 等。

问题七：欧盟协调成员国实体刑法的法律依据是什么？页边码 39、49。

问题八：什么是所谓的紧急制动权？页边码 52。

问题九：您还了解协调成员国刑法的其他形式吗？页边码 56 等。

问题十：请您列举德国刑法中符合欧盟精神的法律释义。页边码 88。

问题十一：欧盟法院采取先期裁定的意义是什么？页边码 100。

问题十二：什么是欧盟刑事司法合作的法律基础？页边码 111。

问题十三：《欧盟调查规则指令》的目标是什么？页边码 148a。

问题十四："欧盟逮捕令"的返回本国服刑条款意味着什么？页边码 140。

问题十五：《欧盟移交和保全电子证据规则》涉及哪些证据材料，适用于哪些执行地区？页边码 148j。

问题十六：什么是联邦宪法法院"权限审查"？页边码 145c。

---

[920]　批评意见参见埃塞尔，《刑事辩护期刊》2014 年，第 494 页，第 501 页；策德，《刑事辩护论坛》2014 年，第 239、246 页。

[921]　布罗多夫斯基，《德国刑事辩护人期刊》2017 年，第 692 页。

问题十七：如何理解联邦宪法法院提出的身份审查？页边码 145b。

问题十八：欧盟有哪些刑事起诉机构？页边码 150。

问题十九：什么是双重领导模式？页边码 168。

问题二十：欧盟检察院负责哪些刑事案件？页边码 169。

重要概念索引

重要网站

（最后访问日期2022年5月17日）

许多网站同时提供德文版本

第二章：

1. 海牙国际刑事法院：*icc-cpi.int*

2. 卢旺达问题国际刑事法庭：*unictr.org*（*unictr.irmct.org*）

3. 前南斯拉夫问题国际刑事法庭：*icty.org*

第三章：

1. 欧盟理事会：*coe.int*

2. 欧盟理事会公约：*conventions.coe.int*

3. 欧洲人权法院：*echr.coe.int*

（德语：*coe.int/T/D/Menschenrechtsgerichtshof*）

第四章：

1. 欧盟：*europa.eu*

2. 欧盟法：*eur-lex.europa.eu*

3. 欧盟法院：*curia.europa.eu*

4. 欧盟反贪污办公室：*ec.europa.eu/antifraud/index_de.html*

5. 欧盟司法：*eurojust.europa.eu*

6. 欧盟司法协作网：*ejn-crimjust.europa.eu*

7. 欧盟刑事警察组织：*crimpol.eu*（*interpol.int*）

国际刑法学小词典

E：代表英语 F：代表法语（f = 阴性，m = 阳性）

AEUV（《欧盟运作条约》）= E：TFEU = F：le TFEU

Auslieferung（引渡）= E：extradition = F：l'extradition（f）

Betrug（诈骗）= E：fraud = F：la fraude

Bundesgerichtshof（德国联邦高等法院）= E：federal court of justice = F：la cour fédérale de justice

Bundesverfassungsgericht（德国联邦宪法法院）= E：federal constitutional court = F：le tribunal constitutionnel fédéral

Charta der Grundrechte der Europäischen Union（GRC，《欧盟基本权利宪章》）= E：charter of fundamental rights of the european union（CFR）= F：la charte des droits fondamentaux de l'union européenne（CDF）

Doppelbestrafungsverbot（禁止双重处罚）= E：double jeopardy prohibition = F：l'interdiction（m）de double incrimination

Drogenhandel（毒品贸易）= E：drug trafficking = F：le trafic des stupéfiants

EGMR（欧洲人权法院）= E：ECtHR = F：CEDH

EMRK（《欧洲人权公约》）= E：ECHR bzw. CPHRFF = F：EDH

EU（欧盟）= E：EU = F：la UE

EUGH（欧盟法院）= E：CJEU = F：le CJUE

Europäische Beweisanordnung（EBA）（欧盟举证规则）= E：european evidence warrant（EEW）= F：le mandat européen d'obtention de preuves（MOP）

Europäische Ermittlungsanordnung（EEA）(《欧盟调查规则》) = E:
european investigation order（EIO）= F: la décision d'enquête européenne（DEE）

**Europäische Herausgabeanordnungen und Sicherungsanordnungen für
elektronische Beweismittel in Strafsachen**（EPOC,《欧盟刑事案件中移交
和保全电子证据规则》) = E: European Production and Preservation Orders for
electronic evidence in criminal matters = F: injonctions européennes de production et
de conservation de preuves électroniques en matière pénale

Europäische Menschenrechtskonvention（**Konvention zum Schutze der
Menschenrechte und Grundfreiheiten**)(《欧洲人权公约》) = E: european
convention of human rights（convention for the protection of human rights and
fundamental freedoms）= F: la convention européene des droits de l'homme（la
convention de sauvegarde des droits de l'homme et des libertés fondamentales）

Europäische Staatsanwaltschaft（EStA）(欧盟检察院) = E: european
public prosecutor（EPP）= F: le parquet européen（PE）

Europäische überwachungsanordnung（EüA）(欧盟监管令) = E: european
supervision order（ESO）= F: la mesure de contrôle préalable au procès（CPAP）

Europäische Union（ 欧洲联盟) = E: european union = F: l'union（f）
européene

Europäischer Gerichtshof für Menschenrechte（ 欧洲人权法院) = E:
european court of human rights（ECtHR）= F: la cour européene de droits de
l'homme（CEDH）

Europäischer Haftbefehl（EHB）(欧盟逮捕令) = E: european arrest
warrant（EAW）= F: Le mandat d'arrêt européen（MAE）.

Europäischer Rat（ **der Staats− und Regierungschefs**)(欧盟理事会) = E:
european Council（of the heads of state or of government in the EU）= F: le conseil
européen（des chefs d'état ou chefs de gouvernement de L'UE）

Europäisches Amt für Betrugsbekämpfung（OLAF）(欧盟反诈骗局) =
E: european anti−fraud Office（OLAF）= F: l'Office（m）européen de lutte
antifraude（OLAF）

Europäisches Justizielles Netz（EJN）(欧盟司法网) = E: european judicial
network（EJN）= F: le reseau judiciaire européen（RJE）

Europäisches Parlament（ 欧洲议会) = E: european parliament = F: le parlement européen

Europarat（欧洲理事会）= E：council of Europe = F：conseil d'europe

EUV（《欧盟条约》）= E：TEU = F：TUE

Folter（刑讯逼供）= E：torture = F：la torture

Führerscheintourismus（驾照旅游）= E：driving licence tourism= F：Le tourisme du permis de conduire

Gegenseitige Strafbarkeit（双重刑事处罚）= E：double criminality = F：la réciprocité d'incrimination

Geldwäsche（洗钱）= E：money laundering = F：le blanchiment d'argent

Gerichtshof der Europäischen Union（欧盟法院）= E：court of justice of the european union = F：la cour de justice de l'union européene

Gesetzgebung（立法）= E：legislation = F：la legislation

Grenzüberschreitende Kriminalität（跨境刑事犯罪）= E：transnational crime，cross−border crime = F：la criminalité transfrontière

Harmonisierung（协调）= E：harmonization = F：la harmonisation

Individualbeschwerde（个体申诉）= E：individual petition（application）= F：la requête individuelle

Innere Sicherheit（国 家 内 部 安 全）= E：internal security = F：sécurité intérieure

Internationaler Strafgerichtshof（IStGH，国际刑事法院）= E：international criminal court（ICC）= F：la cour pénale internationale（CPI）Internationaler Strafgerichtshof

Internationales Straftribunal für das frühere Jugoslawien（JStGH，前 南 斯 拉夫问题国际刑事法庭）= E：international criminal tribunal for former yugoslawia（ICTY）= F：le tribunal pénal international pour l'ex yougoslavie（TPIY）

Justizielle und polizeiliche Zusammenarbeit（司 法 和 警 政 合 作）= E：judicial and police cooperation = F：la coopération judiciaire et policière polizeiliche

Zusammenarbeit = E：judicial and police cooperation = F：la coopération judiciaire et policière

Kriegsverbrechen（战争罪）= E：war crime = F：le crime de guerre

Manifest zur Europäischen Kriminalpolitik（《欧盟犯罪政策宣言》）= E：manifesto on european criminal policy = F：la manifeste pour une politique criminelle européenne

Menschenhandel（贩卖人口）= E：human trafficking = F：la traite d'êtres humains

Menschenrechte（人权）= E：human rights = F：droits de l'homme

（**Minister**–）**Rat der EU**（欧盟部长理事会）= E：EU council（of ministers）= F：conseil（des ministres）de L'UE

Mord（谋杀）= E：murder = F：la meurtre

Organisierte Kriminalität（有组织犯罪）= E：organised crime = F：la criminalité organisée

Personalitätsprinzip（属人管辖原则）= E：personality principle = F：le principe de personnalité

Prinzip der gegenseitigen Anerkennung（相互承认原则）= E：mutual recognition principle = F：le principe de la reconnaissance mutuelle

Rahmenbeschluss（《框架决议》）= E：framework decision = F：la décision–cadre

Raum der Freiheit，der Sicherheit und des Rechts（自由、安全和正义的空间）= E：area of justice，freedom and security = F：l'espace de liberté，de sécurité et de justice

Rechtshilfe（法律救助）= E：judicial assistance = F：l'entraide（F）judiciaire

Richtlinie（指令）= E：directive = F：la directive

Schengener Durchführungsübereinkommen（SDü,《申根实施协议》）=

E: convention implementing the Schengen agreement（CISA）= F: la convention d'application de l'accord de Schengen（CAAS）

Staatenbeschwerde（国家申诉）= E: inter–state application = F: la requête inter–étatique

Strafanwendungsrecht（刑事法律适用法）= E: application of criminal law = F: le droit international péna

Strafgesetzbuch（deutsches）（《德国刑法典》）= E:（german）criminal code = F: le code pénal（allemand）

Strafprozessordnung（deutsche）（《德国刑事诉讼法》）= E:（german）code of criminal procedure = F: le code de procédure pénale（allemand）

Strafprozessrecht（刑事诉讼法）= E: criminal procedure law = F: la procédure pénale

Strafrecht（刑法）= E: criminal law = F: le droit pénal

Strafsache（刑事案件）= E: criminal matter = F: la matière pénale

Straftat（刑事犯罪）= E: criminal offence = F: l'infraction（f）

Strafverfahren（刑事诉讼程序）= E: criminal proceeding = F: La procédure pénale

Strafverfolgung（刑事调查）= E: law enforcement = F: la poursuite pénale

Territorialitätsprinzip（属地管辖原则）= E: Territorial principle = F: le principe de territorialité

Terrorismusbekämpfung（反恐）= E: counter–terrorism measures = F: des mesures antiterroristes

Unschuldsvermutung（无罪推定）= E: presumption of innocence = F: la présomption d'innocence

Unionsrechtskonforme Interpretation（与欧盟法相一致的解释）= E: interpretation in conformity（in line）with union law = F: l'interprétation（f）conforme au droit de l'union

Untreue（贪污）= E: fraudulent trading = F: la transaction frauduleuse

verboten（禁止）= E: illicit = F: illicite

Verbrechen（犯罪）= E：crime = F：le crime

Verbrechen gegen die Menschlichkeit（危害人类罪）= E：crime against humanity= F：le crime contre l'humanité

Vergewaltigung（强奸）= E：rape = F：le viol

Verordnung（行政法规）= E：regulation = F：le règlement

Vertrag von Lissabon（《里斯本条约》）= E：treaty of Lisbon = F：le traité de Lisbonne

Vertrag über die Arbeitsweise der EU（关于欧盟工作方式的条约）= E：treaty on the Functioning of the EU = F：le traité sur le fonctionnement de l'UE

Vertrag über die Europäische Union（欧盟条约）= E：treaty on European Union = F：le traité sur l'union européene

Völkermord（种族灭绝罪）= E：genocid = F：le genocide

Völkerstrafrecht（国际刑法）= E：international criminal law = le droit pénal international

Vorabentscheidungsverfahren（临时裁定程序）= E：reference for preliminary ruling = F：Le renvoi préjudiciel

Weltrechtsprinzip（普遍管辖原则）= E：universality principle = F：le principe d'universalité

关键词索引

罗马数字代表章，阿拉伯数字代表页边码

译后记

2012 年，我受澳门特别行政区法律及司法培训中心的委托，将德国耶拿大学法学教授爱德华·施拉姆所著《国际刑法：刑法适用规则、德国涉外刑法与欧盟刑法》一书翻译为中文。

2019 年，该书德文的第二版出版。应世界时局之变，新版在内容上充实了许多新的案例和欧盟的新法规。我很荣幸应施拉姆教授之邀，将第二版翻译为中文。经过我与教授的不断沟通和探讨，此部著作的翻译工作得以完成，并出版发行。

国际刑法是一门相对年轻的交叉学科，它涉及国际公法和刑法两大领域。目前国内的相关研究还处于起步阶段，此部著作可以帮助我们了解该领域的基础知识和新近动态。

最后，衷心感谢中国法制出版社与编辑靳晓婷女士的悉心帮助和辛勤付出。

丁强

2023 年 5 月

著作权合同登记号　图字：01-2019-3211

© Verlag C.H.BECK oHG, München 2018

图书在版编目 (CIP) 数据

国际刑法：刑法适用规则、德国涉外刑法与欧盟刑
法：第二版 /（德）爱德华·施拉姆（Edward Schramm）
著；丁强译. —北京：中国法制出版社，2023.9
　　ISBN 978-7-5216-2963-7

　　Ⅰ.①国…　Ⅱ.①爱…②丁…　Ⅲ.①国际刑法
Ⅳ.① D997.9

中国版本图书馆 CIP 数据核字（2022）第 187058 号

策划 / 责任编辑：靳晓婷　　　　　　　　　　　　　封面设计：李　宁

国际刑法：刑法适用规则、德国涉外刑法与欧盟刑法：第二版
GUOJI XINGFA：XINGFA SHIYONG GUIZE、DEGUO SHEWAI XINGFA YU OUMENG XINGFA：DI-ER BAN
著者 / [德] 爱德华·施拉姆（Edward Schramm）
译者 / 丁强
经销 / 新华书店
印刷 / 三河市紫恒印装有限公司
开本 / 710 毫米 × 1000 毫米　16 开　　　　　　　印张 / 14　字数 / 229 千
版次 / 2023 年 9 月第 1 版　　　　　　　　　　　2023 年 9 月第 1 次印刷

中国法制出版社出版
书号 ISBN 978-7-5216-2963-7　　　　　　　　　　　定价：56.00 元

北京市西城区西便门西里甲 16 号西便门办公区
邮政编码：100053　　　　　　　　　　　　　　传真：010-63141600
网址：**http://www.zgfzs.com**
市场营销部电话：010-63141612　　　　　　编辑部电话：**010-63141827**
　　　　　　　　　　　　　　　　　　　　　　印务部电话：**010-63141606**
（如有印装质量问题，请与本社印务部联系。）